26冊
早わかり
熱血ガイド

みきまるファンド◆著

みきまるの「名著」に学ぶ株式投資

Pan Rolling

目次

第3章　モメンタム投資のための8冊

第4章　「マーケットの魔術師」から広がる世界

〔編集部注〕♛は各章の一押しタイトルです

第1章
日本の投資家による6冊

第1章 序

２０１９年に上梓した『みきまるの【書籍版】株式投資本オールタイムベスト』、続編として２０２０年に上梓した『みきまるの続【書籍版】株式投資本オールタイムベスト』ですが、2冊ともに売れ行きが良く、多くの投資家の方から激賞をいただきました。また、とある日本代表クラスの資産額を誇るS級投資家の方からも、この本の元となっているブログの「株式投資本オールタイムベスト」シリーズに対して、「なんなんだこの記事、テンションが異常に高過ぎるだろう。でも面白い」との評価をいただきました。有難う御座います。

そのため第3弾となるさらなる続編にまたもやゴーサインが出て、担当編集者のT氏と大喜びで本の選定を進めてきました。今回この本をお届けできるのは、全て『オールタイムベスト1・2巻』を実際に購入してくださった皆様の力によるものです。心からのお礼を申し上げます。

そして今回、タイトルを模様替えした第3弾も、執筆できて本当に嬉しかったです。なぜかというと、前2冊ではページ数の関係でどうしても紹介できなかった名著がまだまだあったことと、もう一つは、「自分の投資家としての力量不足で満足できるレベルの文章にならず、どうしても仕上げられなかった」やや難易度の高い本の書評も今回ついにお届けできたからです。

前2冊を書き上げた経験により、作者である私自身もいつの間にか成長していたんですね。大量の投資本を読み続けたことにより、「知識が複利で膨れ上がり」自然に無理なく書けるようになっていたのです。

さて今回の本ですが、前2冊とは趣を変えて「日本人の投資家による名著」から紹介を始めます。その理由ですが、日本語を母国語にしている筆者による本は何と言っても「読みやすくて分かりやすい」からです。どんなに優れている投資本であっても読み切れなければ宝の持ち腐れです。でも今回第1章で紹介する名著は、どの本も「頭にスーッと入ってきて、かつ抜群に役立つ」ドラフト1位の即戦力となるエース級の良書揃いです。ま、ページを読み進めて読んでいただければその素晴らしさはすぐに理解していただけるものと思います。

＊

さて、まず本章の冒頭を飾るのは、羽根英樹さんによる殿堂入りの超名著、『イベントドリブントレード入門』です。この戦略は「出口がはっきりしていて分かりやすい」のが何よりも素晴らしいと思いますし、それを羽根さんが「赤子にも分かるように」やり方を懇切丁寧に説明してくれているのも最高です。こんな「一ページごとに純金が埋め込まれているかのような」極上の本を白昼堂々本屋さんで、しかもこんなに安価で売って良いのでしょうか？　本当に日本のデフレは極まっていますね（笑）。

2番目に紹介するのは、荻窪禅さんの『順張りスイングトレードの極意』です。彼は30年以上の経験を持つトレーダーで、さらに本書を一読すれば明らかなように「日本人最高レベル」に到達されています。本書の最大の魅力は、難しい専門用語を一切使わずに「投資で大切な暗黙知」をびっくりするくらい太っ腹に教えてくれていることです。私は瞬きもせずに一気に読み終わった後に、「良くこんなに凄い本を書けたなあ」と思いました。

3冊目は、ｃｉｓさんの『一人の力で日経平均を動かせる男の投資哲学』を紹介します。著者は2018年時点で230億円の資産を築いた、日本最高峰の個人投資家の一人です。そんな彼の言葉が紡がれたこの本には、「天才ならではの発想法」がこれでもか、と散りばめられています。私たち凡人は決してｃｉｓさん本人になることはできません。それでも彼から学ぶことはとてもたくさんあります。

続いて登場するのは、田渕直也さんの『ファイナンス理論全史』です。彼の本はどれもクオリティが高いのですが、この本はその中でも飛び切りです。具体的には、得てして難解になりがちな「現代ファイナンス理論」を、細かい技術論や難解な数式に走らずにその本質的なところだけを分かりやすくズバッと平易な日本語表現で解説してくれています。類書と比べても突出した特長があるんですね。

さて私達投資家にとって、投資先の会社の決算書をスラスラと読んで内容をしっかりと理解することは生存の前提ともなる「必須の能力」です。それなのにこの分野では、「どうにもすっきりとしない、釈然としない、ピシッと理解できた気がしない」残尿感の残るイマイチな本がとても多いのが現状です。そんな中で、國貞克則さんによる『財務3表一体理解法』は「決定打」とも言える神本です。私はこの本を読んで、「あぁ、そういうことだったのか！！！」と目から鱗がボロボロと落ち、ようやく会社の決算書とはどういうものなのか、が今までとは違うレベルで腹に収まるようになったのでした。個人的には大感謝の一冊ですね。

決算書も大切ですが、有価証券報告書（有報）にはさらに一段上の精細な情報が満載されており、「会社情報の知の宝箱」となっています。ただ有報というのは、とかく「難しくてとっつきにくい」ものです。ボリュームも凄いですしね。今回紹介する、あずさ監査法人による『有価証券報告書の見方・読み方第9版』は、そんな有報の読み方を懇切丁寧に分かりやすく解説してくれるベストセラーです。初版が刊行された平成5年から定期的にアップデートされ続けていて完成度がドンドンと高まっているのも魅力です。この本の良さは、有価証券報告書をその書式通りに網羅的に徹底解説してくれている点です。困った時の「頼れる辞書」として抜群に役立つんですね。

それでは日本人著者による6冊の「大トロ部分」を、是非お楽しみください。

イベントドリブントレード入門

羽根 英樹［著］、パンローリング・2019年

1. 総論

イベントドリブンとは、「価格を動かす正体が分かっているものに対して、その現象を利用し利益を上げようとする手法」のことです。このやり方には、**出口つまり売り時がはっきりしていて分かりやすい**という大きな長所があります。

この本は、様々なイベントトレードのやり方について詳細に解説してくれている非常に実践的な本です。その多くは短期視点のものですが、だからこそ中長期視点でののんびり投資家である私には全く知らない話が多くて、とても勉強になりました。

定価は２０００円＋税とパンローリング社の本としては非常に安価ですが、「定価の数万倍」の気付きを得られる、神々しいほどに素晴らしい一冊ではないかと思います。はっきり言いま

図表　イベントドリブンの定義

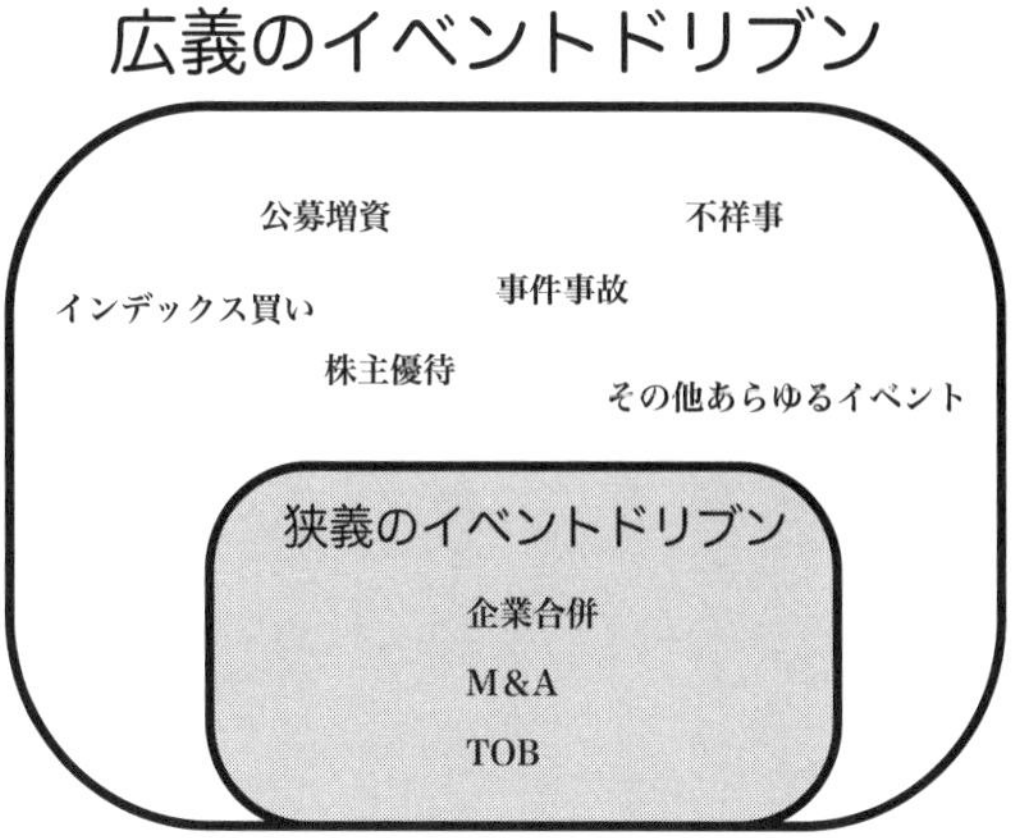

すが、この本は値段が安すぎる、定価設定が間違っていると思います。読んだその日からダイレクトに投資に役立つ貴重な知見に溢れており、とても２００円で、それも日本全国で堂々と売っていいような内容ではありません。最低でも７８００～９８００円が妥当な価格でしょう。

私は読んだ後で、「この本はマジでヤバい。あまりにも素晴らし過ぎる。（他の投資家に読まれないよう）本屋さんに売っている分を自分で買い上げて一部回収しようかなあ？」という邪念が一瞬頭をよぎるほどでした（汗）。この本が僅かに２０００円というのは、例えて言えば「10万円入りの財布が、本屋でなぜか２０００円で売っている」ようなものです。実質的にはタダ以下と言っていいでしょう。

それでは、この本のベストオブベストの部分を一緒に見ていくことと致しましょう。

2. 市場の価格がTOB価格を上回ると「何か」が起きる？

まずは非常に分かりやすくてかつとんでもなく役に立つ「第4章　TOB（公開買い付け）」から。この章は最高です。私はもう何回も読み直しました♪

「最初のTOBから、プレミアムをつけたTOBを実施した場合、市場での株価は上がります。それどころか後からのTOB価格よりも上がる場合すらあります。これは、買取り者同士のTOBの応酬で、さらに価格が上がることが期待されるためです。**TOBが実施された場合、とりあえずは買っておくのも良い戦略**だと思います。

特に市場の価格が、TOB価格を上回った場合は、『何か』がある可能性が高まります。通常はTOB価格より市場価格が上がることはまれです。もしTOB価格を多少上回った価格で買って、何も起こらなくても損失は購入価格とTOB価格の差だけです。しかし第二の買い付け者が現れた場合は、相当額の上乗せが期待できます。**損失限定の取引としては、期待値が高いと思います**」

この羽根さんが指摘している状況と全く同じことが、しばらく前に7868廣済堂や3258ユニゾHD（現在は非上場）で実際に起こりました。この時も**最初のTOB価格を上回る位置まで株価が上がった後に様々なイベントが発生**したんですね。

『イベントドリブントレード入門』

ちなみにユニゾの時には、「あ、これは羽根さんの本でちょうど勉強したやつや」とすぐに思いました。そしてこの本のおかげで握力が強くなり、私はとても大きな利益を得ることができました。正直に言うと、この本を読んでいたことによる超過利益は「8桁」に及びました。定価2000円の本を買って読んでいたおかげで、私はその数千倍以上の恩恵をこうむることができたのです。

また他の事例で言うと、4695マイスターエンジニアリング（現在は非上場）が「価格をケチったせこいMBO」を2019年11月8日に発表したのですが、その後すぐにMBO価格を超えるところまで株価が上昇しました。これは、最近バリューファンドとしての凄みを増している光通信が「怒りの鬼買い増し」戦術に出たためだったのですが、その後結局、11月28日にMBO価格の引き上げ（940円→1150円）となりました。そして私は株価がMBO価格を超えた段階で、「これはまたもや羽根さんの教え通りのパターンだ」と思ったので、そのままホールドしてまたもや利益を得ることができました。

3．歴史は繰り返す

今回は「第7章　その他のイベント」から。

「震災後しばらくしてから著者は、あっと驚きました。三井住友建設の東日本大震災後のチャートが、阪神淡路大震災の時のものとそっくりだったからです。

図表　三井住友建設、阪神淡路大震災後のチャート

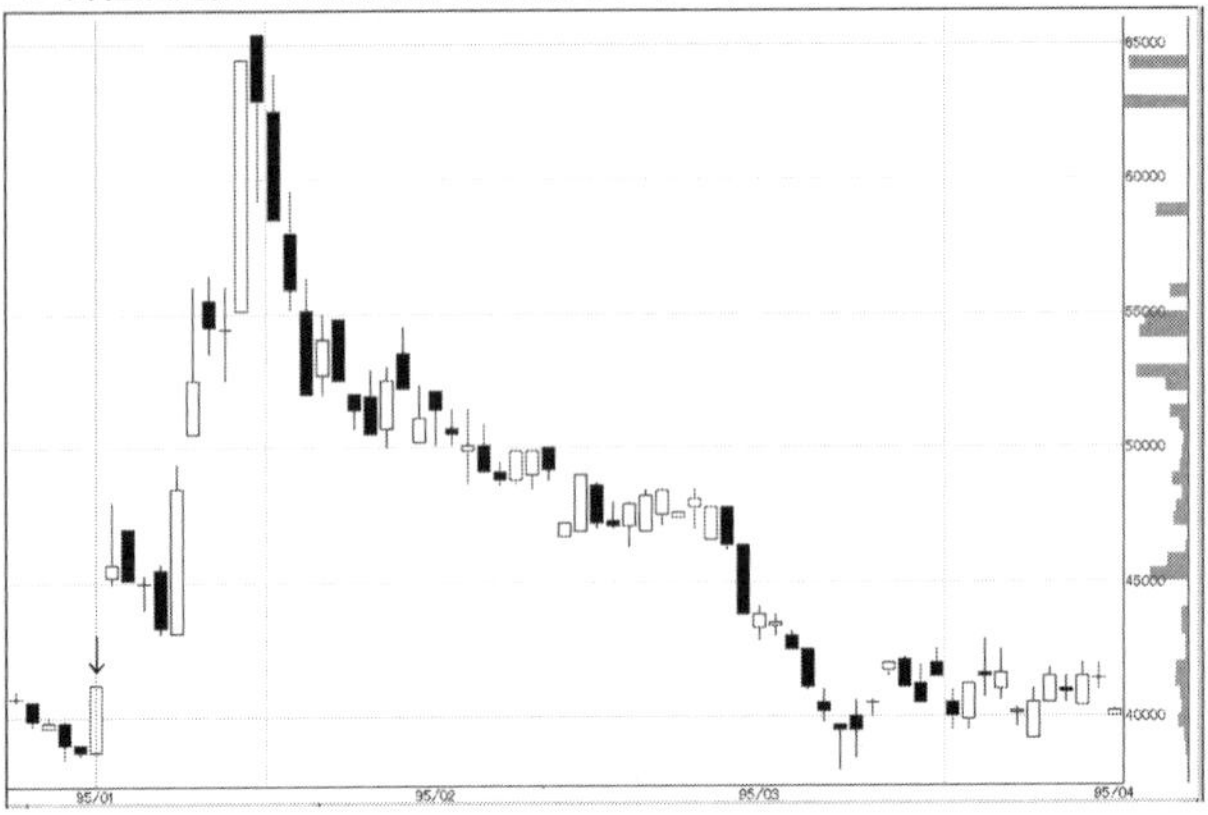

図表　三井住友建設、東日本大震災後のチャート

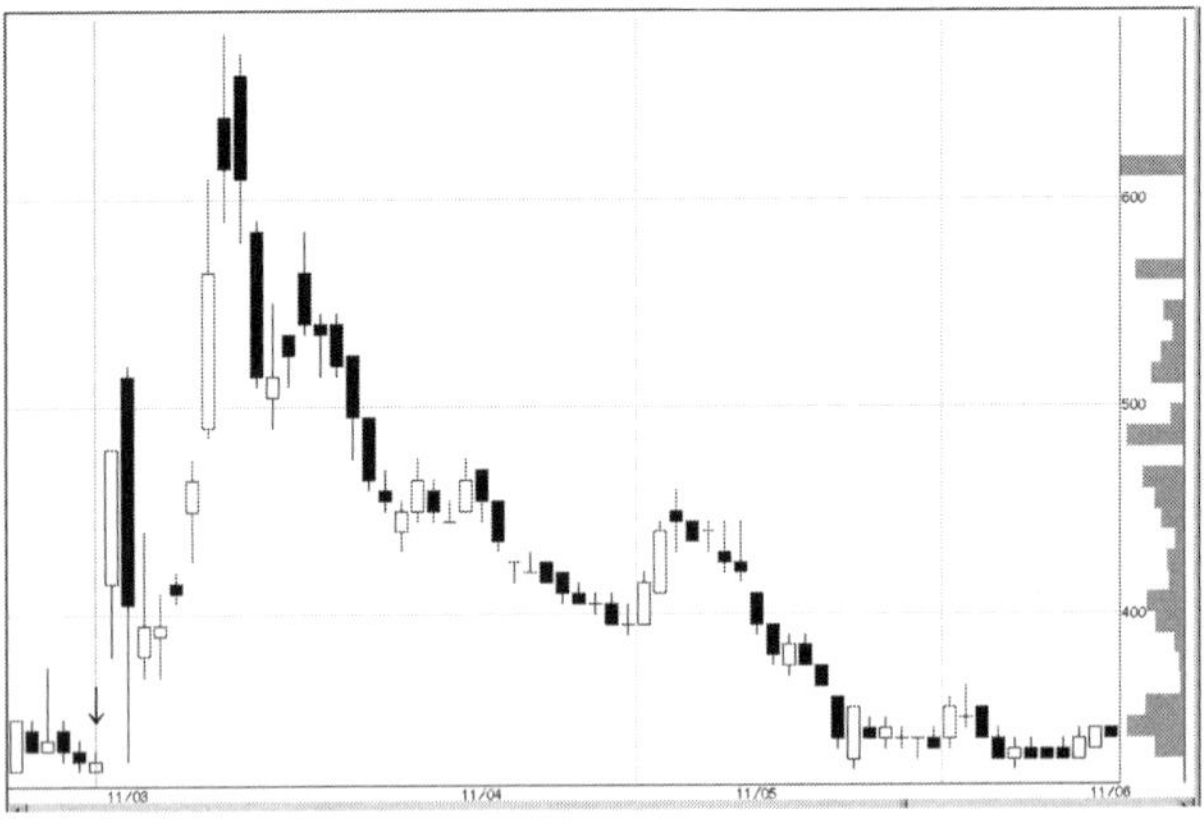

地震発生から数日かけて急上昇し、その後は下がっていくというチャートの形です。震災によって公共事業の特需があるという思惑から、震災後にこのような買いが起こるのでしょう。まさに歴史は繰り返すという見本ではないでしょうか？」

これまた非常

に勉強になる話でした。日本は世界有数の地震国家ですし、常に頭の片隅に置いておこうと思いました。

4．適度な分散は必要

今回は、「第11章　売買の上達を目指して」から。

「謙虚さが大事

短期間で急激に大きな利益を得た人の中に、他人を見下す人が時々います。生活も派手でやたらと豪遊するようです。対して**永年相場で利益をコツコツ上げてきた人はおおむね謙虚**だと思います。

筆者のまわりで、10年以上つきあいのあるトレーダーには、クセの強い人はいますが傲慢な人はいません。相場で上げる利益は長い目で見ると波があります。当然、好調な時もあれば、悪いときもあります。儲かっているからと、他人に対して尊大に振る舞えば、自分の調子が悪いときに叩かれます。余計なプレッシャーを背負って相場に取り組めばそれはハンデになります」

この羽根さんの「**謙虚でなければならない理由**」**は合理的でとても良い**と思います。つまり、「自分のためになるからこそ」私達投資家は常に地面に額がつくほどに謙虚でなくてはならない、決してドヤってはいけない、ということなんですね。

「出口戦略が大事。

出口戦略である手仕舞いの大事さは、ある相場師のこの言葉に集約されています。『世の中のほとんどの株の本には、株を買うタイミングにばかり触れてそれを売るタイミングについては触れていない。けれど**売るタイミングのほうが遥かに大事なんだ。買った株の損益は売るタイミングによって決まる**のだから』」

私も投資では出口戦略が最も大切と考えています。そして**イベントドリブントレードは常に「出口がはっきりしている」のが何よりも素晴らしい**と思います。

さて、これでこの本の紹介は終わりです。非常に実践的で素晴らしい一冊なので、未読の方は是非。

順張りスイングトレードの極意

荻窪 禅［著］、彩流社・2020年

1. 総論

著者の荻窪禅さんは30年以上の経験を持つトレーダーで、その深い経験と知識を以前からツイッターで断片的に発信されていましたが、本書は彼の投資哲学がたっぷりとつまった極上の一冊です。

最初に本の感想をざっと述べると、荻窪禅さんは、ラリー・ウィリアムズやローレンス・コナーズ、アレキサンダー・エルダーに連なるスイングトレーダーです。本書を一読すれば明らかですが、彼は**日本人トレーダー最高峰レベル**にいます。

そして本書の最大の価値は、難しい専門用語を一切使わずに、「投資の暗黙知」をびっくりするくらいにさらけ出して親切に教えてくれていることです。株式投資は純粋な科学ではなくアート・芸術的側面が強くあるゲームであり、「言語化しにくい」コツや秘密がたくさんある世界なのですが、彼はそれらのいくつかを解体して初心者にも分かるように明示してくれています。

全224ページの本ですが、中身は極めて濃密です。私は読む前に「大体1時間半くらいで読み切れるかな?」と見積もっていたのですが、実際には読み返しや他の書籍の参照も含めて4時間かかりました。そして一気に読み終わった後に、「よくこんなに凄い本を書けたな」と思いました。

総評としては、日本人著者が書いた投資本としては「歴代トップ10」に入るくらいの傑作と言って良いと思います。

全章が素晴らしく捨てページがないハイクオリティな一冊ですが、特に「第1章　まずは生き残ること」「第2章　どんな銘柄をどう売買すべきか?」「第3章　トレーダーに必要な資質」が良いと思います。それでは、具体的に内容に分け入って参りましょう。

2. 人は見かけによる

最初は、キャッチーで印象的な「はじめに」から。

「さて、2020年春のパンデミックによる大暴落で『臆病者が生き残り、勇敢（向こう見ず）な者が消えた』株式市場ですが、大雑把に言えば、無傷でいたりむしろ利益を出していた者のほとんどは『トレーダー』であり、逆に壊滅的な打撃を受けた者のほとんどは『投資家』だったようです。

トレーダーと投資家は重なる部分もありますし、明確に区分けできるものではないものの、一般論としては、大まかな特性の違いを下表のようにまとめられるものと筆者は考えています」

さてこの表を見ると、私は見事なくらいに「投資家」属性が高いことが分かります。そして実際に2020年春の「コロナショック」では壊滅的なダメージを受けて一時は年初来のパフォーマンスがマイナス34％くらいまで落ち込みましたし、もう少しで退場が見えてくるような修羅場を体験しました（滝汗）。

トレーダー	投資家
（超）短期	中長期
ロング＆ショート	ロングのみ
日々の動き重視	日々の動き軽視
臨機応変	どっしり構える
需給重視	需給は気にしない
臆病者	楽天家
未来は分からない	明るい未来を信じる

※以下の図表は、『順張りスイングトレード』より改変引用

そしてこの荻窪禅さんの楽しい表を興味深くしげしげと眺めていてふと気付いたのですが、「左側のトレーダーはほぼイコールでモメンタム投資家」に、そして「右側の投資家はほぼイコールでバリュー投資家」に置換できると思いました。

市場は懐の深いところですから、**モメンタムでもバリューでも利益を上げることができます**。名著『ファクター投資入門』（第1巻を参照ください）を読めば、「両方ともうまくいく」ことが分かります。そしてだからこそマーケットにはトレーダーと投資家が「ケンカしながら仲良く同居」しているわけです。

どちらの手法を選ぶべきかは「投資家個人の性格と能力による」と思いますが、一つだけ言えるのは「バリュー投資手法をモメンタム戦略で補完する」やり方は非常に合理的で効果的であり、だからこそ私のようなコテコテの**バリュー投資家にとってもこの荻窪禅さんの本が有意義であるということ**ですね。

3．永遠に通用する手法などはない

ここでは「第1章　まずは生き残ること」から。

「実力が上がればパフォーマンスも上がるとは限らない」

「要するに、**必ずしも『実力』が素直に成績に反映されるのではなく、どこまでいっても完全には『運』の要素を排除できないのが相場**なのです。

また、ある程度自分のやり方なり手法なりが通用していたとしても、ある日突然それらが通用しなくなってしまうのが相場の実相です。それこそがトレードの難しさの最大の原因でもあって、どんなに上達しようとも、またいつまで経っても安心できるようにはならない厳しい世界なのです。というより、むしろ『これで大丈夫。ついに勝てるトレーダーになれた』と安心し増上慢になってしまうのがトレーダーとして非常に危険なことであったりするのです」

この荻窪禅さんの指摘の正しさは身をもって実感します。例えばほんの数年前までは、「東証1部昇格狙い投資法」は非常に有力なやり方であり、昇格基準を満たすために株主数の増加を目指して株主優待制度を新設した東証2部銘柄を狙い撃ちしてたんまり買って、後は寝て待っていれば高確率で利益を上げられました。

ただこのやり方は株雑誌やメディアであまりにも喧伝されて広く知れ渡ってしまったために、今ではその効力をすっかり失いました。私の投資成績が2018年、2019年と2年連続で悪かったのも、「伝家の宝刀」として長年通用していたやり方が神通力を失くしてしまい、その代わりの新しいやり方を模索し続けているせいでもあります。

ただ、これが「株式市場の真実」です。マーケットという迷路は、朝起きるたびにリセットされて地図が少しずつ書き換えられていきます。**永遠に通用する手法などはない、だから私達投資家は永遠に学び続けなくてはならない**ということですね。

4. 超上級者はほぼ全員、オポチュニスティック・スタイルで戦っている

今回も「第1章　まずは生き残ること」から。

「何らかの実際に優位性がある手法を持っていたとしても、その手法が誰もが知るところとなってしまったとすれば、いきなり通用しなくなってしまうということもあり得ます。その最たるものが、伝説の投資家集団『タートルズ』の手法です」

「タートルズの興亡から学ぶ

タートルズとは、1980年代に、伝説的なトレーダーであるリチャード・デニスと同僚の

ウィリアム・エックハートがズブの素人の状態から実験的に養成したトレーダー集団のことで、実際に彼らのうちの何人かはトレーダーとして驚くべき成功を収めました。

その具体的手法ですが、実は意外にもシンプルであり、エントリールールをざっくり言えば、

過去20日間の高値を抜けたら買うというものです」

「この**強いトレンドが発生したらその方向についていくというタートルズの手法**は、現在に至るもかなりの有効性があります」

「しかし、過去20日間の高値を抜けたら買うという言わば誰にでも簡単にモノマネすることが可能なシンプルな手法が公開される前と後では、明らかにパフォーマンスに差が出るようになってしまったことは、決して想像に難くないでしょう。

実際、どのような手法であっても真似をする者（すなわちライバル）が増えれば増えるほど通用しにくくなるものですし、タートルズの手法に対しては、それを逆手に取って儲けようとする**タートルスープ**という手法まで登場しました。俗に『聖杯』と言われるトレードにおける必勝法は、残念ながらこの世には存在しません」

タートルズについては何冊か本がありますが、マイケル・コベルの『伝説のトレーダー集団タートルズの全貌』（FPO、2019年）が一番まとまっていていいかな？と思います。※182ページの書評を参照ください。

5．「簡単な銘柄」は自分に合った銘柄

今回は、珠玉の出来である「第2章　どんな銘柄をどう売買すべきか？」から。

経験を積み重ねる中で、自分にとっての『簡単な銘柄』を見つけていけばよい。

「『簡単な銘柄』は自分に合った銘柄

最もやさしいのはトレンドに逆らわないトレード

ことスイングトレードに関しては、トレンドに沿った手法のほうが難易度は圧倒的に低い。これまで述べたことをまとめると、ボラティリティが落ち着いている（激しい乱高下をしない）時に、ボラティリティがさほど高くなく感情が揺さぶられることのない個別銘柄を、トレンドに逆らわないようにトレードするのが最もやさしいということになります。

生命を賭してあえて荒れ狂う海に出ていくような漁師はいません。トレーダーも同様に、わざわざ難しい時に難しい銘柄で難しく稼ごうとする必要など全くありません」

荻窪禅さんはサラッと書いていますが、これは**投資の神髄**を言語化した凄い文章だと思います。

要は、私達投資家にはそれぞれの性格と能力に合った「得意銘柄」があり、それを過去の自分の売買記録・実績から割り出して、意識的にそこに特化して戦った方が良い、そして同時に戦うにあたって自らのメンタルが振られない、精神的に落ち着いてどっしりとした気持ちで戦に臨める銘柄が良い、ということです。

ちなみに自分にとって「簡単な銘柄」は、過去の分析から地方スーパーやドラッグストア、ディスカウントストア、ホームセンターに代表される地味な小売業が当てはまります。

これらの銘柄は、事業内容がシンプルでかつ月次を発表しているところが多く、そのため分析がしやすく業績が読みやすいという大きな利点があります。さらに大体万年不人気なので、値動きが穏やかで安らかな気持ちでホールドしていけるのも長所です。

具体的に言うと、3078ユニバース（東北青森地盤の食品スーパー。現在は上場廃止）、3544サツドラHD（北海道地盤のドラッグストア）、7548サンクスジャパン（九州佐賀地盤のディスカウントストア。現在は上場廃止）、7679薬王堂HD（東北地盤のドラッグストア）、8167リテールパートナーズ（西日本地盤の食品スーパー連合）、9267ゲンキードラッグストア（福井地盤のドラッグストア）、9866マルキョウ（九州福岡地盤の食品スーパー。現在は上場廃止）などでこれまで大きな利益を上げてきました。

そしてその経験を基にして、2020年7月現在でも、2790ナフコ（北九州地盤のホームセンター）、3020アプライド（九州地盤のパソコン小売店）、7475アルビス（北陸地盤の食品スーパー）、7516コーナン商事（近畿地盤のホームセンター）、7520エコス（北関東地盤の食品スーパー）、7643ダイイチ（北海道帯広地盤の食品スーパー）、8203ミスターマックスHD（九州地盤のディスカウントストア）などの「超地味銘柄」をポートフォリオ上位に据えて、楽しく戦っています。

6. 急成長するトレーダーがもつ5つの共通点

今回は、素晴らしい出来の「第3章　トレーダーに必要な資質」から。
「急成長するトレーダーがもつ5つの共通点
今ではネットで上級者の考え方や手法が無料でいくらでも見られるようになっています。
その恩恵を受ける形で、以前とは比べ物にならないスピードで急成長するトレーダーが非常に多くなってきたという実感があります。先人たちが数十年かけて苦労に苦労を重ねた上でようやく身につけてきたようなスキルを、今では一年で得られるようになったと言っても過言ではないくらいです。

筆者は多くのトレーダーと交流を持っているのですが、時折若手の中でも卓越したセンスに恵まれたトレーダーに出会うことがあります。ギフテッド（先天的に平均よりも顕著に高度な知的能力を持っている人のこと）という言葉がありますが、正に相場界のギフテッドとも呼ぶべきそうした人たちの成長度合いを継続的に観察していると、数年スパンで見ればやはりこちらの見込んだ通り急成長するケースがほとんどです。

そんな優れた彼らには一体どのような共通点があるかというのは、読者の皆さんの興味を大いにそそるところかと思います。

筆者は、大まかに分類すれば、以下5点があるように考えています。

1．熱量
2．失敗から学べる
3．人間力
4．心理読みが上手い
5．資金管理能力が高い」
いやあ、この章本当に素晴らしかったです。はっきり言ってこの第3章だけで本の定価の10倍くらいの価値は軽くあると思います。

詳細についてはぜひ本書を読んでいただきたいのですが、この中で言うと、自分は1・2・5についてはまずまずのレベルにあると自己分析しています。ただ3・4、特に4の「心理読みが上手い」に関してまだまだ学ばなくてはならないと考えています。

市場にいる他者、つまり自分が安い安いと思って買っている銘柄の向こう側にいる、「もう既に高い」と思って売っている人が、「何を考えて売っているのか？」に想いを馳せることが十分にできておらず、それが大きな欠点なんですね。

7．順張りの極意は「上がり始めたら買え。下がり始めたら売れ」

ここでは、「第5章　順張りスイングトレードの秘訣」から。

「順張りの極意は『上がり始めたら買え。下がり始めたら売れ』

『上がり始めたら買え（下がっている間は買うな）。下がり始めたら売れ（上がっている間は売るな）。また、そもそも当てられるわけのない天井や底で売買しようとするな』

これぞ正に、ボラティリティブレイクアウトによる売買そのものです。

手仕舞いは必ずボラティリティブレイクアウトを利用する（それまでは放置）と決めてしまえば、思惑通り順調に右肩上がりをし続けている間は決して安易に利食いしないで済むことになります」

私は現在投資方針の根幹として「バリュー→モメンタム戦略」、つまり「バリュー投資家としての視点で厳しく株の買い時を探り、実際の売却に当たってはモメンタム（勢い）がある限りは指標的に既に割高になっていても我慢して乗り続け、株価がついにそのモメンタムを失って下落し始めたことを確認してから静かに去る投資手法」を取っているのですが、株の売り時に関してはこの荻窪禅さんの考え方に極めて近いやり方を採用しています。**利益を最大化するために、結局はこれが一番理に適っていて良い方法である**と考えています。

8．ボラティリティブレイクアウトが起こったら「頭の切り替え」を

今回も、「第5章　順張りスイングトレードの秘訣」から。

「ボラティリティブレイクアウトが起こったら『頭の切り替え』をする

仮に図のような動きをした銘柄があるとしましょう。

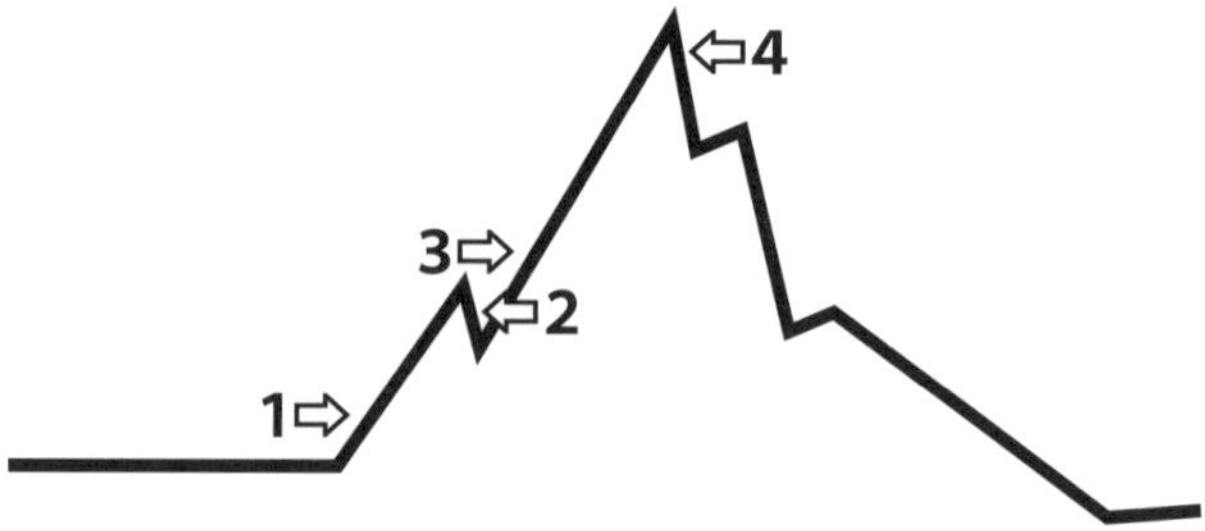

一つの大相場を演じる株の典型的な値動きですが、1では非常にわかりやすい上方向へのブレイクアウトが起こっています。ここは上手いトレーダーが買いを入れてくる絶好のポイントでもあります。また既存のホルダー側としては、これまで株価が動かないことに苛立っていた場合、1で早速やれやれ売りをしてしまう可能性が非常に高いと思われます（上級者であればいよいよ上昇局面がスタートしたと見て買い増しをしてくるでしょうが）。

2は下方へのボラティリティブレイクアウトです。これは結果としてはダマシになるわけですが、1で買っていたのであればいったん利益確定するのは戦略として正しいでしょう。

その後3で改めて上方向へのボラティリティブレイクアウトが発生しますので、もし2で売っていたのであれば、改めて3で（売ったところより高値となったとしても）買い直したいところです。

そして4でついに、下方向への（結果的にダマシではない）ボラティリティブレイクアウトが発生します」

この荻窪禅さんの文章には、凄腕モメンタム投資家の考え方が凝縮されていてとても興味深いですね。

ちなみにバリュー投資一辺倒だった頃の私は、図の1で喜んで売っていました。そしてその後で株価が暴騰するのを茫然として見つめながら、「おかしい、ファンダメンタルズからはもう高いはずなのに、どうしてこんなに上がるのか？」と首をかしげるばかりでした。

そして今の「バリュー→モメンタム戦略」を採用している私は、1を見つけたら、「ファンダメンタルズ的見地から見てまだ十分に買えるなら、利益を最大化するために買い乗せする。もしもそうでない場合はそのまま我慢してホールドする」ようにしています。

ただし2の局面では、ケースバイケースですが場合によってはふるい落とすと思います。そして次の3の局面での買い直しは多分もうしません。なぜなら、バリュー投資家としての観点からは「もう既に十分に高い」ことが多いからです。自分だったら、「優待株いけす」から探して次の銘柄に進む局面です。

ただ少なくとも、「1では絶対に売らない」ことは、荻窪禅さんと共通しています。本当に大切な、株式投資の肝の肝ですね。

9．順張りと逆張りではどちらが良い投資手法なのか？

最後は「第6章　株価に翻弄されないために」から。
「失策の『オーバーシュート』を見抜く
トレンドには逆らわないよう順張りを基本としながらも、トレンドとは関係ないところで時折発生するオーバーシュートには逆張りで対処しているということです。

オリバー・ベレス&グレック・カプラの名著『デイトレード』の中に『トレーディングを成功させる能力とは、バカを探す能力である』という身も蓋もない、しかしながら真実を突いた金言があります。

筆者も全く同感で、相場巧者とは『失策に付け込む』のが上手い人だと考えています。

「ここで改めて強調しておきたいのですが、トレンドには決して逆らわず順張りでいくのは大原則ながら、明らかなオーバーシュートによるミスプライスが起こった際には、逆張りで対処するという柔軟性が非常に重要になります。

換言すれば、順張りと逆張りという相矛盾する二つの手法を時と場合に応じて適宜使い分けられる者こそが上手（プロ）と言われるのがトレードの世界です。

そしてそれを可能にする『頭の切り替え』こそが相場巧者に共通する特質ですので、読者の皆さんにはこの頭の切り替えという言葉を常に意識していただきたいと思います」

要は、超上級者は状況に合わせて柔軟に順張りも逆張りもするし、それができるからこそ相場で長生きできているのですね。

私はこの荻窪禅さんの素晴らしい文章を読んでいて、以前書いた自分のブログの「順張りと逆張りではどちらが良い投資手法なのか?」という記事の内容がリンクしていると感じました。ちょっと引用してみます。

「良く『順張りと逆張りではどちらが良い投資手法なのか?』という議論がありますが、私は、『市場心理に対して逆張りする』のが正解だと考えています。

なので、**結果としての投資行動では、順張りする事も逆張りする事も両方ありますし、それが当然**だと思っています。

『市場が悪材料に対して過剰反応していると思えば逆張りをする（≒バリュー投資）。

市場が好材料に対して過少反応していると思えば順張りをする（≒モメンタム投資）』

これが大切なことであると考えています。

市場心理に対して投資家として『正しく』反応できれば、順張りでも逆張りでも利益になります。順張りの場合は分かりやすくそのまま『モメンタム効果』が発揮されるからですし、逆張りの場合は『リターンリバーサル&フレッシュモメンタム効果』が期待できるからです。両手法共に、**『生物としての本能に基づいた根深い、矯正することが困難な人間の行動バイアス』の弱点を突いた投資法なので、それで永続的な効果がある**んですね。

私は、**バリュー株として買い、グロース株として楽しくホールドし、モメンタムの消失と共に音もなく静かに去る**という『**風と共に去りぬ殺法**』を現在自らの投資の根幹理論としているのですが、これは言い方を変えると、**人間の根深い行動バイアスを利用して、その逆に、裏に裏に賭け続ける投資手法**であるということもできるんですね♬」

さてこれでこの本の紹介は終わりです。日本人著者が書いた投資本としては「歴代トップ

10」に入るくらいの、暗黙知に満ちた傑作と思います。未読の方は是非。

一人の力で日経平均を動かせる男の投資哲学

ｃｉｓ［編］、角川書店・２０１８年

1. 総論

ｃｉｓ（しす）さんは、２０００年、21歳の時に３０００万円で本格的に投資を始め、この本の執筆時２０１８年時点で２３０億円の資産を築き上げられた、日本を代表するモメンタム／トレンドフォロー投資家です。ちなみに私事ながら、私も２０００年に当時の全資産である２００万円弱を握り締めて株式市場にやってきました。ｃｉｓさんと「ほぼ同時期」に、「夢と希望がパンパンに詰まったちっぽけな財布」を握りしめてこの世界に飛び込んだのです。

そしてそれから早くも20年の時が流れたわけですが、とても残念なことに総資産はｃｉｓさんの10分の１以下の水準にとどまっています。自分は投資家人生の前半15年間をコテコテのバリュー投資家として過ごし、その後の５年間は作戦を変更して「バリュー→モメンタム戦略」

を投資手法の根幹に据え直して戦ってきました。ただ、全体としては「ほぼバリュー投資家」として20年間が経過しました。一方のｃｉｓさんはこの20年間を「完全なモメンタム／トレンドフォロー投資家」として駆け抜けてこられました。

もちろん投資家としての圧倒的な能力差があるので単純比較はできませんが、株式市場で極限の努力を継続して、結果としてその資産差が10倍以上というのは厳然たる事実です。そういったことからも、**モメンタム／トレンドフォロー投資手法こそが最強の投資戦略**であるということを、改めてまざまざと感じています（滝汗）。**勝っているモメンタム投資家はトコトン勝っている、全く次元が違う**ということなんですね（玉汗）。

ちなみに、過去の凄腕モメンタム投資家については、「凄腕モメンタム投資家を見てみよう２０１８年版」https://plaza.rakuten.co.jp/mikimaru71/diary/201809220001/という、大人気ブログ記事がありますので、未読の方はぜひこの機会に併せてご覧下さい。

また、モメンタム／トレンドフォロー手法の秘密の詳細については、「トレンドフォロー手法の伝道師」マイケル・コベルが約９９０ページの超大作にして歴史的傑作『トレンドフォロー大全』で既に異常な、宗教がかったハイテンションでその全てを開示してくれています（コベルは良い意味で、完全に常軌を逸していますし、イッています）。正直に言って、このコベル本を読めばモメンタム／トレンドフォロー手法の奥義は全て分かると思います。なので、未読の方は本屋さんでこの電話帳みたいに分厚くて、持って殴られたら間違いなく死にそうで、さらに非常に高価でもある本を買うか、「それはちょっとへビーだな」と思う方は、第３章のコンパクトにまとめた私の書評をご覧下さい。

すみません、悪い癖が出てしまい、初回であるにも関わらず早くも大幅に脱線をしてしまいました。ｃｉｓさん、読者の皆様、大変申し訳ありません。それでは本文に戻ります（鬼汗）。

さてそれではいきなりこの本の総評をしておくと、「生きる伝説」であり、「日本最高峰のモメンタム投資家」であるｃｉｓさんの肉声＆金言がまるでダイヤモンドのように散りばめられた、全投資家必読の傑作と思います。なぜｃｉｓさんが特別であり続けているのか、大成功したモメンタム投資家の発想法とはどのようなものなのか、を知ることができるので、あらゆる投資家にとって学べるところがたくさんある名著と思います。

それでは初回はまず、目次を眺めておきましょう。全体に「捨てページ」はないのですが、特に第１章と２章がずば抜けて良いと思います。

ちょっと長くなりました。それでは、神がかった出来である第１章と第２章を中心としてじっくりと内容を見て参りましょう。

2. トレンドフォロー／モメンタム手法は「分かりやすい」のが魅力

まずは、いきなり最高の出来である「第１章　本能に克てねば投資に勝てない」から。本当にｃｉｓさんの言う通りですね（しみじみ）。

「上がり続ける株は上がり、下がり続ける株は下がる。

投資家や投資を始める人に『何かアドバイスください』と言われたとき、僕は『上がり続けるものは上がり、下がり続けるものは下がる』とだけ言うことが多い。

僕は基本は『順張り』だと話している。

今現在買われることで上がっている、売られていることで下がっているというのは明確な事実としてそこにある。であればマーケットの潮目に沿って行動するのがいちばん勝つ可能性が高い。

上がっている株を買う。下がっている株は買わない。

買った株が下がったら売る。

マーケットの潮目に逆らわずに買う。そして潮目の変わり目をいち早くキャッチする。

この大原則に従うようにして今の資産を築くことができた」

いやあ、これぞ「THEモメンタム投資家」という、ど真ん中の王道の言葉ですね。先ほど言及したマイケル・コベルの『トレンドフォロー大全』にそのまま収録されていても全く違和感がないくらいです。この分かりやすさで資産230億円。これがモメンタム投資手法の威力なんですね。

「『真のランダム』はイメージより残酷である。

株はそもそも確率のゲームではないのだから、『バランスはとれないのが当然』と思っておいたほうがいい。

上がり続ける株は上がり、下がり続ける株は下がる」

このｃｉｓさんの言葉は「深くて鋭い」と思いました。読んだ瞬間にドキッ！　としました。私はバリュー投資家なので、どうしても逆張りで仕掛ける場面が多くあるのですが、ファンダメンタルズで想定される限界を軽々と越えて暴力的に売り込まれる局面と言うのは非常によくあります。彼の言葉はそういった「市場の現実」をよく表していますね。

「たしかなのは、今上がっているという事実。どこまで上がるかなんて誰もわかるわけがない。勝手な予想はしないで、上がっているうちは持っておくのが基本。

僕の場合、あまり小さな動きは気にしないで、ある程度下がったときに売ることが多い。相場用語で、上がってきた株が一時的に下がることを『押し目』というけれど、僕は2度目の押し目で売ることが多い」

この言葉はモメンタム投資家の考え方を実によく表しているなあ、と思いました。ところで、「トレンドフォローの狂信者」であるマイケル・コベルが、『トレンドフォロー大全』の中で、「トレンドフォローの仕掛けと手仕舞いの例」として極めて印象的な図表（次ページ）を作成してくれています。

どうです？　まるでｃｉｓさんの言葉を「画像イメージ化」したみたいでしょう。

この「分かりやすさ」もまた、トレンドフォロー／モメンタム手法の魅力の一つなんですね。

図表　トレンドフォローの仕掛けと手じまいの例

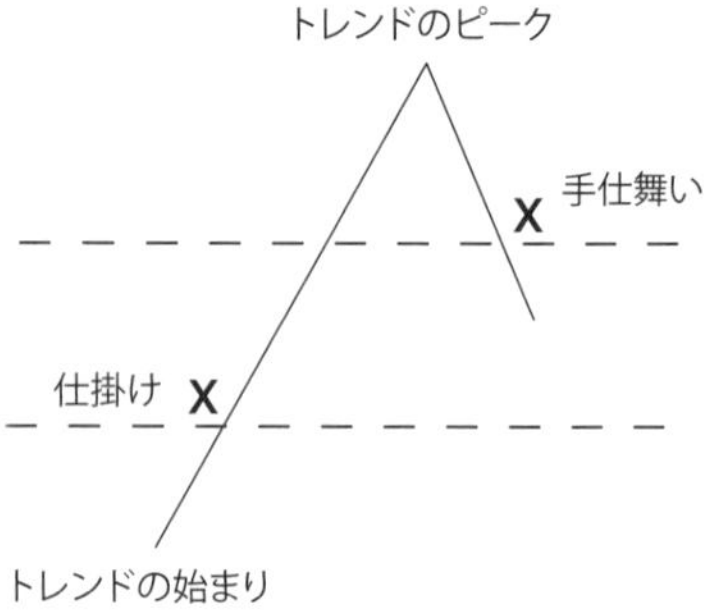

3．ナンピンは最悪のテクニック

今回も、極上の出来である第1章「本能に克てねば投資に勝てない」から。

「『押し目買い』をやってはいけない

押し目買いは、下がったところで買おうとするわけだから、逆張りの一種になる。

つまり、やってはいけない買い方のひとつ。

『少し下がったところで買う』とか『割安なタイミングで買いたい』とか考えるのは、そもそも発想として間違っている。

上がっている株がまだまだ上がりそうであれば、そのタイミングで買うのが基本。

相場のことは相場に聞くしかない」

「押し目買い」は多くの投資家が好むやり方で、恥ずかしながら私もたまに使う戦略ですが、ｃｉｓさんはその有効性を歯切れよく明白に否定されています。２３０億投資家の言葉はとても重いですね（滝汗）。

「ナンピンは最悪のテクニック

結論から言えば、ナンピンは最悪の買い方だと思っている。場合によっては一撃で死亡してしまうから。

これまでにも言っているように、上がっているものを買い、上がっているあいだは持ち続け、下がったら売るのが大原則。ナンピンはその逆になっている。

上がると思って買った株が下がれば失敗だけれど、ここまではいい。よくあることで、どんな達人でもこれを避けることはできない。

まずいのは、自分の失敗、敗北を認められないこと。ナンピンは失敗しているにもかかわらずロットを増やす（＝掛け金を上げる）という点でも矛盾している。

ここでやるべきなのは、失敗を認めて迅速に撤退すること。

つまり損切り。

株でいちばん大切なのは迅速な損切り。

失敗から逃げてはダメで、失敗は当然としていかに最小にとどめるか」

ｃｉｓさんはこのようにナンピン買いの危険性を鋭く警告してくれていますが、私自身もナンピンは最悪の投資手法であると以前から考えています。その理由は「ハイリスク・ローリターン」で危険極まりないやり方だからです。ナンピン買いをすれば確かに勝率は上がります。

ただ、もしも、その銘柄が本当にダメな子だった場合、ナンピンにナンピンを繰り返す「屋上屋」を重ねていると、いつかその意地の一発が致命傷になり得ます。滅多に起こらないはずの

「テールリスク」を踏んでしまうことがあるのです。

そして私がナンピンが良くないと思う理由がもう1つあります。それはナンピンの過程で投資家としての貴重な精神エネルギーを消費しきっているので、運よくリバウンドして買値を超えてきたとしてもそこからさらに引っ張る心の余力が既に枯渇しているということです。つまり、ナンピンで浮いたとしてもそのリターンは知れているんですね。ちなみにこの視点については、以前に、「ナンピンをしたいと思ったら、、、」という超人気ブログ記事を書いていますので、未読の方はご覧下さい。https://plaza.rakuten.co.jp/mikimaru71/diary/201505290000/

またどうしても買い増しをしたい場合でも、ウィリアム・オニールの言う、**ナンピン買い上がり（下がり続けていた株価が完全に底を打って、上昇トレンドになっているのを確認してから追加）**の形になるように、常に最大限に意識を徹底しています。それくらいナンピン買いというのは、本当に危険なやり方なんですね。

4．損切りした株がまた上がりだしたときに買えるか？

今回も、極上の出来である「第1章　本能に克てねば投資に勝てない」からです。

「損切りした株がまた上がりだしたときに買えるか

重要なのは、損をしないことではなく、大きな損をしないこと。

大ケガだけはしないようにする、という方針で僕は今の資産を築いた。

買った株が下がり損切りしたとして、そのあと損切りをあざ笑うかのように上がりだしたとき、上昇株として買うことができるかどうか、ここも大きなポイントになる」

自分の売値や買値はマーケットにとっては何の意味もない数字なので、一度損切りした株でもその後で上がれば気にせずに喜んで買うのがトレンドフォロワーの真骨頂です。そしてcisさんを特別な存在足らしめているのは、躊躇いなくそれができることも理由の一つなのだろうと思います。

「損を認められない気持ちが敗北につながる
損切りの早さでいえば、今の僕はトレーダーのなかでも上位に入ると思う。

買った値段は関係なく、その株で得していても損していても、これから下がりそうだと思ったらすぐに売ってしまう。

株の初心者はこの損切りができずにつまずきやすい。

『損したくない、損を認めたくない』という人間的な感情が、相場では敗北につながる。

自分の予想通りに動かないときは、自分が気付いていない『何か』がある可能性が高い。

そういう不自然さを感じたら、結果はどうあれ、基本はすぐ売るべき」

損切りの大切さに関するこれらのcisさんの言葉は素晴らしいですね。ただ、自分の経験からも「ためらわずに迅速に損切りできる」ようになったのは株式投資を始めてずっと長い年月が経った後でしたし、本当に難しいことでもあるんですね。

5．まだ知らない攻略法が実際に眠っている

最終回は「第2章　相場は仮説を生み出した人が勝つ」から。

「とにかく仮説を考える

『こんなことが起きたら、こんな展開で儲かる』みたいな仮説をいつも考えていて、アイデアを何十個か持っている。

すでに常識になっているようなものではなく、まだほとんどの人が考えていないもので、明確なロジックがあるもの。あるいは誰も指摘していないしロジックは不明だけど、経験則として明確な関連が認められるもの。

考えられること、やれることは、いろいろある。まだ知らない攻略法が実際に眠っているのが相場というゲーム」

いやあ、２３０億投資家のｃｉｓさんの言葉には勇気付けられますね。自分も「優待バリュー株投資手法」を独自開発して戦っている投資家ですが、自らの投資手法はまだまだ洗練させる余地がたくさんあると思いますし、これからも常に新たな投資アイデアを使いながら、日々精進していこうと思っています。

さてこれでこの本の紹介は終わりです。日本最高峰のモメンタム投資家のリアルが溢れた傑作です。未読の方は是非。

ファイナンス理論全史

田渕 直也〔著〕、ダイヤモンド社・2017年

1. 総論

100年分の投資理論をコンパクトにオーバービューしてくれる小粋な一冊ですね。

さて、私達「市井の個人投資家」はアカデミックな象牙の塔に住んでいるわけではありませんが、一通りの投資理論をざっくりと理解していることは「投資家としての基本」であり大切なことです。ただ投資理論に関する本というのは数式だらけで小難しく、さらに読み手への配慮に著しく欠けるものも多く、ちょっと秘密ですが私の本棚の「4軍」にも多くの本が役に立たず、埋もれて眠っています。

ただこの本は、得てして難解になりがちな「現代ファイナンス理論」を、細かい技術論や難解な数式に走らずにその本質的なところだけを分かりやすくズバッと平易な日本語表現で解説

してくれている点が最大の特長です。

まずは目次をざっくりと見ておくと、全体が素晴らしいですが、特に第2章と第5章が良いと思います。

それでは、この本のベストオブベストの大トロの部分を一緒に見ていきましょう。

2. 効率的市場仮説の盲点

はじめは出色の出来である「第2章　ポートフォリオ理論と銘柄選択、どちらが役に立つのか?」から。

「今でも語り継がれる討論会が1984年にコロンビア大学で行われた。登壇者は、効率的市場仮説派の論客であるマイケル・ジェンセンと、すでに伝説的投資家の仲間入りを果たしていた『オハマの賢人』ウォーレン・バフェットだった。

優良割安株投資（バリュー投資）、超長期投資、非分散投資が、バフェットの投資手法のキーワードだ。

ランダムウォーク理論を否定しようとしても、相手がジェンセンなら簡単に論駁されてしまうのが落ちだ。もちろん、バフェットは『自分が凄い成功をしているのだから理論は間違いである』などという単純な反論をしたのではない。実際にこの時バフェットが行ったジェンセンに対する反論は、実に洗練されたものだった。

偶然の結果として、一握りのサルが好成績を収めることは良く分かる。でも、好成績を収めたサルの多くが、同じ森にすむサルだと分かったらどうだろう。すべてがランダムに決まっているのなら、好成績を収めたサルのすむ森はあちこちに散らばっているはずだ。でも現実がそうでないとすれば、その好成績には何らかの理由があるはずであり、すべては偶然のなせる業だとするランダムウォーク理論を疑うのに十分な根拠となる。

そして実際に、同じ森出身のサルたちが継続的に好成績を収めている確かな証拠がある。そのサルたちを育んだ森こそグレアム＝ドッド村なのだ。

見事な反論ではないだろうか。

ジェンセンがこのバフェットの反論をいったいどのような表情をして聞いていたのか、大変興味深いところである」

今でもそうですが、効率的市場仮説の信者の方々は「自分たちに都合の悪い現実」には一切目を向けようとはしません。それらを例外として片付け、いつまでも「市場に勝てないことを100％保証する、残酷で美学のない宗教」を信じ続けているんですね。

最後に、超名著『規律とトレンドフォロー売買法』（マイケル・コベル著、パンローリング）の中から極めて印象的な言葉を引用してこの項を終わります。

「市場は効率的だと私に言ったことがある人は、例外なく貧しい」（ラリー・ハイト）

3．ファーマ＝フレンチの4ファクターモデル

今回も第2章から。

「効率的市場仮説の主唱者であるファーマは、同僚であったケネス・フレンチとともにデータ分析を進め、ついにアノマリー（特定の手法の期待リターンが高くなること）の存在を認めることになる。

1993年、2人は『ファーマ＝フレンチ・モデル』なるものを発表した。これはCAPM（Capital Asset Pricing Model：資本資産評価モデル）の拡張版とも言えるもので、株式の期待リターンは、

1．CAPMが予測する市場ポートフォリオのリスクプレミアムから生まれるものに加えて、
2．小型株効果
3．割安株効果

からももたらされるとした。期待リターンの水準を決定する要因が3つあるので、これをファーマ＝フレンチの3ファクターモデルと言う。このうち2と3がアノマリーである。

これで、グレアム＝ドッド村のサルたちが好成績を上げていることも一応は説明できる。

ちなみに、ファーマ＝フレンチ・モデルの応用版として、ファクターをもう1つ増やした4ファクター版なども提唱されている。4つ目のファクターとされるのは、モメンタム効果と呼

ばれるものである」

私は毎年の基本目標として「TOPIX＋20％」の成績を上げることを掲げているのですが、この20％を得るために最も大きな力があると考えているのが**小型株効果**です。そこにさらに優待バリュー、資産バリュー、収益バリュー、モメンタム／トレンドフォロー手法を組み合わせる「集学的戦法」によって目的を叶えようとしているわけですが、それを学術的に言うと、**ファーマ＝フレンチの4ファクターモデルをベースに、そこに日本独自の株主優待制度を徹底利用することによって、さらなるパフォーマンスの上乗せを狙って戦っている**ということになるわけです。えへへ、物は言いよう、なんだかカッコいいですね。

4．損切りできない投資家は信用しない

今回は「第5章　行動ファイナンスがもたらした光明」から。「カーネマン＆トベルスキーの業績は広範囲に及ぶが、なんといってもプロスペクト理論が最も重要。

与えられた選択肢の組み合わせによって、人の判断基準は変わる。例えば、利益を得られる局面では人は確実性の高い選択肢を好み、損失に直面する場面では確実性よりも賭博性のある選択肢を好むのだ。これは、

フレーミング効果と呼ばれている。これをモデル化したものが、図・プロスペクト理論の効

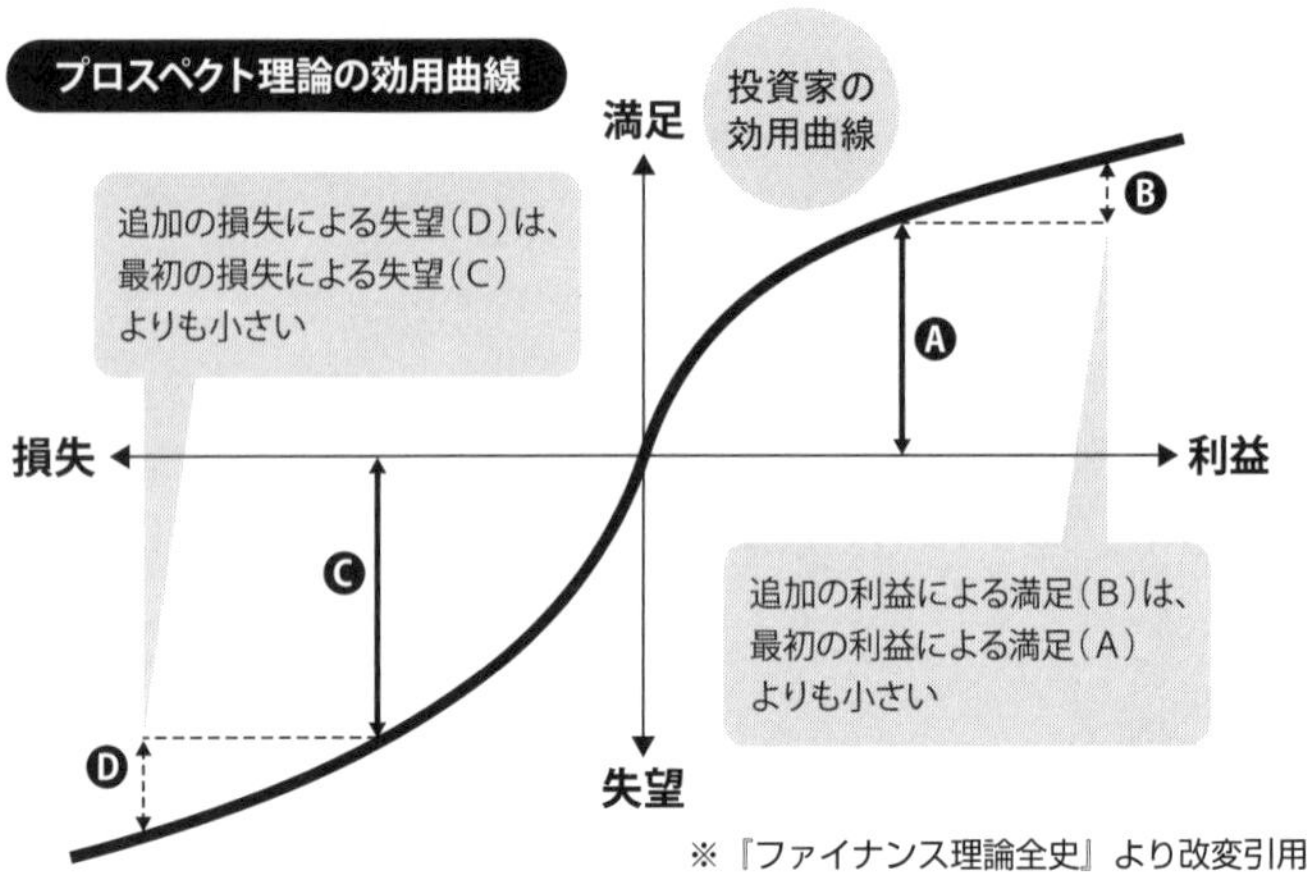

※『ファイナンス理論全史』より改変引用

用曲線である。

「利益を生んだものはすぐに手放したくなる。それが効用曲線の右側半分が示していることである。

要するに、『利益が出るとすぐに利食いをし、損失が出ると損切りはせずにそのままリスクを取り続ける』という非対称の行動パターンが生まれる。

実際にこの投資行動のパターンは、非常に多くの投資家に見られる」

これが市場で大多数を占めるC級以下の投資家が損切りができない理由です。感情に行動が支配されているんですね。

「再びプロスペクト理論の効用曲線に戻ると、真ん中にある参照点のところで、そこから右上に伸びる線と左下に伸びる線の角度が変わっていることに気付く。同じ金額の利益と損失を比べた時、損失による失望の大きさは利益による満足の大きさを上回っている（CがAより大きい）。人は、得られるものにではなく、失うものに、より過敏に反応する。**それが、意思決定に大きな影響を及ぼしている**のだ。この心理バイアスを『損失回避傾向』と言う」

ちなみに超A級以上の凄腕投資家はこの「人間的な欠点」を完全に克服し、超越しています。彼らにはどこか「非人間的」なところがあります。具体的には利益が出たポジションは放置もしくはさらに大きく買い乗せし、逆に損失が出れば無条件に機械的に損切りします。「絶対に切りたくないと感じたから、何があっても切らなくてはならないとすぐに分かった」という一種の「禅問答」のような表現もよく見ます。普通の投資家とは全く逆なんですね。

私は他の投資家の方の力量を見るときに、まず何よりも、きちんと損切りができているか？を見ます。「損切りが性格的にどうしてもできない」とか、「損切りなど全く必要ない。またナンピンはとても有効な投資戦略である」などと言う方は信用しません。

損切りができない投資家というのは、「ブレーキのない車を運転しているドライバー」と一緒です。そういった方とは、同じ道を走ることなど危なくてとてもできないからですね。

5. 人は本来、投資に向いていない

ここでは「第5章　行動ファイナンスがもたらした光明」及び「第6章　統計的手法と人工知能が別次元に導く未来」から。

「ファーマ＝フレンチ・モデルで小型株効果や割安株効果を学んでも、やはり誰もが知ってい

る大型で割高な株に投資してしまう。

　人間の心理バイアスとはそういうものなのである。

いうなれば本能に根付いているものなのだ。それは無意識のうちに人の判断を導く。しかも、自分がバイアスにとらわれていることに人は気がつかない。だからこそバイアスは消えない。そしてアノマリーはなくならず、バフェットは利益を出し続ける。

　市場の非効率性は、（中略）主に人間の心理的な歪みによって生み出される。

行動ファイナンスが本当に教えてくれるのは、人は本来投資に向いていないということである。バフェットは、歴史から学べることとは、人が歴史から学ばないということであると言っているが、それは心理バイアスの強さを言っている。また、この言葉は、『歴史』という言葉を『行動ファイナンス』に置き換えてもそのまま通用する。

　実力のある者が短期的に勝てるとは限らない。だが長期的には勝てる可能性がどんどん高まっていく。実力は、時間をかけてゆっくりとしか姿を現さない。（中略）そしてその実力は、本能に抗うことによってのみ手にできる」

　この「人は本来投資に向いていない」というのは名言と思います。私たちが先祖から受け継いだ動物的な本能に従って投資をすると、長い目で見るとほぼ負けます。市場とはそういうところなのです。つまり**我々投資家は、「市場で勝ち残れるように本能を制御し続ける」ことが致命的に大切**なんですね。

6．市場はいつも間違っている

最終回は、「第6章　統計的手法と人工知能が別次元に導く未来」から。

「ソロス自身が市場をどういうものと捉えているかについても簡単に触れておこう。彼によれば、その市場は『いつも間違っている』ということになる。なぜならば、人は誤解に満ちた生き物であり、現実を正しく認識できないからである」

私も程度の差はあれ、「市場は常に間違い続けている」と固く信じています。

「ソロスの相場見通しは必ずしもそんなに当たっているわけではないし、『ソロスが相場の読みを間違えて損失を出した』と報じられることも決して少なくない。

しかし、このような報道が度々ある一方で、ソロスの通算成績が非常に優れたものであることも、また事実である。その秘訣は、勝てるときにはできるだけ大きく儲けて、負けるときは損失をうまく抑えるところにあるようだ」

私は日本株市場でS級・超A級と言われる投資家の方々を常につぶさに観察し続けていますが、彼らは実は意外とよく間違えます（笑）。そしてその「勝率」を見ると、実はB級以下の投資家とそれほど違わないようにも感じています。ただ彼らの非凡な点は、「自らの間違いを認識したら即座にそのポジションを切れる」ことと、「うまく行った場合に利益が膨らむのに任せる胆力が凄い」ということです。野球でいうと、打率は2割7分くらいながら、ホームランを年に40本打つ打者のイメージです（笑）。

「ポンド売りはソロスの名とともに語られることが多いが、このときソロスのファンドによるポンド売りを実際に指揮したのは、雇われマネジャーだったスタンレー・ドラッケンミラーである。のちに、業界を代表するスターマネジャーとなった人物だ」

なお、スタンレー・ドラッケンミラーに関しては、名著『新マーケットの魔術師』でのインタビューを本シリーズ第１巻の２２７ページに書評としてまとめていますので、未読の方は是非この機会にご覧下さい。「絶好のチャンスと見れば一気にすべてを注ぎ込む。それが記録的な利益を生み出す。それがソロスの成功要因の一つなのだ」

そう、私達投資家は、「もしも自分が正しい時には、莫大な利益が手に入る」ようにポートフォリオを考え抜いて組み上げることが大切なんですね。

さてこれでこの本の紹介は終わりです。難解な現代ファイナンス理論をコンパクトに分かりやすくまとめた、珠玉の、驚くほどに素晴らしい一冊です。未読の方は、この本だけは是非。

財務3表一体理解法

國貞 克則［著］、朝日新聞出版・2016年

1. 総論

続編の『財務3表一体分析法』と合わせ、「絶対必読」とも言える名著中の名著ですね。

私達投資家にとって、投資先の会社の決算書をスラスラと読んでしっかりと理解することは生存の前提ともなる「必須の能力」です。そのため私も過去に会計の本を何十冊も読んで必死に勉強を続けてきました。そして、「まあ、なんとなく、大体は分かる」ようにはなっていたつもりだったのですが、でも同時に「完全には分からない。本当に難しい」という思いも同時に抱き続けてきました。どの本を読んでも、どうにもすっきりとしない、釈然としない、ピシッと理解した気がしないでいたのです。

そしてこの本を見つけて「おぉ、ついに求めていた神本に出合った」との思いで時間も忘れ

図表　財務諸表は何を表しているか

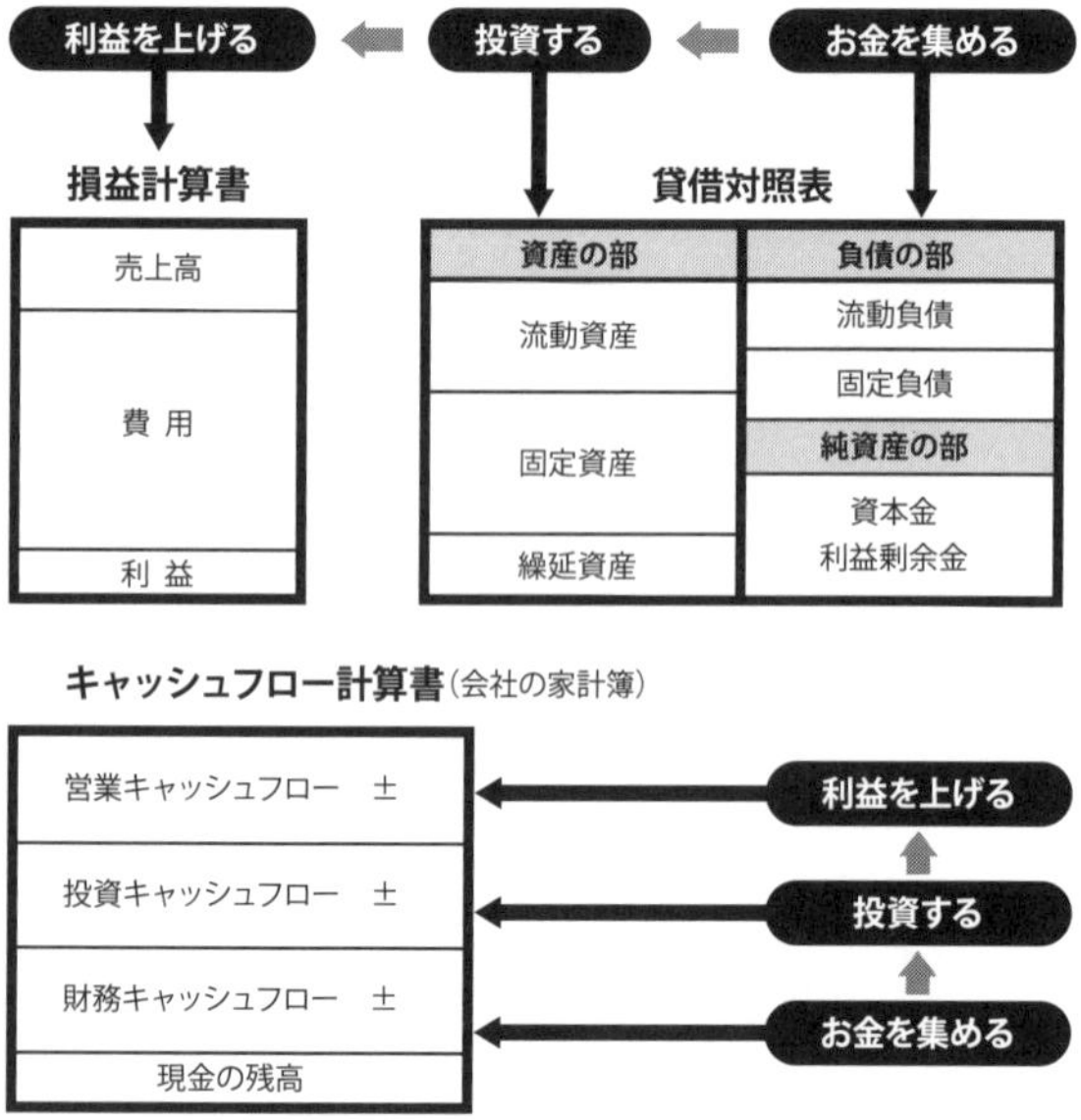

※以下図表、『財務３表一体理解法』より改変引用

て貪り読んだ時に、「あぁ、そういうことだったのか！！！」と目から鱗がボロボロと落ち、ようやく会社の決算書とはどういうものなのか、が今までとは違うレベルで腹に収まるようになったのでした。

さて、この本の主張は、「財務3表を一体にして理解すれば会計の仕組みが分かる」ということです。

損益計算書（PL）、貸借対照表（BS）、キャッシュフロー計算書（CS）の財務3表は、別々にバラバラに存在しているのではなく、全て繋がっている。著者の國貞先生の考え方はまさに「革命的に分かりやすい」ものです。

それでは次回から、会計の世界の深い霧を見事に晴らしてくれる革命的な

『財務３表一体理解法』

図表　損益計算書（PL）と貸借対照表（BS）の時系列的なつながり

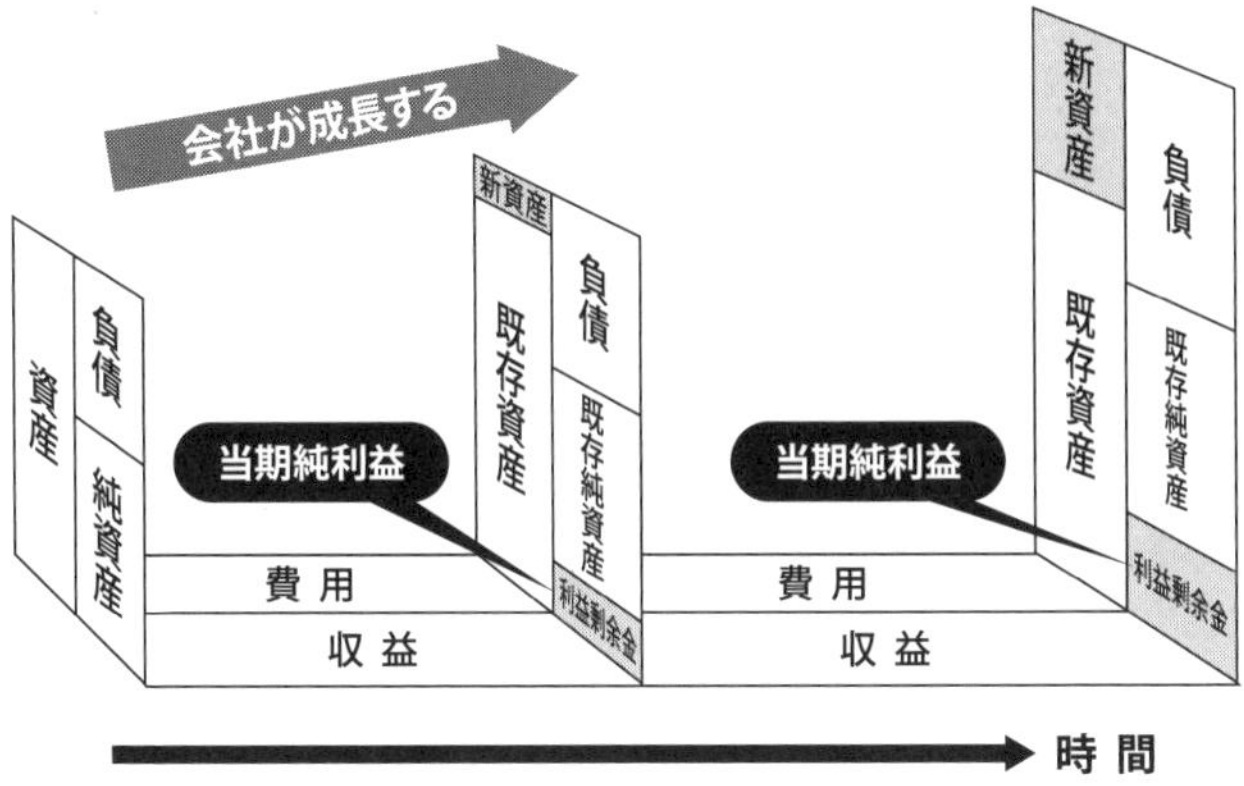

この名著のエッセンスを一緒に見ていきましょう。

2．財務３表は繋がっている

著者の國貞氏は、ＰＬとＢＳの時系列的なつながりや、財務３表の基本的な「つながり」を豊富な図表を使って分かりやすく解説してくれます。特に次ページの表の、

Ａ．ＰＬの当期純利益がＢＳの利益剰余金とつながっている。
Ｂ．ＢＳの右と左は一致する。
Ｃ．ＢＳの「現金及び預金」とＣＳの「現金の残高」は一致する。
Ｄ．ＰＬの「税引き前当期純利益」をＣＳにもってくる。
Ｅ．ＣＳの直接法と間接法は一致する。

という説明は凄く分かりやすいです。私は自分で何度も図に書いて暗記しました。皆様も是非やってみて下さい。これは効きますよ。

図表　財務３表の基本的な「つながり」

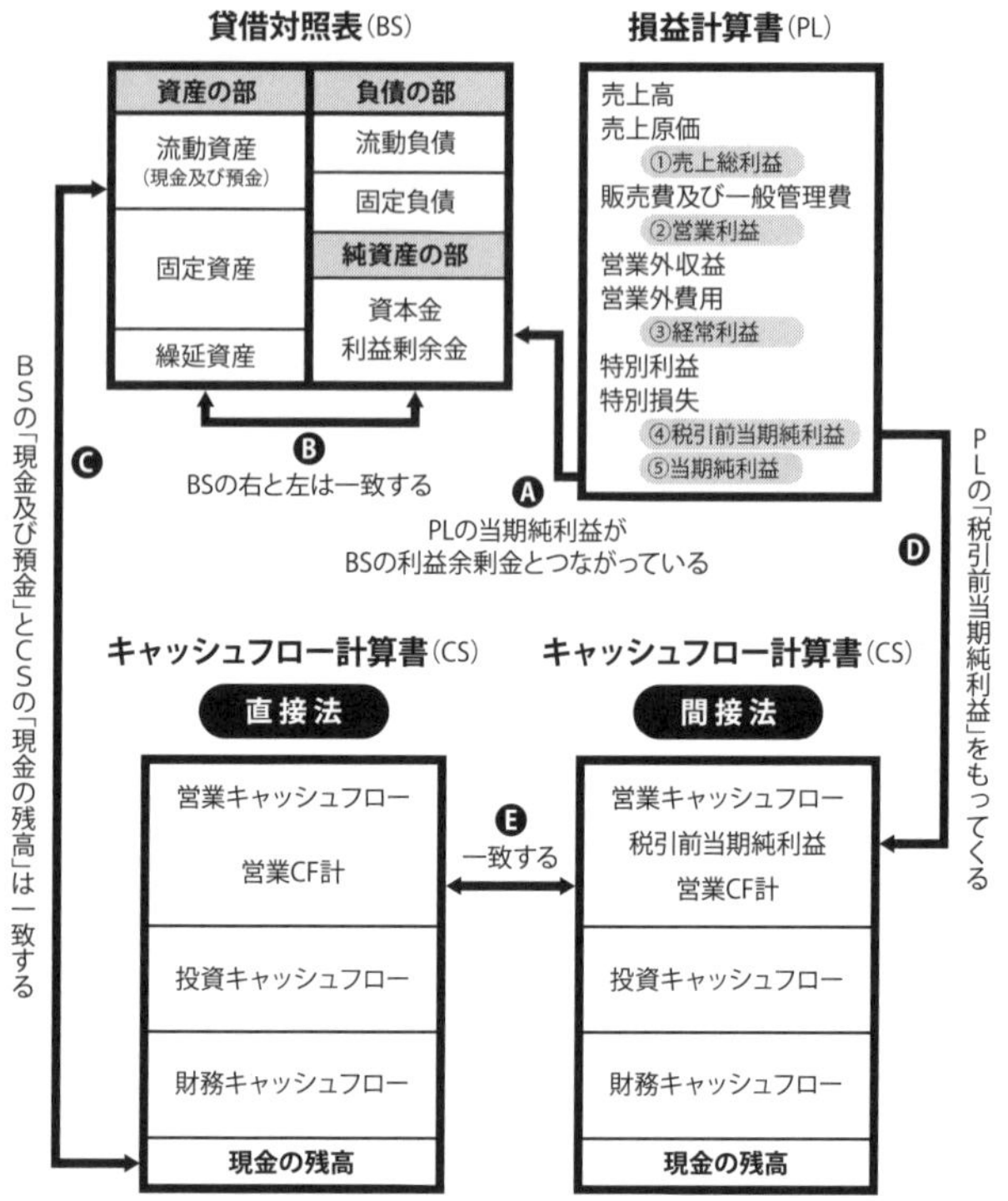

そしてこの財務3表が繋がっている**会計の世界は美しい**という著者の主張も本当にその通りだなあ、と思います。

3. 事務用品の謎

さてこの本の冒頭に、

「事務用品を5万円分現金で購入した場合に、貸借対照表の右側の借入金も資本金も変化しないのに、左側は現金が5万円少なくなって左右がバランスしなくなってしまいます。どうしてなのか、皆さんは答えられますか？」という印象的な質問がありました。

私はこの本を読むまでに数十冊もの会計の本を頑張って読んでいたのに、恥ずかしながら「？・？・？・」となってしまって、答えられませんでした。

財務3表がつながっていることが全く理解できていなかったからです（汗）。

答えは、**事務用品を5万円分購入すれば、損益計算書（PL）では費用として認識され利益が5万円減る。PLのその項目は貸借対照表（BS）の右側の「純資産の部」とつながっているため**（図表のⒶ）**貸借対照表の右側も5万円減ってバランスする**というカラクリなのでした。

詳しくは実際にお読みいただくとして、初めて読んだときには、本当に印象的でしたね。

4. BSの繰越剰余金がマイナスになっていることの意味

私は何年も何年もブログを書き、さらには会計の本をたくさん読んでいたのに、それでもなお、**BS（バランスシート）の繰越利益剰余金がマイナスになっているということの意味**が全く分かっていませんでした。BS単体で考えてしまい、「それは極めて異常な状態だ。ずっと長くマイナスの状態であるなどあり得ない」と愚かしくも思っていたのです。

繰越利益剰余金がマイナスということは、**創業してから現時点までのトータルで会社が利益を上げていないだけ**でよくあることですし、決して理想的ではありませんがそれだけで特に問題になることはないわけですが、財務3表が繋がっていることをまったく理解できていなか

貸借対照表(BS)

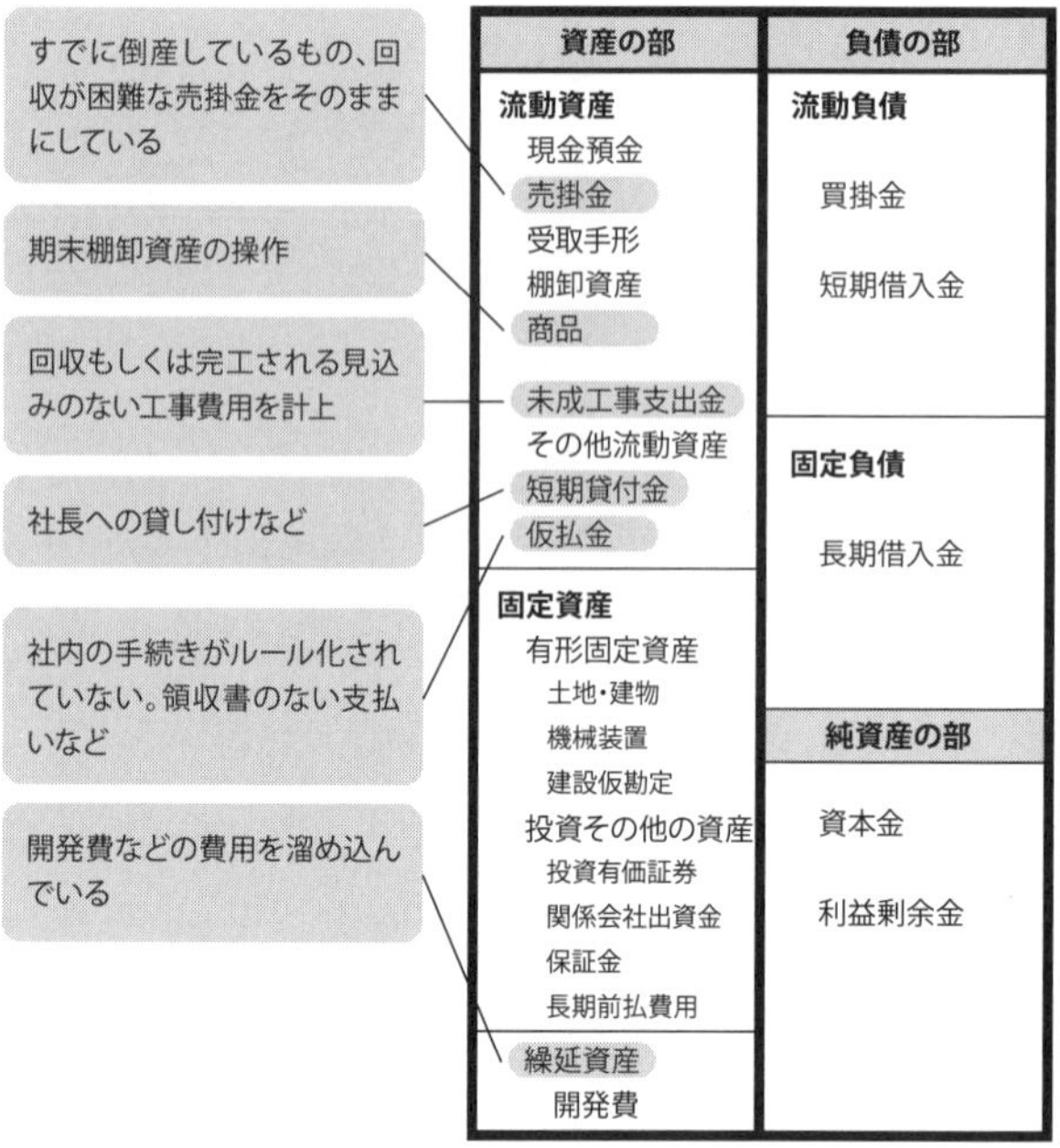

った当時の私には「由々しき問題」だったのです。本当にこの本には感謝感謝ですね。

5．その他のポイント

今回はここまでに紹介できなかった素晴らしい図表をいくつかピックアップしておきます。

著者は、「**PLとBSは操作されている**」と指摘します。

そしてこれがBSで「操作されやすい」項目の一覧表。売掛金、商品、未成工事支出金、短期貸付金、仮払金、繰延資産あたりが、代表例ですね。

CSパターンの表も基本ですが良く出来ています。

現金はウソをつかない
CSのパターンで会社の状況が推測できる

キャッシュフロー計算書（CS）

	❶	❷	❸	❹	❺	❻	❼	❽
営業キャッシュフロー	＋	＋	＋	＋	−	−	−	−
投資キャッシュフロー	＋	＋	−	−	＋	＋	−	−
財務キャッシュフロー	＋	−	＋	−	＋	−	＋	−
現金の残高								

❶＋＋＋
営業活動で現金を生み出した上に借入などで現金を増やしている。さらに、固定資産や有価証券なども売却している。将来の大きな投資のためにお金を集めているのだろうか。

❷＋＋−
営業活動と、固定資産や有価証券などの売却により現金を生み出し、借入の返済を積極的に行っている。財務体質強化の段階にある会社だろう。

❸＋−＋
営業活動で現金を生み出した上に借入などで現金を増やし、積極的に投資活動を行っている。将来の戦略も明確な優良企業のパターン。

❹＋−−
営業活動で生み出した現金を投資活動や借入金の返済に充てている。潤沢な営業CFがある会社であろう。

❺−＋＋
営業CFのマイナス分を借入と固定資産や有価証券の売却で賄っている。問題会社の一般的パターン。

❻−＋−
営業CFのマイナス分と借入返済分を固定資産や有価証券の売却で賄っている。過去の蓄積を切り売りして事業を継続している。

❼−−＋
営業活動で現金を生み出せていないが、将来のために設備投資を行っている。営業のマイナス分と設備投資資金をすべて借入や新株発行で賄っている会社。よほど自信がある将来計画があるのだろうか。

❽−−−
営業活動で現金を生み出せていないのに、将来のために設備投資を行い、借入金の返済も行っている。過去に多くの現金の蓄積があった会社なのだろう。

「のれん」の説明も分かりやすかったです。

さてこれでこの本の紹介は終わりです。一言で言えば「全投資家必読」の名著ですね。

未読の方は「投資家人生を浪費」していますので、必ず今すぐにお近くの本屋さんもしくはネット通販で御購入下さい。感動しますよ。

有価証券報告書の見方・読み方 第9版

あずさ監査法人［編］、清文社・2015年

1. 前編

難しくてとっつきにくい有価証券報告書（有報）の読み方を懇切丁寧に分かりやすく解説してくれるベストセラーで、初版が刊行された平成5年から定期的にアップデートされ、最新版となる第9版は平成27年版となります。

この本の良さは、**有価証券報告書をその書式通りに網羅的に徹底解説してくれている点**です。一度ざっと読んだうえで本棚に置いておくと、有報を読んでいて難しくてよく分からない箇所があった時に、さっと取り出して「辞書」として使え、最高に役立ちます。

さてこの有価証券報告書は「信頼性という『質』と情報の多さという『量』の両面で他の追随を許さない」素晴らしいツールなわけですが、そのボリュームが凄いですし、難解な表記と

なっている部分も多いですし、投資初心者の方にとってはかなり「ハードルの高い存在」となっているのも事実です。

ただ、この本さえ手元にあれば、分からないところは該当ページを開けば常に丁寧な解説が載っているので安心して読み進めることができます。それでは次回は、この本がどれほど役立つのかをちょっとだけ一緒に見ていくことと致しましょう。

2. 後編

この本は全部で5百数十ページもあるのでとても全体像を語ることはできないのですが、今回はその最高の大トロの部分をちょっとだけ一緒に見ておきましょう。

まず304ページには、有価証券関係の読み方が載っていて非常に役立ちます。ここでは具体的に日清紡ホールディングスの有報を使って、**有価証券にどれだけの含み益があるのか**を解説してくれています。

339ページでは、**保有していて賃貸に出している不動産にどれだけ含み益があるのかを読む方法**を、三菱地所を例に出して分かりやすく解説してくれています。

この賃貸等不動産にたっぷりとした含み益を持つ企業はそれだけ投資先としての安全性が高いことになるので、私は主力以上で勝負している銘柄に関しては、常にチェックするようにしています。

『有価証券報告書の見方・読み方　第９版』

図表　監査報告書

1．監査報告書には財務諸表監査と内部統制監査の両方について監査法人の意見が表明されている。

2．財務諸表監査に関する監査報告書は、財務諸表が適正かどうかについて監査人の意見が表明されている。

3．内部統制監査に関する監査報告書は、内部統制報告書が適正かどうかについて監査人の意見が表明されている。

4．除外事項は監査人からの危険信号、注意信号を意味する。

5．追記情報にも注意しよう。

※以下図表、『有価証券報告書の見方・読み方 第９版』より改変引用

４９３ページでは、**監査報告書の読み方のポイント**を教えてくれています。追記情報に注意することが大切であることがわかります。

そして具体的には、第一中央汽船の監査報告書を使って、継続企業の前提に関する重要な不確実性があることが「強調事項」として書かれていることを説明してくれています。

この**監査報告書の強調事項には重大な情報が書かれていることが多い**ので、私は常に目を光らせています。ちなみに私のＰＦ上位の一角の６４２５ユニバーサルエンターテインメントを例に出すと、強調事項として「ユニバーサルエンターテインメントが保有しているウィンリゾーツ社の株式に関し民事訴訟中でその価値を確実に見積もることが困難であるために平成25年３月期から取得原価で評価している」という大切な情報が書かれています。※次ページの図表を参照ください

さてこれでこの本の紹介は終わりです。定価４２００

図表　ユニバーサルエンターテインメント監査報告書

監査意見
　当監査法人は、上記の連結財務諸表が、我が国において一般に公正妥当と認められる企業会計の基準に準拠して、株式会社ユニバーサルエンターテインメント及び連結子会社の平成29年3月31日現在の財政状態並びに同日をもって終了する連結会計年度の経営成績及びキャッシュ・フローの状況をすべての重要な点において適正に表示しているものと認める。

強調事項
　（連結貸借対照表関係）及び（追加情報）に記載のとおり、Wynn Resorts,Limited との民事訴訟に関しては、この判決結果により発生する可能性のある影響を確実に見積もることが困難である事実を踏まえ、会社は平成25年3月期連結会計年度末よりWynn Resorts,Limited株式会社を取得原価で評価している。

（出所＝2017年3月期有価証券報告書P107より引用）

円＋税と決して安くはない本ですが、**手元に置いておくと「定価の100～1万倍」は役立つ**ことを私が保証します。未購入の方は是非ご検討ください。

〔編集部注〕現在は紙版・電子書籍版とも絶版です。

第2章
バリュー投資のための8冊

第2章序

さて私は自分で編み出したヘンテコな名前である「優待バリュー株投資家」を名乗っており、しかしまた「正統派のバリュー株投資家」であるとも強く言い張っています（笑）。なので、第2章では、「専門となる」バリュー投資に関する名著を紹介したいと思います。

この章の冒頭を飾るのは、世界一の投資家ウォーレン・バフェットの師匠の一人である、フィリップ・フィッシャーの第4作『投資哲学を作り上げる』です。その投資哲学が洗練され、コンパクトかつ非常に分かりやすく解説されており、「20世紀に発売された投資本の中でベスト3に入る不朽の名著」と称される彼の第1作『株式投資で普通でない利益を得る』とほぼ同等の評価を与えられる傑作中の傑作であると考えています。

続いて彼の息子（三男）であるケン・フィッシャーの『投資家が大切にしたいたった3つの疑問』を紹介します。彼は他の投資家とは違う視点から深い考察ができる異次元の鬼才です。またこの親子の本には、独創的で鋭い思想が溢れかえっている点も共通していて興味深いですね。

さてお次は、「ウォートンの魔術師」と称されるアメリカの金融論学者、ジェレミー・シーゲル教授のベストセラー2冊『株式投資の未来』、『株式投資第4版』をついに紹介します。共にバリュー投資家必読の名著ですが、『オールタイムベスト』1・2巻にはページ数の関係でどうしても押し込めず、今回待望の登場となりました。書けて本当に嬉しいです。

そして、ウォーレン・バフェットの投資参謀でパートナー、「バフェットの右腕+左腕」として知られるチャーリー・マンガーの極めて独特な考え方と、核心を突く能力に光を当てて紹介した興味深い『完全なる投資家の頭の中』を紹介します。超一流の投資家の頭の中というのは「とにかく普通じゃない」ことが分かる、知的興奮に溢れた印象的な一冊です。

中国人物理学者で、バリュー投資家御用達サイトである「グルフォーカス・ドットコム」の主催者であるチャーリー・ティエン。彼の『とびきり良い会社をほどよい価格で買う方法』は、バリュー投資手法が持つ欠点を鋭く指摘しています。また「何かをディスることに関しては、比類のない天下一品の切れ味」を発揮しており、間違いなく一読の価値があると思います（笑）。

金融定量分析で「世界の第一人者」として知られ、統計のグル（導師）とも呼ばれているジェームズ・P・オショーネシー。今回紹介する『ウォール街で勝つ法則』とその続編となる『大逆張り時代の到来』は、我々のような「株式投資ジャンキー」にとってはまさに、よだれの止まらない最高のデータの宝庫であり、「知の宝箱」と言っても良い極上の内容です。なんで日本でこんなに彼の知名度が低いのかが、本当に謎なんですね。

それでは、どうぞご堪能下さい。

投資哲学を作り上げる

フィリップ・A・フィッシャー〔著〕、パンローリング・2016年

1. 総論

フィリップ・フィッシャーは、世界一の投資家ウォーレン・バフェットの師匠の一人であり、また第1巻で紹介した著書『株式投資で普通でない利益を得る』は、「20世紀に発売された投資本の中でベスト3に入る不朽の名著」として知られる、あまりにも偉大な人物です。

そしてこの第1作の完成度が異次元に高かったために、彼の他の著作は軽視されがちなのですが、実は今回紹介する第4作は、**天才フィリップ・フィッシャーの投資哲学が洗練され、コンパクトかつ非常に分かりやすく解説**されており、**個人的には第1作とほぼ同等の評価を与えられる傑作中の傑作**であると考えています。

さらに言うと、「フィリップ・フィッシャーがあまりにも天才過ぎる」が故に、1作目には

説明不足による分かりにくさがありましたが、この第4作ではそういった角が取れて、まろやかな極上の緑茶に昇華されている、そういった印象もあります。

それでは、天才フィリップ・フィッシャーの最期の一冊にして、その投資哲学が丸ごと分かりやすくパッケージされた傑作の世界を一緒に楽しんでいくことと致しましょう。

2. 自分の性格と能力にジャストフィットした投資手法を選択する

まずは「はじめに」から。

「この専門書は私独自の投資哲学について述べ、正しく行うことのできた事例や、特に間違った事例を通してこの投資哲学が年々どのように発展し変化したかということを説明しようというものだ」

「私のものとは異なる手法はベンジャミン・グレアムによって確立された。(中略) 彼を含めて実践した人には大きな見返りがもたらされた。グレアムの手法は現時点でかなり過小評価されている株式を見つけるもので、今日それを買えば将来的に内在的な価値が高まっても高まらなくても、いずれは儲かるというものである。

私の手法はこれと大きく異なる。私の手法は将来的に内在価値が大きく上昇しそうな状況を見つけ出し、市場のワナにはまらないようにして高く買い過ぎない様にすれば、いずれはお金が儲かるというものである。しかも、非常に大きな儲けを手にできるというものだ。

私のものが価値の大きい結果を出すための唯一の方法というわけではない。自分の性格に加え、何年もの間に自分に叩き込んできた規律があるため、この手法が私にとって最高のものとなっているのである」

さて私の理解では、フィリップ・フィッシャーの投資手法は**クオリティ投資**です。一般的には彼のやり方はグロース投資と理解されていますが、言葉の定義上グロース投資はバリュー投資の完全な反対側にあります。つまり高PBR銘柄を買う戦略です。そして**バリュー投資にエッジがあることが歴史的に証明されている以上、その対極に位置するグロース投資には逆にエッジがない**ということになります。つまり、フィッシャーのやり方はグロース投資ではなくバリュー投資と同じようにエッジが証明されているクオリティ投資である、というのが私個人の見解です。

そして全く異なる投資哲学を持つ、**バリュー投資の創始者であるベンジャミン・グレアム**へのコメントは実に興味深いです。**第1作ではバリュー投資手法を徹底的に批判**していた訳ですが、最終作となるこの第4作ではバリュー投資手法の有効性も認めたうえで、自分の性格にはクオリティ投資手法が合っているのだ、と述べています。

これは重要な指摘で、究極の複雑系である株式投資の世界には有効な投資手法はたくさんあります。そしてこの過酷な世界で生き残るには、

1．使っている投資手法に歴史的・統計的な有効性が証明されていること。

2．その投資手法が自分の性格・能力にジャストフィットしていること。
の2つが同時に備わっていなくてはならない、ということなんですね。

3．低PERのワナ

今回は「第1章　哲学の原点」から。

「私の投資に対するアプローチは、1929年の過ちから学ぶとさらに発展していった。私が学んだことは、PERが低いときでも株式は魅力的なこともあるが、PERが低いということだけでは何にもならず、会社の弱さの度合いを示す警告指標となることが多いということだ。ある株式が割安か割高かを判断するときに本当に重要なことは、その会社の当期の年間利益に対する倍率ではなく、数年後の利益に対する倍率である。

低PERとは、ある株式についてバーゲンセール中だと偽っている単なる投資のワナのサインであることが多いということを学んだ」

この1929年の大恐慌時にフィリップ・フィッシャーがハマった「低PERのワナ」については、息子のケン・フィッシャーが超名著『チャートで見る株式市場200年の歴史』の中で、詳細に解説しています。ぜひ第2巻の記事をあわせて今一度御覧下さい。

そして次のチャートを見れば分かるように、確かに大恐慌時の見た目のPERは低かったんですね。仮に自分がこの時市場にいたら、間違いなく嵌まっていただろうと思います（汗）。

図表　PER（1928～1929年）

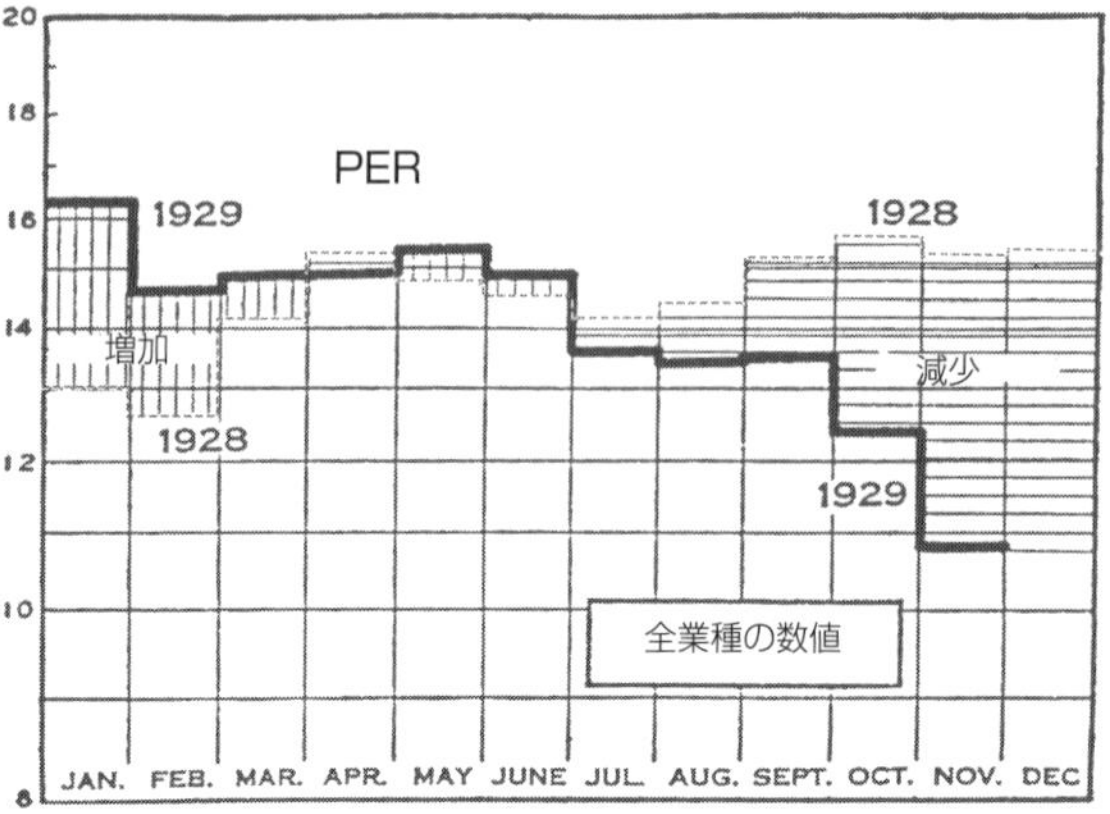

出所＝アービング・フィッシャー著『アメリカ株式恐慌と其後の発展』（同文館）

このようにPERというのは非常に分かりやすい指標ですが、同時に堅牢で急には変化しにくいPBRと較べ、あっという間に移ろいやすい指標でもあります。そういえば、ネット上でどなたかが以前に、「PERは恋と似ている」と喝破していました。

とても強くて同時に儚《はかな》くも脆《もろ》いものなんですね。

4．正しい逆張りが必要

さて今回は「第2章　経験から学ぶ」です。

「右と言われたら左へ進め

投資での大きな利益というものは、金融界が右へ進んでいるときに正しく左へ進む能力を持った人の所へ行くようになっている。

私の意見では、自分自身を訓練して大衆と同じ方向には行かず、大衆が右へ進んでいるときに左へ進むことができるようになることが、投資で成功するために最も重要な原則だと思う」

「大勢に逆行するのが正しい

コントラリアン（大勢とは反対の立場）の重要性については、投資本にはよく書かれている。

しかし、コントラリアンであるだけでは十分ではない。

つまり、一般的な投資の考え方に逆行するときには、自分が正しいということが本当に確かでなければならない。

金融界の多くの人が右へ向かっているときに左へ進む人が大きな利益を手にすることが多いが、それは左へ進んでいることが正しいという強い証拠があるときだけの話である」

このフィリップ・フィッシャーの指摘は素晴らしいです。投資の世界で勝ち残るには、コントラリアンであるだけでは十分ではなく、さらにそれが正しくなくてはならない、ということなんですね。

しかし、これは現実には非常に難しいことです。

自分のことで言うと、私は元々非常にコントラリアン気質の強い人間で、性格的に逆張りが大好きなので、市場の見通しと逆に張るのは全然平気でむしろ嬉々として行えるのですが、問題はその先で、「喜んで逆張りはしたが結果としてそのまま間違っていた」ことが過去に非常に多くありました。つまり、「**単に逆張りのための逆張り**」**になってしまっていた**ということです（玉汗）。

そして今（2019年6月）現在のポートフォリオ上位を見ても、不人気の極みにある不動産関連、金融関連、地方スーパー関連、自動車部品関連などの銘柄がびっしりと並んでおり、これが2018年から1年半ほど続いてしまっている低パフォーマンスに直結しています。もしかしたら数年先には状況は変わるのかもしれませんが、少なくともこの1年半の間私が取ってきた「逆張り手法」は効力を発揮しておらず、むしろ完全に逆効果だったということです。

このように、「正しい逆張り」は本当に難しいものなんですね。

5．3年ルール

ここでも「第2章　経験から学ぶ」を見ましょう。

前回は、フィリップ・フィッシャーの「正しく逆張りをすることが大切」という指摘と、「そうだね、それができるならもちろん最高なんだけど、現実にはとっても難しいんだよね」という私の嘆きをお伝えしたわけですが、フィッシャー先生は超天才なので、この難問に対しても当然答えを用意してくれています。今回はそれを見ていきましょう。

「忍耐と結果

以上を踏まえて私は3年ルールと呼んでいるものを確立した。ある銘柄を買った場合、結果を1カ月や1年程度で判断せず、3年という期間は猶予してもらいたいと、私は何度も繰り返し顧客へ説明した。

強い確信を持って買った銘柄が3年後に良い成績を収めなかった場合、私は売ってしまう。しかし、その会社に対する私の当初の見方を変えるような出来事が何も起こっていなければ、その銘柄を3年は持ち続ける」

このフィリップ・フィッシャーの「3年ルール」は明確でいいですね。そういえば日本にも「石の上にも三年」ということわざがあります。

私は以前から「中期投資家」を自認しているのですが、主力銘柄の投資期間は2〜5年、平均で3〜4年というところです。自分の経験からも、この3年ルールは妥当と思いますね。

6．リスク・リワード比を考えると、長期投資は割に合う

ここでは「第3章　哲学は成長する」から。

「市場の下落を予測できたら、持ち続けるのか売るのか？

以前にも増して現在のわが国の株式投資の大半を形成している人たちの動きを見ると、投資家はある銘柄でそこそこの利益を得て、株価が下落する恐れがあるような場合には売り抜けて、その利益を確定させるべきだという考え方が大勢のように思われる。

だが、私の見方は少し違う。ある特定の会社の株式が目先天井を付けているかその近くにあるように思われても、そして近い将来に大きく下落することが見込まれたとしても、その会社の長期的な将来を見てまだ魅力を残していると判断できた場合には、私はその会社の株を売ら

ない。

株価が数年以内に現時点の水準と比べてかなり高い所で天井を付けると予想した場合には、私は持ち続けるほうが好ましいと思う。

短期的な値動きの予想をするためには、景気全体の今後の水準について経済的に予測することが最初である。しかし、景気循環の変化を予想する予想屋の記録を見ると、全体的には散々な結果である。

この理由から、いかに一生懸命スキルを磨いたとしても、短期的な株価の動きを60％以上の確率で正しく予想することは困難なのだと思う。

90％の確率で正しい環境にいるときに、正しい確率がせいぜい60％しかない要因のためにポジションを解消してしまうということは理解し難い。

さらに長期投資で大きな利益を取ろうとしている人にとって、勝率だけが唯一考えるべきことではない。もし経営がうまくいっていて資金繰りも十分な会社に投資しているのであれば、最悪のベアマーケットが来たとしても価値がまったくなくなってしまうことはない。

したがって、リスク・リワード比を考えると、長期投資は割に合うのである」

この章で、フィリップ・フィッシャーは、マーケットタイミングを計る投資法がうまくいかない理由と、長期投資が割に合う理由を鮮やかに説明してくれています。数十年以上前の著作でありながら、今の市場にもそのまま当てはまる金言です。

まさに天才。それがフィリップ・フィッシャーなんですね。

7．効率的市場仮説は間違い

今回は「第4章　マーケットは効率的か」から。

「効率的市場という誤謬

この数年間で、大きな間違いと思われるある考え方が注目され過ぎている。その概念とは、『市場の完璧な効率性』というものである」

「効率的市場仮説は**ランダムウォーク学派**が主張し始めたものだ。

私たちの多くはトレーダーではなく投資家であり、またそうあるべきである。私たちが探すべき投資チャンスとは長期的に見て並外れた可能性を秘めたものであり、可能性の低い投資チャンスを追うことは避けるべきである。

絶え間ない努力をする聡明な長期投資家にとっては、株価は効率的になっていないと考える」

フィリップ・フィッシャーはインデックス投資家の理論的依拠となっている効率的市場仮説を明白に斬り捨てています。

そしてコテコテのアクティブ投資家である私も、「市場は効率的な所などでは全くない。むしろ、非効率と歪みの塊である」という前提の下で日々を戦っています。

インデックス投資家の方々との宗教的な対立は極めて深刻でかつ非常に根深く、日本が法治国家でなければすぐに凄惨な殺戮合戦になりかねない程ですが（笑）、実際にはアクティブ投資もインデックス投資も、その投資家の性格や能力に合っていればどちらも実にうまくいきます。この奥深さこそが、私達が愛してやまない株式市場の懐の深さであり、魅力なんですね。

8．フィリップ・フィッシャーの8原則

最終回は「結論」から。

「さてここまでが半世紀以上にわたる私の実務経験から生まれた投資哲学である。恐らく鍵となるものは、以下に挙げる8つのポイントに集約されるだろう。
1．長期的に利益が劇的に拡大するための規律ある計画を持っており、新規参入企業にとってはその市場の拡大にあずかるのが困難な内在的な質を持つ会社を買うこと。
2．その会社を人気のない時期に買うこと。
3．けっして短期的な理由で一番魅力的な株式を売ってはならない。
4．主に大きなキャピタルゲインを求めている人は、配当には重点を置かないようにする。最も魅力的なチャンスは、収益力が高くても配当の支払いが少ないか全くないグループに見つけられる。利益の大部分が配当として株主に支払われているような会社に大きなチャンスが転がっている可能性はかなり低い。
5．何度か間違いを犯すということは投資で大きな利益を手にしようとする場合には付き物

のコスト。（中略）いくつかの銘柄で小さな損失を喫し、将来性の高い銘柄で利益を積極的に伸ばしていこうとすることは、良い投資マネジメントの表れである。

6. 本当に素晴らしい会社の数は比較的少ない。その株式は魅力的な価格で買うことができないことが多い。よって魅力的な株価のものが存在するとき、その状況を最大限に利用すべきである。資金は最も望ましいチャンスに集約されるべきだ。

個人投資家の場合、異なる銘柄に20以上分散しているならば、資産運用能力がない証拠である。10～12が通常は良い数だ。（中略）個人投資家の持ち株が20銘柄に近づいてきたら、最も魅力のない銘柄から最も魅力のある銘柄に入れ替えるのが理想的である。

7. 金融界で支配的な意見を何でも無闇に受け入れないこと。そして単に反対するためだけに支配的な意見を頭から拒否しないこと。（中略）自分の判断力が自分自身を正しいとしているときに「大勢に向かう」行動をする精神的な勇気を出すこと。

8. 成功に大きく影響することは一生懸命に働くこと、知性、素直さの組み合わせである」

どうでしょう？　フィリップ・フィッシャーの8原則、凄くないですか？

私も常に彼のこれらの金言を頭の片隅に留めて日々市場で戦っています。

さて、これでこの本の紹介は終わりです。真の傑作ですね。未読の方は是非。

投資家が大切にしたい　たった3つの疑問

ケン・フィッシャー［著］、パンローリング・2011年

1. 総論

著者は世界一の投資家ウォーレン・バフェットの師匠の一人である**フィリップ・フィッシャー**の三男ですが、ただの「著名投資家のボンボンの2世」でありません。それどころか、ケン・フィッシャーは他のあらゆる投資家とは違う視点から深い考察ができる、異次元の鬼才です。

当シリーズでもこれまでに彼の著作2冊を紹介してきました。そして両方とも私は今でも頻繁に参照しています。今年２０２０年だけでも何度も実際に手に取って再読しました。なぜならケン・フィッシャーの本には**他の誰にも書けない独創的で鋭い思想が溢れかえっていて極めて有益**だからです。

まず『ケン・フィッシャーのＰＳＲ株分析』（パンローリング、２００９年）。私がこの本か

ら得た最大の宝物は、グリッチ（成長企業が初期の頃に経験する経営上の挫折）という概念でした。そして**この本を読んで以来、自分は「グリッチ狙い」の視点を片時も忘れたことはありません**。ケン・フィッシャーは真の、そして孤高の天才ですね。※詳細については第1巻をご参照ください

次は『チャートで見る株式市場２００年の歴史』（原題：The Wall Street Waltz. こちらも第1巻を参照ください）。この本は様々な面白いチャートがバンと貼ってあり、それについて孤高の天才ケン・フィッシャーが独自の異形の視点から解説し倒してくれる、という分かりやすくてご機嫌な構成となっています。

そして本棚の片隅に置いておくと抜群に役立ちます。具体的には「辞書＋強力な精神安定剤」になります。私はよくこの本が本棚のどこにいるのかを確認し（何カ月かに1回は必ず見るので位置が変わっていることが多いため）そして背表紙をチラ見して、「うん、市場で何かあったらあの本を手に取ったら万事ＯＫ、大丈夫だな」と思います。そのくらい良い本ですね。※詳細については第2巻をご参照ください。

くーっ、改めてケン・フィッシャーの著作はどれも最高ですね。

＊

そして今回の『投資家が大切にしたいたった3つの疑問』が3度目の紹介となります。これまた実に素晴らしい本で本当はもっと早くに紹介したかったのですが、約７５０ページと強大

なボリュームを誇る一冊でなかなか書評に取りかかるためのまとまった時間を見つけることができず、こんなにも遅くなってしまいました。この傑作に対して申し訳ない気持ちでいっぱいです。

ただ最初にはっきりとお断りしておきますと、ケン・フィッシャーは間違いなく「キ○ガイと紙一重の天才」なので、中には「ちょっと何言ってるのかよく分からないなあ」とか「それは独断と思い込みが余りにも強過ぎる。さすがに違うんじゃないかなあ」と感じる部分もたくさんあります。

なので、この本は「石ころの中に、ダイヤの原石がゴロゴロと無造作にいくつか混じっている」という印象の一冊です。うん、自分で書いておいてなんですが、本当にそんな感じです。初心者の方だと石とダイヤの原石の区別が非常に付きにくいと思うので、上級者向きの強面の一冊と言えるかと思います。

ただしこの本の中の「ダイヤの原石の部分」は他の本にはない凄まじい閃光を放っています。なぜなら何度も言いますが、ケン・フィッシャーは本物の天才だからです。ここだけの話ですが、私はこの本の中に「自分の投資理論の優位性の源泉」を見ました。それがはっきりと言語化されており驚愕しました。読んだ瞬間に「ケン・フィッシャー、やっぱり超ヤバい人だな。こんなことまでサラッと書いちゃうんだ」とドキドキしました。それがどこだったのか、具体的に何だったのかは、あまりにも大切な情報過ぎてここでは開示できないのですが、皆様も本著を注意深く読めばそれを発見できると思います。

＊

興奮のあまり前置きが長くなりました。まずは「序論」を見ておきましょう。

「金融市場の仕組みに関する私たちの知識は、五〇年前に比べて格段に増えている。しかし、この先一〇年後、三〇年後、五〇年後には、もっとたくさんのことが分かっているはずだ。賢者やプロがあなたに信じ込ませていることとは異なり、金融市場の研究は芸術と科学の両方である。理論や公式が常に導き出され、追加され調整される場だ。そして現在の私たちは、その調査と発見の過程の始まりにいる。けっして終わりにいるのではない。科学的側面からの理解は、まだまだ初期段階なのだ」

そう、株式投資は「芸術＋科学の総合格闘技」なんですね。そしてだからこそ、これほどまでに美しく深淵で、同時に冷ややかで残酷かつ強烈に魅力的なのです。

私たちが戦うこの不可思議な世界では、「他人とは異なる物差しを持って」戦うことがとても有益であり、また武器としてそれがどうしても必要な過酷な世界でもあります。

もしもあなたが「何も持っていない」のならば、ソファーに横になってポテトチップスを食べ、テレビを見ながらおケツをポリポリと掻いて、黙ってインデックス投資をしていればいいのです。その方が100倍安心で安全で快適な投資家人生になります。無理して「修羅の門」をくぐる必要はありません。

でも、もしも貴方がアクティブ投資という困難な、そして大金が敷き詰められた刺激的な道を進む覚悟を決めたならば、鬼才、ケン・フィッシャーによる本書は、その「魔法の扉」を開いてくれる、最高に刺激的な一冊となります。

それではいよいよ次回からは、「金融界のマエストロ」ケン・フィッシャーが誘《いざな》う「ディープ・パープル」（ディープパープルのベスト盤）な極彩色の世界へと皆様をご案内しましょう。

2．みんなが見ていない方向を凝視し続ける

まずは「第2章　疑問二――あなたに見抜けて他人に見抜けないものはなにか」から。

「藪の石は無視

あなたの投資仲間が知らないことを知るためには、ほかの皆が注目しているところ以外のところを注目しなければならないのである。自分自身を訓練し、雑音がした方向を見ないようにしなければならない。皆があるひとつの方向を注目しているときは、音が聞こえようと聞こえまいと、彼らが見ていない別の方向に目を向けるべきなのだ」

これはケン・フィッシャーの**コントラリアン**（**逆張り**）**思考**が端的に表れた良い文章ですね。

私はよく「今、もっとも投資家に無視されている、雑に扱われている、関心を持たれていないセクターはどこか？」ということを考えて、意図的にそこから有力銘柄をピックアップしてバ

ルクで買ってポートフォリオを組み上げるというやり方をするのですが、これまでのところ、長期的に見るとまずまずの成果が出ています。

２０２０年5月現在だと、地方銀行とか、地方スーパーとか、ディスカウントストアとか、ホームセンターとか、そういったあたりが該当します。多くの投資家は極めて冷淡ですが、指標的に安くかつ魅力的な優待のついた銘柄の宝庫なんですね。

ちなみにその中でも、特に**ホームセンター業界に注目**しています。売上高首位の３０５０ＤＣＭホールディングスからして指標的に割安ですが、業界3位の７５１６コーナン商事、4位の８２１８コメリ、5位の２７９０ナフコあたりはさらに激安です（2位のカインズは非上場）。

この業界は、ＥＣ（電子商取引）サイトやドラッグストアや各種専門店などの異業種に攻め立てられ続けており、業界全体としての市場規模が近年伸び悩んでいてマーケットからその将来性を悲観されているためですが、「それにしても滅茶苦茶に安いよな」というのが自分の認識です。

さらに言うと、その中でも業界3位のコーナン商事が特に魅力的と思って大きく買っています。なぜかというと、**同業他社に比べて既存店月次が明らかに良く、かつ積極的なＭ＆Ａを駆使しながら売上高もどんどんと伸ばしているから**です。**「衰退業界の中の勝ち組」というのはいつの時代にも大きな魅力がある**んですね。

さて私はケン・フィッシャーの言う、「彼ら（一般大衆）が見ていない別の方向」をきちんと見られているのでしょうか?

3．変幻自在なオポチューニスティック・スタイルで、市場を泳ぎ続ける

今回も「第2章　疑問二――あなたに見抜けて他人に見抜けないものはなにか」から。

「どのような投資スタイルにも流行り廃りのサイクルがあることをご存じだろうか。

次の図表（時価総額の大きさや投資スタイル別に、首位の入れ替わりを示したもの）から分かることは、どのような規模の株でも、どのような投資スタイルでも、ひとつのものが相場を常に牽引することはないということだ。さらに重要なのは、どの規模やスタイルが次の先頭になるかを示すような、予測可能なパターンは存在しないことである。

「再度、図表を見てほしい。仮にその年の勝者を買ったとすると、非常に高い頻度で次年の敗者を買ってしまっていることになる。

すでに述べたとおり、ひとつの投資スタイルが一〇年にわたり人気になることは、けっしてないのだ」

これが株式投資の難しいところです。つまり、ある投資スタイル・やり方で一度成功したとして、それで味をしめて同じことをずっと続けていると、今度はそれが全く通用しなくなるばかりか逆に墓穴を掘り致命傷に至る可能性もある、ということなんですね。

投資家は一度成功を収めた手法のせいで死ぬことがあるのです。

図表　どの属性も最高の結果を常に残すことはできない

1986	1987	1988	1989	1990	1991	1992	1993	1994	1995
EAFE Growth 71%	EAFE Value 31%	EAFE Value 31%	US Large Growth 36%	US Long Bond 6%	US Small Growth 51%	US Small Value 29%	EAFE Value 40%	EAFE Value 11%	US Large Growth 38%
EAFE Value 69%	EAFE Growth 71%	US Small Value 29%	US Large Cap 32%	US Large Growth 0%	US Small Value 42%	US Large Value 11%	EAFE Growth 71%	EAFE Growth 71%	US Large Cap 38%
US Long Bond 25%	US Large Growth 6%	EAFE Growth 71%	US Large Value 26%	US Large Cap -3%	US Large Growth 38%	US Long Bond 8%	US Small Value 24%	US Large Growth 3%	US Large Value 37%
US Large Value 22%	US Large Cap 5%	US Large Value 22%	US Small Growth 20%	US Large Value -7%	US Large Cap 30%	US Small Growth 8%	US Large Value 19%	US Large Cap 1%	US Long Bond 32%
US Large Cap 19%	US Large Value 4%	US Small Growth 20%	US Long Bond 18%	US Small Growth -17%	US Large Value 23%	US Large Cap 8%	US Long Bond 18%	US Large Value -1%	US Small Growth 31%
US Large Growth 14%	US Long Bond -3%	US Large Cap 17%	EAFE Value 15%	EAFE Value -21%	US Long Bond 19%	US Large Growth 5%	US Small Growth 13%	US Small Value -2%	US Small Value 26%
US Small Value 7%	US Small Value -7%	US Large Growth 12%	US Small Value 12%	US Small Value -22%	EAFE Growth 71%	EAFE Value -11%	US Large Cap 10%	US Small Growth -2%	EAFE Value 12%
US Small Growth 4%	US Small Growth -10%	US Long Bond 10%	EAFE Growth 71%	EAFE Growth 71%	EAFE Value 11%	EAFE Growth 71%	US Large Growth 2%	US Long Bond -8%	EAFE Growth 71%

1996	1997	1998	1999	2000	2001	2002	2003	2004	2005
US Large Growth 24%	US Large Growth 37%	US Large Growth 42%	US Small Growth 43%	US Small Value 23%	US Small Value 14%	US Long Bond 18%	US Small Growth 49%	EAFE Value 25%	EAFE Value 14%
US Large Cap 23%	US Large Cap 33%	US Large Cap 29%	EAFE Growth 71%	US Long Bond 21%	US Long Bond 4%	US Small Value -11%	US Small Value 46%	US Small Value 22%	EAFE Growth 71%
US Large Value 22%	US Small Value 32%	EAFE Growth 71%	US Large Growth 28%	US Large Value 6%	US Small Growth -9%	EAFE Value -16%	EAFE Value 46%	EAFE Growth 71%	US Long Bond 8%
US Small Value 21%	US Large Value 30%	EAFE Value 18%	EAFE Value 25%	EAFE Value -3%	US Large Value -12%	EAFE Growth 71%	EAFE Growth 71%	US Large Value 16%	US Large Value 6%
US Small Growth 11%	US Long Bond 16%	US Large Value 15%	US Large Cap 21%	US Large Cap -9%	US Large Cap -12%	US Large Value -21%	US Large Value 32%	US Small Growth 14%	US Large Cap 5%
EAFE Value 9%	US Small Growth 13%	US Long Bond 13%	US Large Value 13%	US Large Growth -22%	US Large Growth -13%	US Large Cap -22%	US Large Cap 29%	US Large Cap 11%	US Small Value 5%
EAFE Growth 71%	EAFE Growth 71%	US Small Growth 1%	US Small Value -1%	US Small Growth -22%	EAFE Value -18%	US Large Growth -24%	US Large Growth 26%	US Long Bond 9%	US Small Growth 4%
US Long Bond -1%	EAFE Value 2%	US Small Value -6%	US Long Bond -9%	EAFE Growth 71%	EAFE Growth 71%	US Small Growth -30%	US Long Bond 1%	US Large Growth 6%	US Large Growth 3%

EAFE Value＝EAFEバリュー株、EAFE Growth＝EAFEグロース株、US Long Bond＝米長期債、US Large Cap＝米時価総額上位、US Large Value＝米大型バリュー株、US Large Growth＝米大型グロース株、US Small Value＝米小型バリュー株、US Small Growth＝米小型グロース株

出所：トムソン・ファイナンシャル・データストリーム

そのため私は以前から、投資家としての究極のやり方は、**オポチューニスティック・スタイル**（それぞれがプラスの期待リターンをもつと考えられる投資手法や投資対象を、マーケットの変化と共に柔軟に組み合わせていくやり方）であると考えています。

要は、**儲けるためには何でもやる覚悟を持つことが大切**ということですね。**変幻自在な株式市場で泳ぎ続けるには、逆にオポチューニスティックス・タイルしかないと**も言えます。

4. 間違いもたくさん犯しなさい

今回は「第3章　疑問三――私の脳は自分を騙して何をしようとしているのか」から。

「自分の脳が自分に悪いメッセージを送っていないか自問することが不可欠だ。

自分が持っている自然の性向を永遠に逆転させなければならない。プライドを避け、反省を積み上げなければならない。上手な投資家になるために、これが私の知っているもっとも単純で基本的なコツである。

もし大きく上げた株を持っているとすれば『自分は天才でない』と思ってみよう。

もし大きく下げた株を持っているとすれば、その反省から逃げてはいけない。損を出すたびに反省を積み上げていくのだ。共存するのだ。好きになるのだ。

株価の下落について、ただひとり、あなたが間違いを犯した人間である。あなたは、自分が間違っていた理由から教訓を得て、次に正しく物事を行う方法を教えてもらわなければならない。

反省を高めてプライドを避けることには多くのメリットがある。ひとつは間違いから学べることだ。もうひとつ自信を高めるのではなく、自信を控えめにしていくことで、相場をありのままに、近くから見られるようになることである。

ある研究によれば、自信をそれほど持っていない投資家のほうが、強い自信を持っている人よりも成績が良いという。

たくさん間違いも犯しなさいということだ。間違いを犯すことに何の問題もない。自分の間違いをより多く受け入れて、それを学びの機会とみることで、長期的には間違いが減っていく」

私が知る資産規模のずば抜けたＳ級の投資家は皆、「どこか人間離れ」しています。発想がぶっ飛んでいて常人からかけ離れている、痛みを痛みと感じない、常人が心配で夜も眠れないような状況でも精神的に微動だにしない、何を考えているのか1ミリも分からない、そういう方が多いです。そして同時に、「自分が間違ったときに、それを認めて軌道修正できる」柔軟性も持ち合わせていることがほとんどですね。

5．PSRはなぜ力を失ったのか？

ここでは「第4章　資本市場テクノロジー」から。

「株価売上倍率（ＰＳＲ）は私が開拓した革新的な資本市場テクノロジーである。作った当時こそ強力であったものの、今はそれほどの力もなくなってしまった。

当時、私はまだ誰も使っていない方法で株式が過大評価されているか過小評価されているか判断する方法を明らかにし、八四年に『ケン・フィッシャーのPSR株分析』という本で紹介した。ベンジャミン・グレアムも株価と売上の間には面白い関係がありそうだと偶然指摘したことがあったが、その関連性についての書籍は、私のものが史上初となった。

二五年前には低PSR株を選別さえすれば相場に打ち勝つことができた。しかもそれは簡単な方法だった。しかし、私が本を書き、世の中に知れわたるとPSRは広く使われるようになり、CFA協会認定証券アナリスト試験講座の必須項目にまでなった。今では、ほとんどの株価分析サイトでPSRが掲載されている。資本市場テクノロジー、そして予想の道具として、PSRの結果はおおむね相場に織り込まれてしまった。あとは知ってのとおりである。大きな発見でさえ、人々に広まり、時間が経過すると時代遅れになるのだ。

私が最初にPSRについて書き始めたとき、まだ誰もやってみた人がいなかった。今では四六時中誰でも使っている。だからもはや有効ではないのだ。

この話を持ち出した唯一の理由は『一度発見してもそれにしがみついていることはできない』ということを示すためだ。人気が出れば力を失う。そのときこそ次の発見へ向けて仕事をするときなのだ」

ケン・フィッシャーの「PSRという指標の発見」はまさに天才の仕事でしたが、その後の時の流れでＰＳＲが力を失っていったことに対する分析の的確さと客観性にもまた彼の天才性が表出しています。本当に**発想の塊の人**なんですね。彼の言葉の続きを見ていきましょう。

「本を出版したあとに人々は食いついてきたが、その後も長い時間がかかった。その後一〇年はＰＳＲをほとんど独り占めにできた。

九七年に**ジェームズ・オショーネシー**が『ウォール街で勝つ法則』というベストセラーを書いた。※本書132ページを参照ください

彼はＰＳＲについて『バリューファクターの王様』の区分に入れ、その分析でＰＳＲに従ったリターンはそのほかの指標のどれをも上回ったと主張している。

オショーネシーの著書はＰＳＲをさらに目立たせ、その後まもなくしてＰＳＲはそのほとんどの力を失うことになった。相場に織り込まれたのである。

相場は進化するのであり、よって私たちも進化しなければならない

「次の新テクノロジーを開発することがこのゲームのすべてなのだ。

ある〝からくり〟を発見しても、そこからけっして革新していこうとしない投資家のことを指す言葉がある。『一発屋』だ。

投資の歴史は一発屋であふれている。書店の棚や経済ニュース番組は、一五分で終わる時代遅れで無駄なアドバイスを、無意味に長々と話している一発屋でいっぱいなのだ」

一時代を築いたＰＳＲという指標に関するケン・フィッシャーの総括は素晴らしいですね。

私も、**優待バリュー株投資手法**というオリジナルのやり方を自力開発し、それを長年使っている投資家ですが、細かい部分ではどんどんとやり方を変え、絶え間ない改良を「老舗のうなぎ屋のたれ」のように足し続けながら戦っています（笑）。そうでなければ、変幻自在の株式市場で生き延びることなど到底できないんですね。

6. 究極のオポチューニスティック・スタイル

今回も「第4章　資本市場テクノロジー」から。

「さらに話を脱線してウォーレン・バフェットについて話をしよう。

バフェットの資質で目を引くのが変身の能力だ。六〇年代の彼の資料を読んでみると、七〇年代や八〇年代に入ったばかりのころとは大きく異なる発言をしている。初期のバフェットは単純な統計規格に従って非常に安い株式、主に小型株を買っていた。今日であれば『小型バリュー株』と呼ばれているものである（この言葉は八〇年代後半まで存在しなかった）。

後に彼は『フランチャイズ』と自ら呼んだ株式を買った。その後、素晴らしい経営をしている大企業を買い、長期保有する時代に突入した。今日であれば『大型グロース株』と呼ばれているものである。これについて、多くの人が**私の父**と**チャーリー・マンガー**の影響だと考えている。

バフェットがコカ・コーラやジレットを買っていたとき、その行動と二〇年前に彼が保有していた類の銘柄とを比べて、一致している点を見つけるのはかなり難しい。

そして驚きは○○年に起こった。ちょうどタイミング良く彼は再び小型株を非常に安く買い、ちょうどそのときバリュー株が二一世紀とともに再び流行しだしたのである」

「私はバフェットについて本書のなかでも様々なコメントをしている。そこで注目して欲しいのは、彼が一度も自分の行動や求めていることの核心を見失わず、その一方で何十年にもわたり着々と戦術的に変身を遂げてきたことである。

彼の戦術をどこかの時代から取り出して固定してみたり、次の展開でその戦術を再現してみたりしても、けっして彼の行動と同じものになることはない。そこに何も不思議な点はない。これがあるべき姿なのだ。

停滞は長期的にみて失敗となる」

要は、バフェットは究極の**オポチューニスティック・スタイル**ということですね。

バフェットほどではもちろんないですが、私も常に様々なアイデアを試しながら、投資スタイルに微調整を加え続けています。最近だと**トレンドフォロー手法**を取り入れて、少しでも良好な成績を求めて奮闘を続けています。

7．1918年スペイン風邪流行時、株式市場はどう動いたのか？

新型コロナウイルスの影響が実体経済に甚大なダメージを与えているにも関わらず、なぜか最近（2020年5月）の株式市場は妙に堅調です。「こんなのおかしいだろう。絶対に近い将来暴落が来るはずだ」と考えている投資家の方々も多いでしょうし、私も今のマーケットには過熱感があると感じています。

でもそうは言っても市場が好調なのは紛れもない事実で、今回はもしかしたらその理由に繋がる秘密が隠れているのかなあ？　と思っています。それではどうぞ。

＊

今回は「第5章　そこにはそこがないとき、そこにある！」から。

「相場に関して広く話題になっていることは、何も心配する必要がないと説明する。相場というものは周知の情報をすべて織り込むものであり、それだけ広く知られていることなら完全に織り込まれているはずだからである。

最適な事例は一九一八年に世界的に流行したインフルエンザである。史上他に類を見ないほど致命的となったこの悲劇の流行病」

「要点を述べておくと、世界の人口が現在と比べても極めて少ない当時、二四カ月もたたないうちに約一億人もの命が失われてしまったのである。西洋諸国にとって壊滅的な出来事であった！　第一次世界大戦の只中、米中部で発生したようだ。

図表に、一般に受け入れられている米国市場のリターンを一八三〇年までさかのぼり掲載した。他のバージョンや他の場所についても掲載したので、ぜひ見てほしい。

図表　米国株式市場トータルリターン（1830－1925年）

Date	% Change	Date	% Change	Date	% Change	Date	% Change
1830	14.29%	1854	-23.68%	1878	11.44%	1902	4.88%
1831	12.50%	1855	6.90%	1879	49.11%	1903	-14.65%
1832	11.11%	1856	9.68%	1880	24.25%	1904	30.95%
1833	0.00%	1857	-26.47%	1881	7.71%	1905	19.66%
1834	20.00%	1858	24.00%	1882	2.01%	1906	6.81%
1835	8.33%	1859	-6.45%	1883	-3.07%	1907	-29.61%
1836	-7.69%	1860	24.14%	1884	-13.35%	1908	44.52%
1837	0.00%	1861	5.56%	1885	26.11%	1909	18.94%
1838	8.33%	1862	68.42%	1886	12.84%	1910	-7.88%
1839	-7.69%	1863	46.88%	1887	-2.75%	1911	5.72%
1840	8.33%	1864	13.83%	1888	1.89%	1912	7.97%
1841	-7.69%	1865	-2.80%	1889	7.59%	1913	-9.60%
1842	-8.33%	1866	10.58%	1890	-10.15%	1914	-3.67%
1843	45.45%	1867	8.70%	1891	22.61%	1915	35.51%
1844	25.00%	1868	17.60%	1892	5.94%	1916	8.94%
1845	15.00%	1869	8.16%	1893	-15.93%	1917	-25.26%
1846	-8.70%	1870	11.95%	1894	2.11%	1918	25.56%
1847	9.52%	1871	13.48%	1895	4.47%	1919	20.67%
1848	4.35%	1872	12.87%	1896	1.81%	1920	-19.69%
1849	4.17%	1873	-6.58%	1897	16.96%	1921	14.59%
1850	28.00%	1874	9.39%	1898	23.20%	1922	27.80%
1851	3.13%	1875	2.15%	1899	9.87%	1923	4.18%
1852	27.27%	1876	-12.18%	1900	18.67%	1924	25.70%
1853	-9.52%	1877	-3.83%	1901	19.78%	1925	29.55%

簡単に説明すると、一九一八年をとおして数回の小さな調整を除いて株式市場は素晴らしい動きをした。一九一八年末に小さな調整があったが、それだけである。インフルエンザは一九一九年に入るまで流行したが、その一方で相場は高値を更新していったわけだ。

株式市場は大規模なインフルエンザの流行中やその後に崩壊しただろうか。崩壊は起こらなかった！。**史上最大の流行病が猛威を振るっているさなかでさえ、相場は素晴らしい動きをした**のである」

感染症の歴史にその名を残す、悪名高いスペイン風邪（インフルエンザ）が猛威を振るい続けた時期に株式市場が素晴らしい動きをした？

ちょっとそれは俄かには信じがたいですね。それでは「図表　米国株式市場トータルリターン」を実際に見てみましょう。「1918　25・56％」「1919　20・67％」。わひゃー、ホントだ。スペイン風邪が世界中を席巻する中で市場は実に堅調に推移していますね。

まさしくケン・フィッシャーが言う通りで、**株式市場では、相場に関して広く話題になっていることは、何も心配する必要がないんですね。**

ということは、2020年に世界で猛威を振るった新型コロナウイルス（COVID－19）の影響も既にほぼほぼ相場に織り込まれているということなのでしょうか？　そしてだからこそ、最近の市場は妙に堅調なのでしょうか？　うーん、実に悩ましいですね。

8．株式市場は過酷で振れ幅の大きな世界

今回は、「第8章　大いなる屈辱をもたらす者と原始時代の脳」から。

「歴史を見ると、米国株市場は長期的に平均一〇％の利益を出している。そして多くの投資家が、毎年着実に一〇％のリターンがあればいいという。ところが、（中略）それを実現するのは難しいのだ。

実際のところ一九二六年以降、株式市場のリターンが年率平均で一〇～一二％程度になったことは比較的少ない。

リターンが激しく変動しているのは世界的にも同じといえる。（中略）これが相場の動きなのだ」

よく株式投資の初心者向け入門書で、「株式投資では長期的に見れば年に7％程度のリター

ンが得られます。なので、コツコツと投資を継続すれば〇〇年後には大きな資産を築けます」みたいな表現や資産増加グラフをみることがあります。

ただ実際にこの鉄火場で戦っていて年間のリターンが理論値の近くに来ることなどほとんどありません。むしろ、荒れ狂う海を成すすべなく漂う小舟のように、毎年の投資成績が上下にとんでもなく激しく変動するのが当たり前です。

波の荒さで有名なベーリング海も真っ青になるくらいの強烈な船酔いで、毎年全身ゲロまみれなのが悲しい実態なんですね（滝汗）。

つまり私たち投資家は「毎年のリターンは全く予測ができないうえに、さらに悪いことに上にも下にもびっくりする程にとんでもなくブレまくる」ことを認識し、ビビってお〇っこを漏らさないように「〇ンパース完全装着」でその現実を受け入れる必要があります。

そういう、「過酷で振れ幅の大きな世界」なんですね。

9．利益を追いかけると、市場が反転したときに確実に損をする

最終回となる今回も「第８章　大いなる屈辱をもたらす者と原始時代の脳」から。

「もし自分が株式市場から撤収した場合、復帰するタイミングについて分かっているか自問してほしい。おそらく分からないだろう。分かっていたとしても完璧ではないはずだ。

現金に換えてしまうのは、大きなベンチマークリスクを負うことであると肝に銘じてほしい。

小幅下落の可能性を回避する代償として、相場が大幅上昇する可能性を見捨てているのだ」**マーケット・タイミングを計る戦略を取ってはいけない**。それをやると市場に神の祝福が降り注ぎ、爆発的に上昇する「稲妻の輝く日」を逃してしまう、ということですね。

これは、インデックス投資家のバイブルとして有名な『敗者のゲーム』（第1巻をご参照ください）の中で、**チャールズ・エリス**が言っていることと全く同じですが、アクティブ投資家のケン・フィッシャーが言うと、より緊迫感と切迫感がありますね（笑）。

そして私も決してマーケット・タイミングを計ることはしません。いつでもシンプルに「持っている資産の全部を市場にぶっこんでフルインベストメント」という姿勢を貫いています。これが一番簡単ですし、何よりもベンチマークに大きく劣後する可能性がなくなるのがいいんですね。

「いったん撤収すると、相場に復帰しないことを正当化する理屈は無限にある。投資家としての私たちは過去の出来事とそれに対する自分の反応についての記憶を誤り（後知恵バイアス）、実際の結果よりも上手に処理できたと美化してしまう。

次の表の歴史的出来事のリストを見て、正直に当時どう感じたかを思い出して欲しい。

この壮大な出来事リストを見てもらって、人間不信にしようというのではない。むしろ株式市場にここまでの回復力があったことを見てほしい。恐怖でヒステリーを起こさないように」

ケン・フィッシャーは、「マーケットから撤収することの危険性」を強調しています。マー

図表　世界に落ち着く暇はなし（一部転載）

年	出来事	S&P500
1934	不況。最初の委託保証金制度導入。ヒトラーがドイツ国総統就任を宣言。	-1.4%
1935	スペイン内戦。イタリアが北アフリカ侵略。ヒトラーがベルサイユ条約を拒否。	47.7%
1936	景気低迷。PER過去最高を記録。ヒトラーがラインラント占拠。	33.9%
1937	資本支出、鉱工業生産が激減。景気後退。	-35.0%
1938	世界大戦の様相。ウォール街のスキャンダル発覚。	31.1%
1939	欧州では戦争がニュース見出しを独占。ドイツとイタリアが鋼鉄協定を締結。	-0.4%
1940	フランスがヒトラーに降伏。英国との戦争。米国で徴兵。	-9.8%
1941	パールハーバー。ドイツがソ連を侵略。米国が日本、イタリア、ドイツに宣戦布告。	-11.6%
1942	戦時中の価格統制法。ミッドウェー海戦。	20.3%
1943	米国で肉とチーズを配給。ルーズベルト大統領が物価と賃金を凍結。	25.9%
1944	消費財不足。連合国がノルマンディーを占領。	19.8%
1945	戦後の景気後退を予想。硫黄島侵略。ルーズベルト大統領死去。日本に原爆投下。	36.4%
1946	1946年雇用法可決。鉄鋼業・造船業労働者ストライキ。	-8.1%
1947	冷戦開始。	5.7%
1948	ベルリン封鎖。攻撃回避のために鉄道を米国政府の管理下へ。	5.5%
1949	ロシア原爆実験。英国ポンド切り下げ。	18.8%
1950	朝鮮戦争。マッカーシーと「赤の恐怖」	31.7%
1951	超過利益税。	24.0%
1952	攻撃回避のために製粉所を米国政府の管理下へ。	18.4%
1953	ロシア水爆実験。エコノミスト誌が1954年に不況を予想。	-1.0%
1954	ダウ平均300ドル超え。市場は過熱気味と全体的にいわれた。	52.6%
1956	エジプトがスエズ運河を掌握。	6.6%
1957	ロシアがスプートニク打ち上げ。ハンフリー財務長官が不況を警告、	-10.8%
1958	景気後退。	43.4%
1959	カストロがキューバで実権掌握。	2.0%
1960	ロシアが米スパイ偵察機U2を撃墜。カストロが米石油精製施設を掌握。	0.5%
1961	ベルリンの壁が建てられる。グリーンベレーがベトナムに派遣される。	26.9%
1962	キューバ危機。世界崩壊の脅威。ケネディ大統領が鉄鋼価格を統制。	-8.7%
1963	ケネディ大統領暗殺。南ベトナム政権転覆。	22.8%

（中略。次ページへ続く）

年	出来事	S&P500
1971	賃金凍結。米ドル切り下げ。	14.3%
1972	米国貿易赤字が史上最大を記録。米国がベトナムの港を破壊。	19.0%
1973	エネルギー危機。アラブで石油禁輸。ウォーターゲート事件。	-14.7%
1974	市場は40年来の急落。ニクソン大統領辞任。円の切り下げ。	-26.5%
1975	ニューヨーク市財政破綻。景気見通しに暗雲。	37.2%
1976	景気回復が減速。OPECが石油価格引き上げ。	23.8%
1977	市場急落。社会保険税引き上げ。	-7.2%
1979	石油価格暴騰。スリーマイル島原子力発電所事故。イランアメリカ大使館人質事件。	18.4%
1980	金利が史上最高に。ニューヨークで有害化物質による汚染事件。	32.4%
1981	急激な景気後退始まる。レーガン大統領暗殺未遂事件。	-4.9%
1982	40年来最悪の景気後退。企業業績急落。失業急増。	21.4%
1984	連邦政府財政赤字が過去最高。FDICがコンチネンタル・イリノイを救済。	6.3%
1985	米国とソ連の軍事競争開始。オハイオ州内の銀行は預金流出防止のために閉鎖。	32.2%
1986	米国がリビア爆撃。ボウスキーがインサイダー取引で有罪。チェルノブイリ原発事故。	18.5%
1987	市場は史上最大の下げ幅。イランコントラ事件でレーガン政権を非難。	5.2%
1988	ファースト・リパブリック銀行経営破綻。ノリエガを米国が告発。	16.8%
1989	S&Lの救済開始。天安門事件。サンフランシスコ地震。パナマに米軍展開。	31.5%
1990	イラクによるクウェート侵略。湾岸戦争の舞台が整う。失業率上昇。	-3.2%
1991	景気後退。米国はイラクの空爆を開始。失業率は7%に上昇。	30.6%
1992	失業率上昇を続ける。景気不安。資金供給量が収縮。大統領選の苦い経験。	7.6%
1993	増税。景気回復に不透明感。景気後退の二番底の不安。	10.0%
1994	公的医療保障制度国有化失敗。	1.3%
1995	ドル安パニック。	37.5%
1998	ロシアルーブル危機。アジア通貨危機の影響。LTCM破綻。	28.6%
1999	Y2K問題と調整相場。	21.0%
2000	ドットコム・バブルが崩壊開始。	-9.1%
2001	景気後退。9月11日同時多発テロ。	-11.9%
2002	企業会計スキャンダル。テロの脅威。イラクとの緊張。	-22.1%
2003	投資信託スキャンダル。イラクにおける対立。SARS。	28.7%
2004	ドル安懸念と米国の「三つ子の赤字」	10.9%

出所：グローバル・ファイナンシャル・データ

ケットは荒れ狂う海のような所なので、いったんそこから逃げ出してしまうと今度は「怖くてもう入りたくないので、戻らない理由を自分でいくらでも作り出してしまう」ということです。

投資家でもこの相場恐怖症に罹ってしまっている方がたまにいらっしゃいますが、リスクを全くとらず、評論家として外野から高説を垂れ流すだけでは意味がありません。「畳の上で水泳」をしていても何も手に入りません。

また、図表「世界に落ち着く暇はなし」を見ると、市場が持つ回復力の強さに驚嘆します。そしてだからこそ、私達投資家はマーケットで戦い続けなくてはならないんですね。

さてこれでこの本の紹介は終わりです。鬼才ケン・フィッシャーの魅力が存分に発揮された快作です。そして投資に関する深い考察と眩いばかりのキラキラと光るヒントに溢れた最高の一冊です。腕に覚えのある方は是非。

株式投資の未来

ジェレミー・シーゲル［著］、日経BP・2005年

1. 総論

この本が凄いと思うのは、水瀬ケンイチさんに代表されるインデックス系の投資家、そして我々のようなコテコテのアクティブ系の投資家の両方から最大限の賛辞を受けているということです。そういう本って実はなかなかないですし、この本が「完全に神レベル」の異次元の完成度で全編綴られていることの何よりの証明ではないか？　と思います。

私がこの本に感銘を受けるのは、「経験的にそうだよな」と今までにも思っていたことの理論的な証明がたくさん書かれている点です。その代表例が「**成長の罠**」の話です。

本文から引用すると、

「**株式投資のリターンを左右するのは企業の増益率ではなく実際の増益率が投資家の期待を上**

回るかどうか、この1点にかかっている。

成長に目を奪われると、落とし穴に足をとられる。

（高い成長を期待されている）新規公開（ＩＰＯ）銘柄の運用成績は長期的に見るとお粗末極まりない。

過去に際立った運用成績を達成してきた銘柄は、斜陽業界や低成長国に属しているケースが多い」ということですね。

そして「成長の罠」の具体例としては個別銘柄ではＩＢＭ、国では中国のパフォーマンスが実際には非常に悪かったことが例示されているのですが、これは最初に読んだ時には驚きました し鮮烈な印象を持ちました。「投資家がＩＢＭ株に支払った価格は、一言でいうと、高すぎた」という警句は、今の市場で持て囃されている一部の高ＰＢＲ銘柄にそのまま当てはまるのではないか？ とも感じています。

この本は全体に素晴らしいですが、特に1章、6章、12章、15章が最高だと思います。未読の方は是非そこだけでも本屋さんで立ち読みして欲しいと思います。そうしたら、きっと買ってぎゅっと両手で抱いて帰る結果になるだろうと確信しています（笑）。

2．ＩＰＯ銘柄の長期的リターンは劣悪

今回は、キレキレで最高の出来である「第6章　新興の中の新興に投資する　新規公開株（Ｉ

ＰＯ）」から。

「新規公開株の大半は『良好な市場環境』の下で売り出される。つまり、売り手にとって良好なのであって、買い手にとっては、さほど良好ではない。ベンジャミン・グレアム『賢明なる投資家』１９７３年」

ｗｗｗ、いきなりいいですね。

これは名著『金融版　悪魔の辞典』（パンローリング、２０１６年）で著者のジェイソン・ツバイクが喝破しているとおりで、「典型的なＩＰＯは、売り出し時の誇大広告によって水増しされた価格で手持ちの株を売れるため、むしろ売り手のインサイダーにとって素晴らしいチャンスとなる。つまり、ＩＰＯをもっと正確に言えば、インサイダーの個人的なチャンス（Insider's Private Opportunity）、想像上の利益のみ（Imaginary Profits Only）、それはおそらく割高（It's Probably Overpriced）などとなる」ということなんですね（笑）。

すみません、いきなり脱線しました。シーゲルの言葉の続きを見ていきましょう。

「ＩＰＯ投資は儲かるか？

ＩＰＯ銘柄を無条件に定期的に買うなら、既存銘柄で運用する場合に比べて、運用成績はかなり大幅に低くなるだろう。

大成功する勝者もあるにはあるが、そうでない敗者の数が、どうみても多すぎる。ＩＰＯ投資家の運用成績は全体に、市場平均を年率2～3％下回っている」

図表　IPO銘柄8606種の運用成績（1968～2000年）

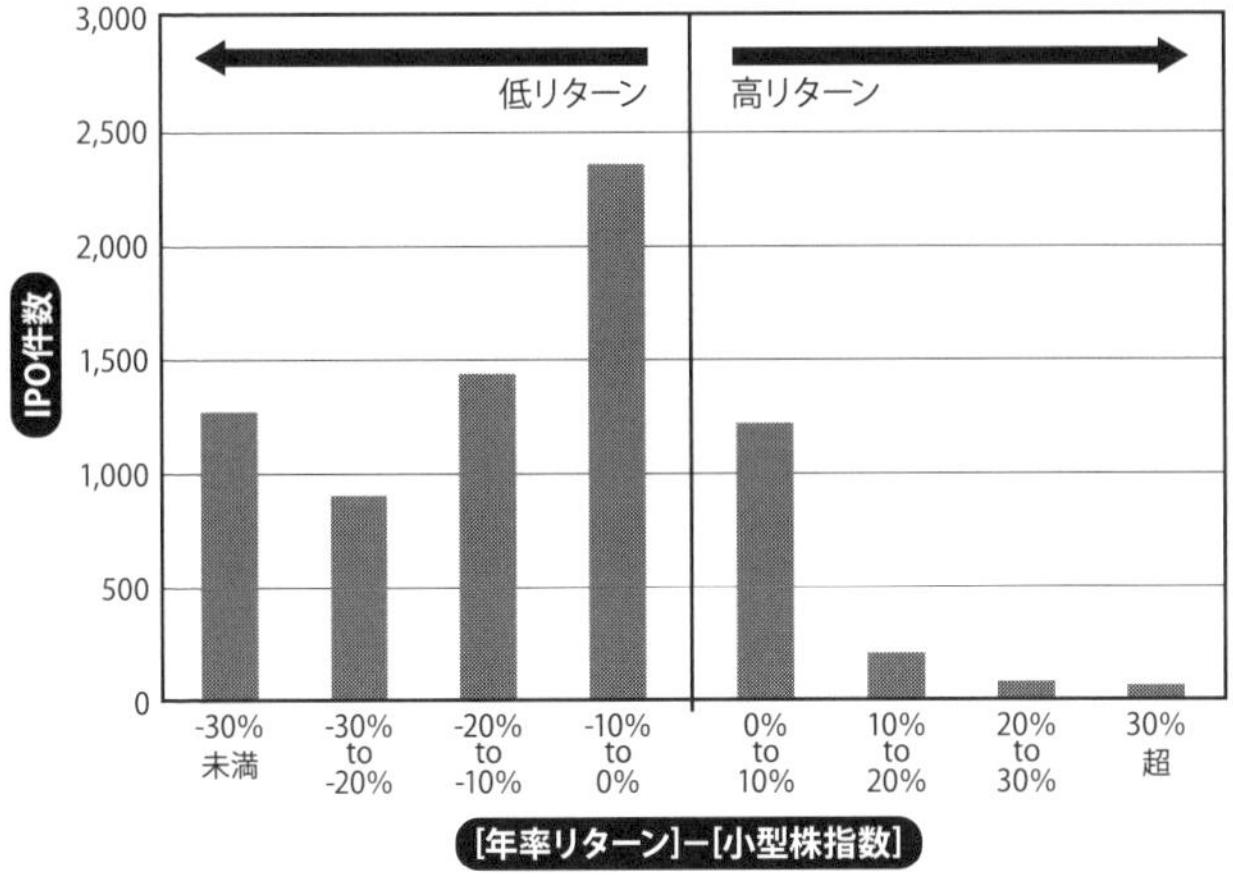

※以下図表、『株式投資の未来』より改変引用

「ＩＰＯ銘柄の長期的リターン

敗者が勝者を数で圧倒していることはまちがいない。図（ＩＰＯ銘柄８６０６種の運用成績）に示したとおり、新規上場企業5社のうちほぼ4社は、上場日から２００３年12月31日までの平均リターンが、小型株の代表的な株価指数のそれを下回っている」

「ＩＰＯポートフォリオのリターン

答えは明らかだ。33年間のうち29年間で、ＩＰＯポートフォリオのリターンは、上場月月末価格ベースでも、公募価格ベースでも、小型株指数のリターンを下回っている」※図・ＩＰＯポートフォリオと小型株指数のリターンの比較、参照

はい、これらのデータを見れば、ＩＰＯ銘柄への投資が全体としては劣悪なパフォーマンスを生み出すことは明白です。

そのため、私はこれまでＩＰＯ銘柄へ投資をし

図表　IPOポートフォリオと小型株指数のリターンの比較
[IPOポートフォリオのリターン]－[小型株指数のリターン]
（ポートフォリオ形成年の12月31日～2003年12月31日）

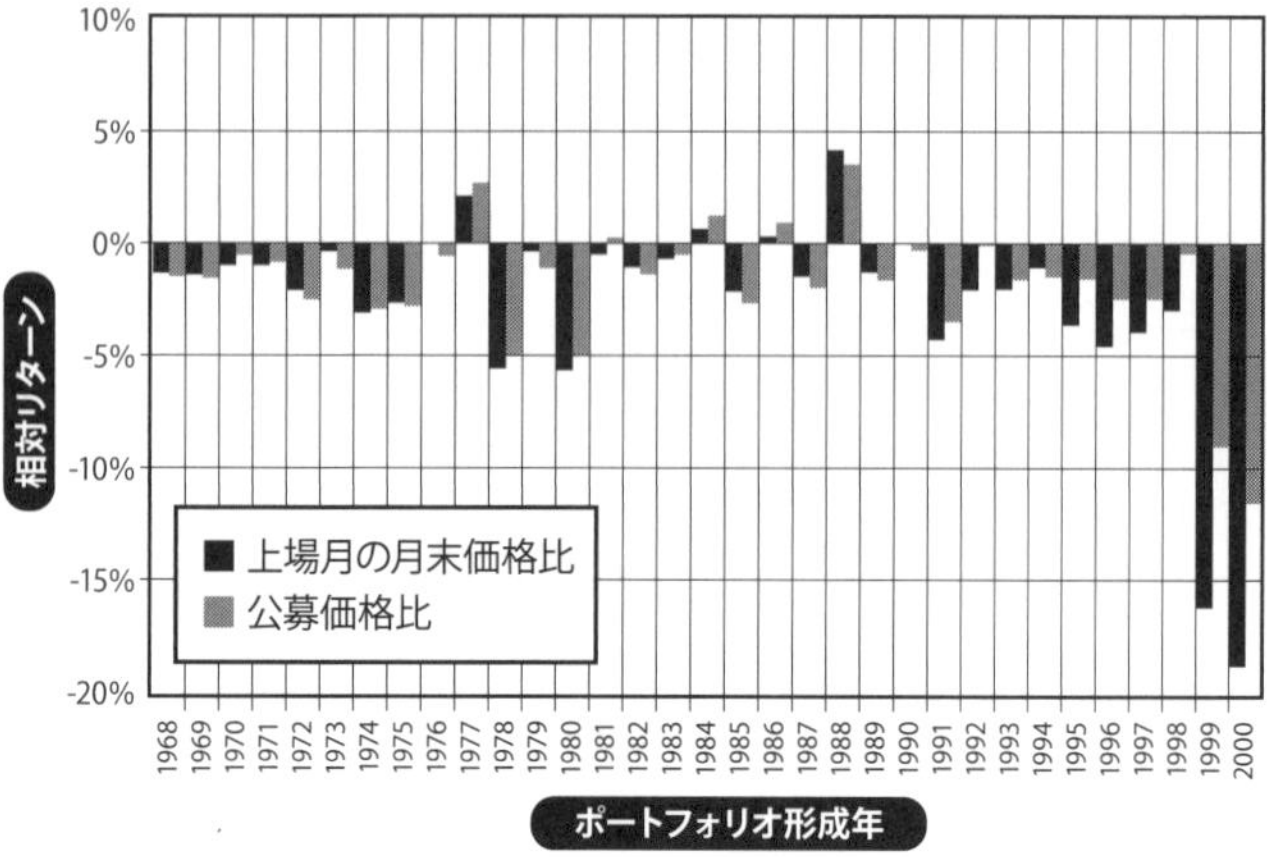

たことは一度もありません。「自分にとって確実に不利であると分かっている場所」にわざわざノコノコ出かける必要はないからです。世界一の投資家であるウォーレン・バフェットの参謀で、彼の「右腕＋左腕」とも評される知恵袋のチャーリー・マンガーはかつて、「知りたいのは自分がどこで死ぬのかということだけだ。それが分かれば、そこへは決して行かないから」と述べました。

本当にその通りだと思いますね。

3．株式投資の圧倒的優位性

今回は「第12章　過去は未来のプロローグか？　株式の過去と未来」から。

「資産の長期的リターン

図（実質トータルリターン指数（1802～2003年）は、わたしが金融市場のリタ

図表　実質トータルリターン指数（1802～2003年）

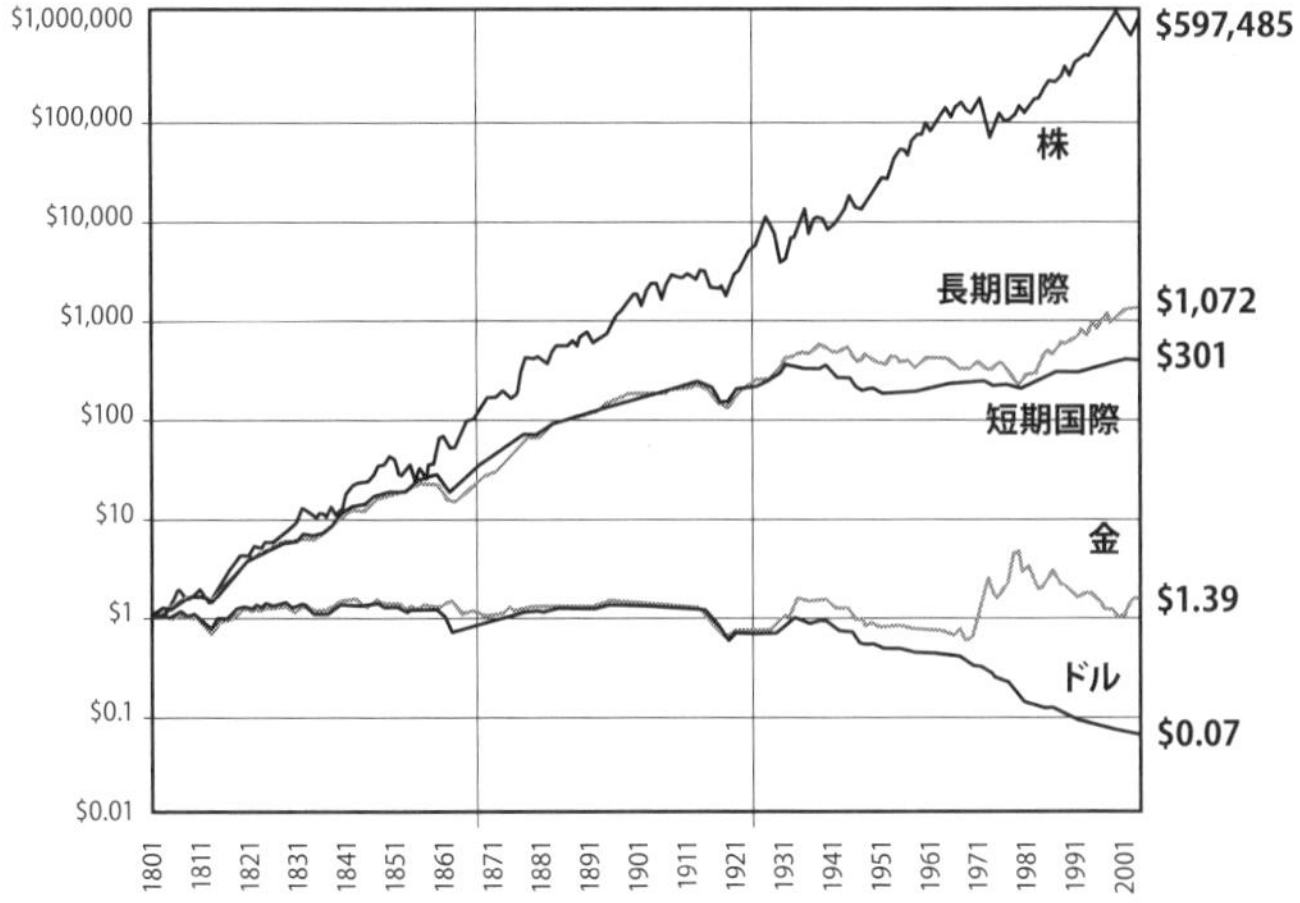

ーンを調査する中で作成してきたどの図より重要だ。過去２００年間を期間として、株式、長期米国債、短期米国債、金、ドルを対象に、インフレ調整後のトータルリターン（キャピタルゲイン、配当、利息を含む）の推移を累積ベースで示した。

株式の推移を見ると、１８０２年に投資した１ドルが、２００３年末、購買力にして59万７４８５ドルになっている。長期国債では１ドルから１０７２ドル、短期国債では１ドルから３０１ドルなので、株式の成績は債券をはるかに上回っている。地金は、一部の投資家の間で人気が高い資産だが、インフレの影響を調整すると、１ドルの２００年後の価値は１・39ドルにしかならない。

株式は他の資産に対して、圧倒的な優位を示している」

この図は、非常に印象的かつ有名なものですが、２００年間という超長期で見た場合の株式投資の優位性を明白に示しており、極めて重要です。

そして私が、常に全資産の99％を株に突っ込んで、万年フルインベストメントを貫き通しているのも、このシーゲルの図表がいつも頭に焼き付いているからです。あらゆる金融商品の中で最も有利なのが株であると過去200年間の検証で既にはっきりと証明されているんだから、シンプルにそこに全資産をぶち込んで、腰を据えてゆったりと戦い続けるのが一番理に適っていると考えているんですね。

シーゲルの一貫性――株式の実質リターンは6・5～7％

「こうしたデータから抽出した統計値の中で、とくに注目に値するのは、株式リターンのインフレ調整後の長期的な平均だ。期間を長期的にとれば、株式の平均リターンは、どの時期にも一貫して年率6・5～7％のレンジを維持している」

この「シーゲルの一貫性」も非常に有名ですね。

4．どの国で戦っても十分にリスクに見合うリターンを提供してくれる

今回も「第12章　過去は未来のプロローグか？　株式の過去と未来」から。

「世界の株式リターン

1994年に前著『Stocks for the Long Run』を出版したとき、一部の経済学者から次の疑問の声が上がった。わたしの結論は、米国市場のデータから導き出したものであり、世界的

図表　世界16カ国の株式、長期国債、短期国債の平均実質リターン（1900〜2003年）

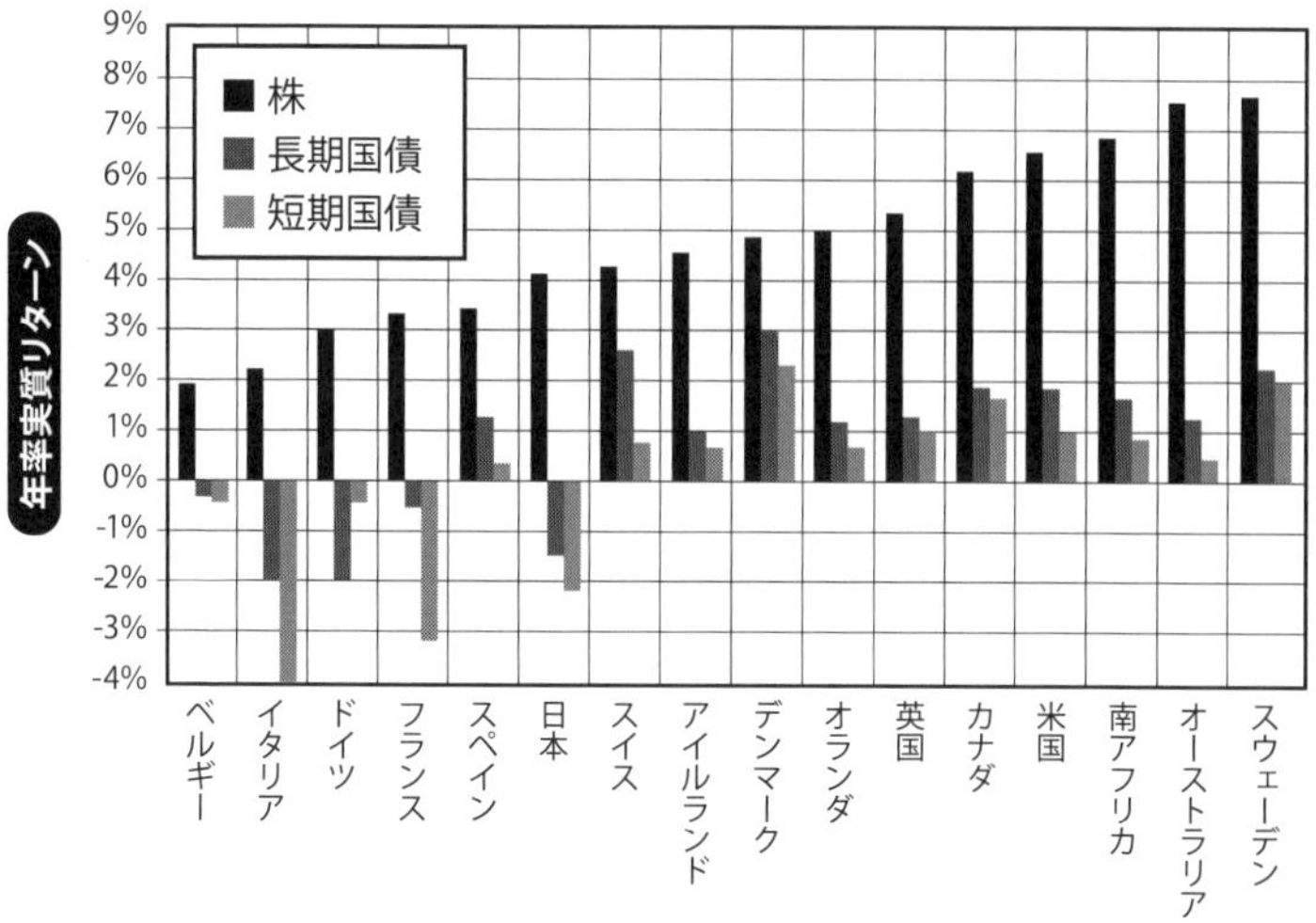

に見れば、株式のリターンはもっと低いのではないか。

英国の３人の経済学者が、過去１世紀を遡り、世界16カ国の株式と債券の長期リターンを調査した結果、生き残りバイアスに基づく懸念は払拭された。

結果的に株式は、16カ国すべてで、他の金融資産に対してあきらかな優位を示した。

図（世界16カ国の株式、長期国債、短期国債の平均実質リターン）に、１９００年から２００３年を期間として、対象16カ国の株式、長期国債、短期国債の平均実質リターンを示した」

これを見れば、世界中で株式投資のリターンが債権のリターンを上回っていることは明白です。

またもう１つ指摘できるのは、別に米国株のリターンが世界中で突出して良いわけではなく、また逆に日本株のリターンがどえらく悪いこともない、ということです。

超長期で見れば、どの国で戦っても株式投資は十分にリスクに見合うリターンを提供してくれるものなんですね。

5. インデックス運用からD－I－V指針へ

最終回は「第17章　未来に向けた戦略　D－I－V指針」から。
「インデックス運用からD－I－V指針へ
長期的に財産を積み上げたいなら、インデックス運用がいちばんだと思えた。だがいままでは、もっと上を目指せる戦略があると確信している。
今回試みた調査の結果から、ポートフォリオ戦略に応用できる部分を選び出し、3つの指針にまとめてみた。頭文字をとって『D－I－V』指針と呼んでいる。株式ポートフォリオの構築にあたり、戦略の柱として、応用しやすいようにまとめたつもりだ。
配当（Dividend）
個別銘柄の選択にあたっては、持続可能なペースでキャッシュフローを生成し、それを配当として株主に還元する銘柄を選ぶ。
国際（International）
世界のトレンドを認識する。このままいけば、世界経済の均衡が崩れ、中心は、米国、欧州、日本から、中国、インドをはじめ途上国世界へとシフトする。

バリュエーション（Valuation）

成長見通しに対してバリュエーションが適正な株を買い続ける。ＩＰＯや人気銘柄は避ける。個別銘柄であれ業界であれ、市場の大勢が『絶対に買い』とみているうちは、買わない」

「ウォートンの魔術師」シーゲルによる、インデックスに打ち勝つためのこの「Ｄ－Ｉ－Ｖ」指針は、シンプルで分かりやすく、また覚えやすくて印象に残りますし、私も常に頭の片隅に置いています。

さてこれでこの本の紹介は終わりです。シーゲルの「赤本」、いかがでしたか？　インデックス・アクティブという宗派を超え、あらゆる投資家にとって役立つ永遠のスタンダードと言える傑作ですので、未読の方は是非。

株式投資　第４版

ジェレミー・シーゲル［著］、日経ＢＰ・2009年

1. 総論

この本が素晴らしいのは過去２００年間の色々な金融資産の利回りを研究し尽くし、その結果として長期投資ではあらゆる金融資産の中で間違いなく株式の利回りが最も高いこと、したがって長期投資に最も相応しい金融商品が株式であることを証明していることです。

具体的には、**過去２０４年にわたり株式投資が平均して年に実質６・８％の利回りを記録**したことを詳細なデータから明らかにしています。

そしてこの６・８％という利回りは、過去の株式市場の平均ＰＥＲが14・45なので株式益利回りは14・45分の１≒６・８％とほぼ一致していることを指摘しています。

また市場に勝つためのアプローチとしては、**低ＰＢＲ（割安）の小型株のパフォーマンスが**

図表　規模別とPBR別に分類した25グループの年率複利利回り（1958/1/1～2006/12/31）
※以下図表、『株式投資　第4版』より改変引用

全期間		規模に基づく分類				
		小型	やや小型	中間	やや大型	大型
PBRに基づく分類	割安	19.59％	18.29％	17.58％	16.10％	13.17％
	やや割安	18.37％	17.53％	16.20％	16.15％	12.25％
	中間	15.06％	16.00％	13.90％	14.72％	12.16％
	やや成長	13.90％	12.78％	13.92％	11.43％	11.11％
	成長	5.97％	8.30％	8.85％	10.62％	9.87％

非常に良いことを指摘しています。また逆に高ＰＢＲ（成長）の小型株のパフォーマンスの悪さを警告し、これは**新規株式公開（ＩＰＯ）銘柄が全体として最悪な投資対象のため**であると解説しています。ちなみに私は今まで一回もＩＰＯ銘柄を買ったことがありません。ただの一度もです。その理由は体感的に「ＩＰＯはトータルで見て全くペイしない」と感じているからですが、シーゲル博士はその感覚が正しいものであることを証明してくれています。

この本を読むと、今の株式市場が高いのか安いのか、歴史的にはどのような位置にあるのかがすっきりと分かります。また中長期投資で勝つための黄金法則は、**不人気時に割安（低ＰＢＲ）で買い、人気化し評価されて割高（高ＰＢＲ）になった時に売ること**だ、ということにも確信を持てます。

この本は我々株式投資の実践家のための理論的な教科書として非常に良くできていると思います。本棚のすぐ

手に届くところにあると絶大な安心感がありますし、私も毎月何度も「えーと、シーゲル博士はなんて言ってたっけ？」という感じで実際に色々と参照しています。まさに名著ですね。

2. 市場に勝つには？

非常に出来が良く頻繁に自分が参照する「第9章　市場に勝つ——規模、配当利回り、株価収益率の重要性」から。

「資本資産評価モデル（ＣＡＰＭ）でリスクを調整したあとでも、小型株の利回りが大型株を常に上回る」

「小型株の利回りが大型株よりも高くなるという現象は、バラツキはあるが長期にわたり存続してきており、効率的市場仮説の観点からは説明が難しい」

図表Ａの通り、Ｓ＆Ｐ５００に対しての小型株のパフォーマンスの良さは圧倒的かつ驚異的ですね。１９２６〜２００６年でＳ＆Ｐ５００が10・26％に対して、小型株は12・21％となっています。80年間の累積パフォーマンスの差は金額ベースで見るとなんと4倍以上！　となっています。そしてこの小型株効果については、金融統計の導師《グル》のオショーネシー、『バリュー投資アイデアマニュアル』（第1巻を参照ください）のミハルジェビックもほぼ同じ内容のことを言っています。

つまり、小型株効果には明白なＥＢＩ（Evidence-Based Investment）があるということで

『株式投資 第４版』

図表Ａ　小型株の累積利回りとS&P500構成銘柄の利回り（1926年～2006年12月、1975～1983年を含めた場合と除いた場合の比較）

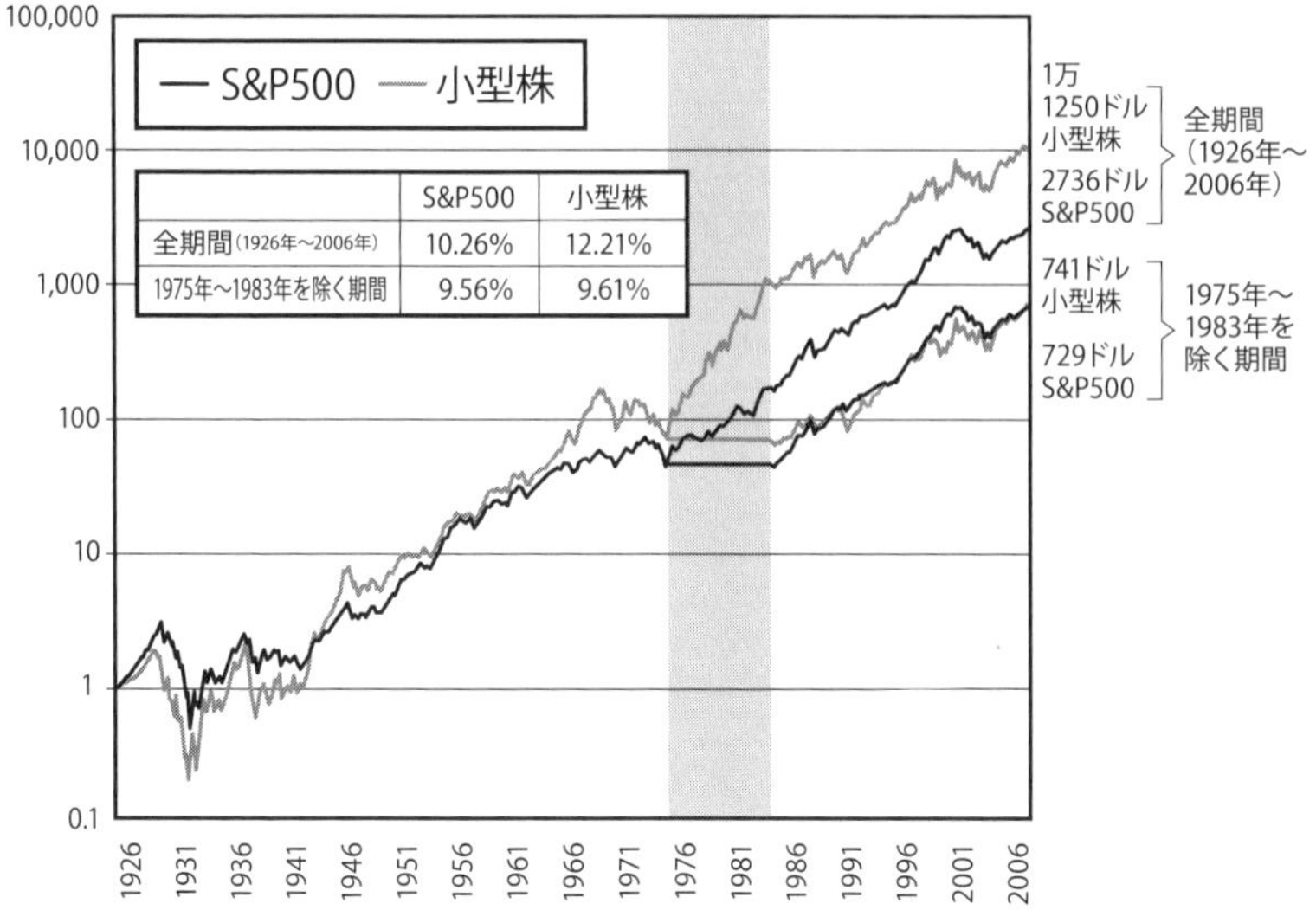

	S&P500	小型株
全期間（1926年〜2006年）	10.26%	12.21%
1975年〜1983年を除く期間	9.56%	9.61%

すね。

「配当利回りが高いグループほど、配当利回りの低いグループよりも、確実に高いトータルリターンを投資家に提供している」

高配当利回り銘柄もS&P500に対して優勢ですね（図表B）。

また低PER銘柄もS&P500を上回ります（図表C）。

そして極め付きは図表D。低PBR＋小型銘柄はS&P500を圧倒的に凌駕します。

以上を簡単にまとめると、小型株、低PER、低PBR、高配当利回り銘柄は市場平均を上回ることができるということになります。

これからも上記のシーゲル先生の教

図表B　S&P500構成銘柄の配当利回りと投資利回りの関係（1957年〜2006年）

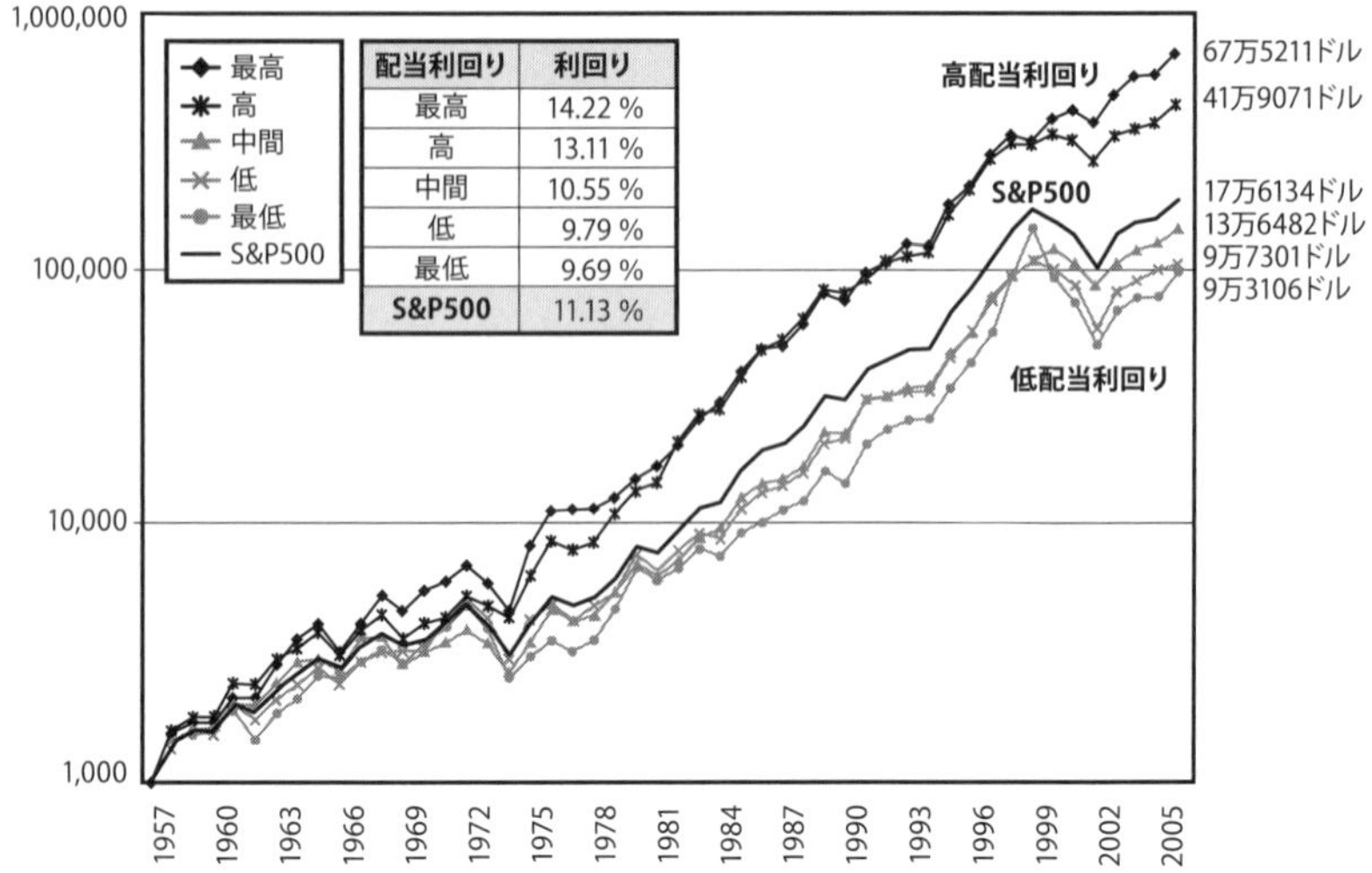

配当利回り	利回り
最高	14.22 %
高	13.11 %
中間	10.55 %
低	9.79 %
最低	9.69 %
S&P500	11.13 %

えを胸に日々市場でシンプルに戦っていきたいと考えています。

図表C　S&P500構成銘柄のPER別の利回り（1957年～2006年12月）

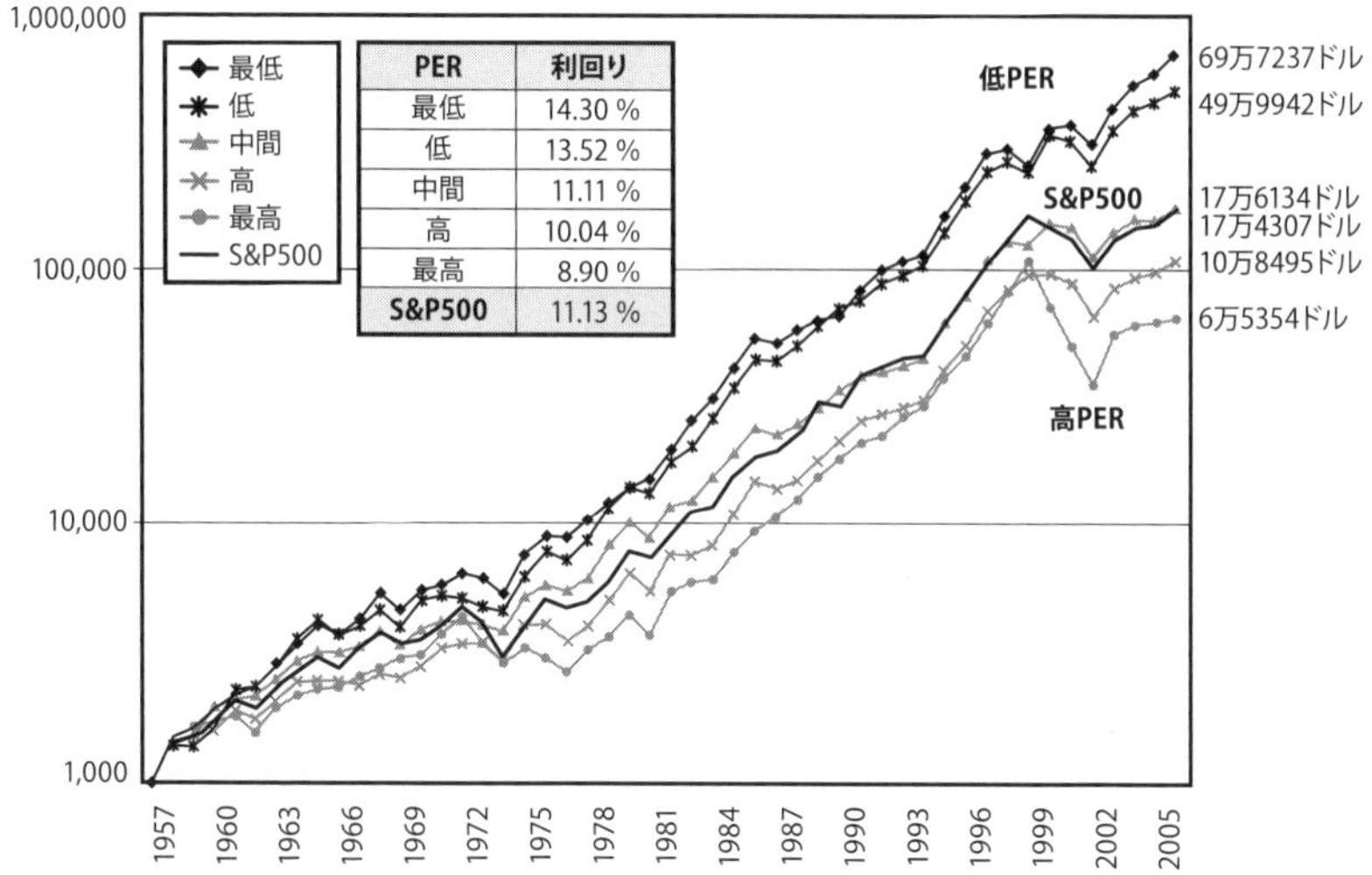

図表D　最も規模が小さなグループにおける割安株と成長株の利回り格差（1957年～2006年12月）

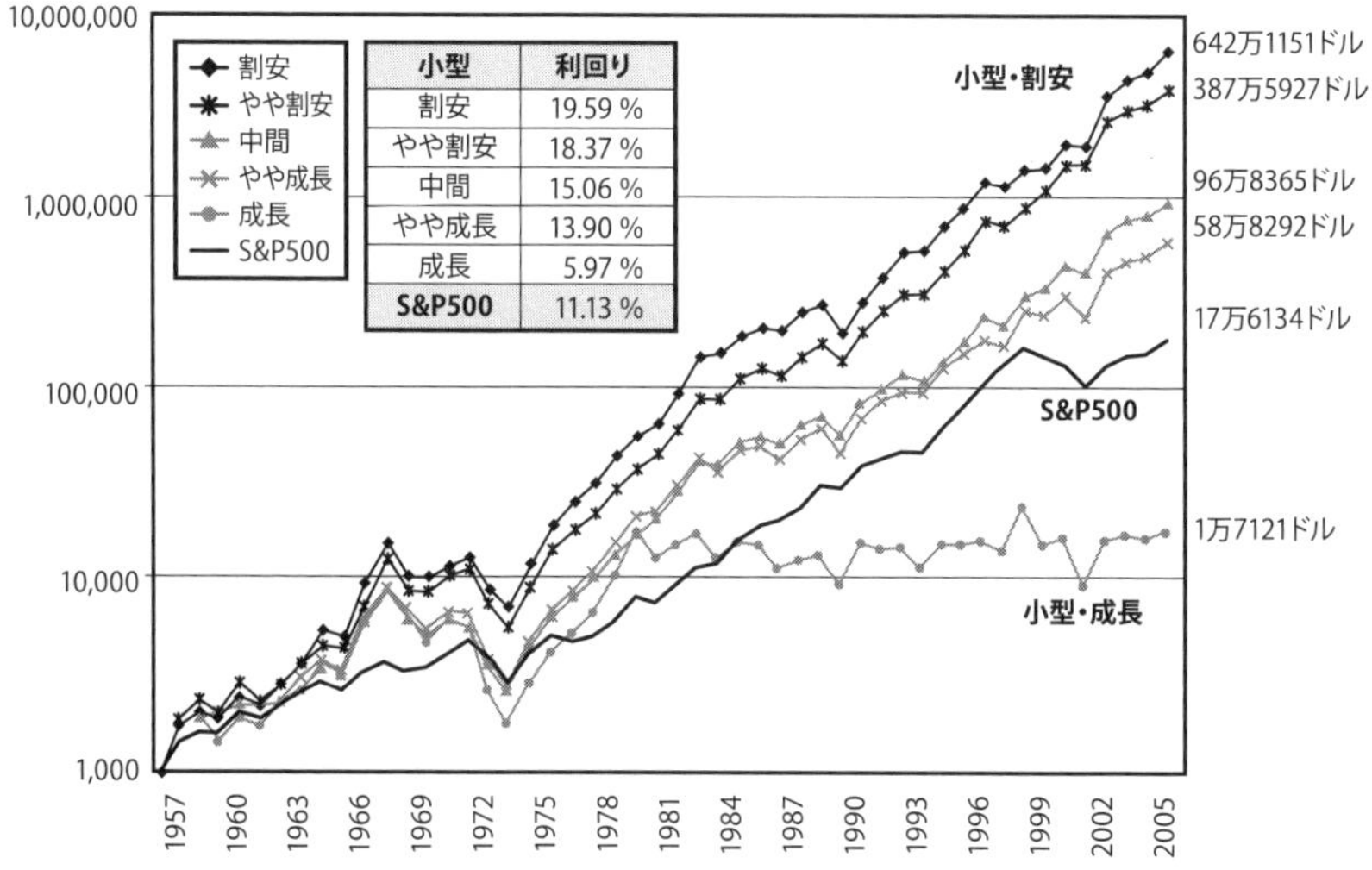

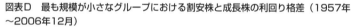

完全なる投資家の頭の中

トレン・グリフィン〔著〕、パンローリング・2016年

世界一の投資家であるウォーレン・バフェットの投資参謀で、一心同体のパートナーとして知られるチャーリー・マンガーの極めて独特な考え方と、厳選した言葉で核心を突く能力に光を当てて紹介した興味深い一冊ですね。

マンガーの言葉は非常に面白いことで知られています。**超一流の投資家の頭の中というのはとにかく普通じゃない**んだな、ということがよく分かります。今回は自分用のメモ書きとして彼の珠玉の言葉を書き出しておきます。

「**自分がバカなヤツだと認めている人が好き**です。間違いを犯して嫌な経験をしたほうが、良いパフォーマンスをあげられるようになることは分かっています。是非覚えて置いて下さい」

これは本当に良い言葉でかつ真実だと思います。私も過去に沢山の愚かな間違いを犯し、さらには同じようなミスを繰り返しても来たのですが、その度に市場から多くのことを学び、よ

りタフな投資家になって来れたと実感しています。

「もし基本的な確率論が分かっていなければ、あなたの人生は、ケリを入れる大会に出場した片足の男のようなことになります」

マンガー節全開ですね（笑）。

「バークシャーは、**チャンスが見つかると驚くほど素早く行動**します。おじけづいていてはだめです。ちなみにこれは人生の全てにおいて言えることです」

バフェットもそうですが、マンガーの言葉には、ただ投資だけではなく人生そのものに役立つ金言が多いなあと思います。

「IQの高い多くの投資家がひどい結果に終わっているのは、ひどい気質の持ち主だからです」

これは物凄い名言と思います。初めて読んだときには目から鱗がポロポロと落ちました。本書でも触れられているし実際私も真実だと思うのですが、「平均以上の知性を持っていることはアクティブ投資家として成功するための前提条件」であり、バフェットも「最低でもIQが125は必要」だと言っています。ただ高い知性があっても自分の「心の中の猛獣」をうまくコントロールできなければ投資では何の役にも立たない、IQ（頭の知能指数）だけではダメでEQ（心の知能指数）も大切、ということなんですね。

「人生で出会ったさまざまな分野の人たちの中で、あまり本を読まないのに賢いという人に出会ったことがありません。ひとりもです。ウォーレンも私も驚くほどたくさんの本を読んでいます」

「読書を通じて、生涯、自己学習を続けて下さい。**好奇心を育て、毎日少しずつ賢くなるために努力**するのです」

私も「毎日1ページでもいいから投資本を読み進める」ことを自己ルールとしています。執念深くいつまでもこの「株式投資本オールタイムベスト」シリーズを書き続けているのも、大量の投資本を常に読み続けるための自分への動機付けのためでもあります。

「人生の成功者として知られた人で、信用して話ができる相手がいないという人には出会ったことがありません。（中略）たくさんはいりませんが、何人かは必要です。（中略）**ほかの人に説明する中で、自分の考えが整理されていく**からです。（中略）このプロセスは不可欠です。山の中で隠遁生活を送っていても、うまくはいきません」

私は一番の親友を無理矢理株式投資の世界に引き込みました。そして常に彼と二人三脚で一緒に戦っています。

「私は**自分の能力のなさを見極め、それを避けるのが得意**です。（中略）ウォーレンと私は、自分達のコアコンピタンス領域にある業界や会社しか探しません。みんなそうすべきです。**時間も才能も限られているのだから、それを賢く使うべき**です」

私も**極力自分が専門としている優待バリュー株の土俵内のみで戦う**ように、ブリザードの吹き荒れる「氷の非優待株の世界」に安易にはみ出さないように日々気をつけています。

「良い投資先を見つけるのが難しい中で、少ない投資先に集中するのは明らかに優れたアイデアだと思います。しかし、投資家の98％はそうは考えていません」

「学者達は、分散という考えを賛美することで、知的な投資家にひどい損害をもたらしました。分散の概念自体が馬鹿げています。（中略）銃で脅されてもいないのに、わざわざそんなことをする意味があるのでしょうか」

フレデリック・R・コブリックの『富者の集中投資　貧者の分散投資』（パンローリング、2008年）という名著のタイトルがすぐに想起されます。**私達は「正しく集中する」ことが勝ち残るためにどうしても必要**なんですね。

「私達は、2回に1回しか勝たなくても、配当が3倍になるような馬を探しています。つまり、**有利なギャンブルをしたい**のです。それが投資です。ただ、それが有利なギャンブルかどうかを知るためには、十分な知識が必要です」

「世界中で有利な賭けを懸命に探す努力を続けていれば、ときどきは見つかるものです」

「賢い人たちは、チャンスが訪れたときに大きく賭けます。オッズが有利なときは大きく賭けるのです。しかし、そうでないときは賭けません。ただそれだけです」

名著『続マーケットの魔術師』でコルム・オシアが述べていた、「**損失が限られているのに、大きな利益を得る可能性があるという、非対称のトレード**」を探し続け、実際に見つけたら大きく張る、ことが大切なんですね。

「良い会社と悪い会社の違いは、**良い会社に関しては、いつも簡単に判断が下せる**ということです。一方、悪い会社に関しては、次々と難しい判断を迫られます」

これは過去の自分の経験から本当にその通りと思います。**自分の能力では分析しきれないような銘柄では結局勝てなかった**ですね。

この本を読むと、マンガーというのは「全く常人の発想ではない」ということが実によく分かります。**完全なる投資家の頭の中を覗き見るのはとても楽しい**ですね。未読の方は是非。

とびきり良い会社をほどよい価格で買う方法

チャーリー・ティエン〔著〕、パンローリング・2018年

1．総論

本書は中国人物理学者で、バリュー投資家御用達サイト「グルフォーカス・ドットコム」の主催者であるチャーリー・ティエンが書いたものです。グルフォーカス・ドットコムでは著名投資家のポートフォリオや過去のパフォーマンスを見られるので、私もたまにお邪魔しています。

さてこの本について最初に総評を述べると、**ベンジャミン・グレアム、ジョン・テンプルトン、ウォーレン・バフェット、チャーリー・マンガー、ピーター・リンチ、ハワード・マークス、モニッシュ・パブライ**ら、歴戦のバリュー株投資家たちの過去の名著や言葉からの引用が非常に多く、辛辣に言うと、それらの「著しい劣化コピー」に過ぎないと思います。そして手練れのバリュー投資家の方々にとっては、「緩慢な復習にはなっても新しい発見はあまりない」

だろうとも感じます。

ただ、これは恐らく著者のキャラクターによる部分が大きいのかな？　と思うのですが、第2章の「グレアム流のディープバリュー投資法」をこき下ろしてボロカスに言っている部分や、第7章の「投資にふさわしくない企業」の分析など、**なにかをディスることに関しては比類のない天下一品の切れ味**、を示してもいます（笑）。

私はブログ「株式投資本オールタイムベスト」シリーズを減点法ではなく加点法で書いているので、その異質でいびつとも言える長所を高く評価して、この本を選択しました。またバリュー投資にあまり馴染みのない投資家の方であれば、教科書的な使い方もできるまずまずの良書であるとも考えています。それでは次回からは、ティエンの名人級の「ディスり芸」を見ていくこととしましょう。

2. ディープバリュー投資とその問題点

今回は「第2章　ディープバリュー投資とその問題点」を見ていきましょう。

「企業の資産価値に比べて格安の銘柄を買う戦略、すなわちディープバリュー投資。

ウォーレン・バフェットの師であるベンジャミン・グレアムによって理論化された。

グレアムは株価が正味流動資産価値の3分の2以下の企業を探した。（中略）これらの企業に投資した場合のリスクは、それらのほとんどの経営状態が良くなく、赤字続きの可能性があることだ」

「市場全体が割高に評価されていて、ほかの銘柄はなんでも上げているときでさえ下げていて、格安銘柄のスクリーニングに引っかかる銘柄は、おそらく安値に放置されて当然の銘柄だ。安いのにはそれなりの理由がある可能性が高い。私が２０１１年以降に観察したように、それらを買ったら大損をしていただろう。したがって、ディープバリュー投資を考えている投資家は慎重になって、この手法に固有の問題点を意識しておく必要がある」

「ディープバリュー投資の問題点

平凡な企業は株主のために価値を生み出すのではなく、事業価値をじわじわと損なっていく。バフェットが１９８９年の株主への手紙で書いたように、『時間は優れた企業の味方をするが、平凡な企業には敵となる』」

「バフェットは手っ取り早く利益を得るために平凡な企業の株式を格安で買うことを、結婚する意志がないデートに例える。その状況では、関係が悪化する前の適切な時期に、付き合いをやめることが重要だ」

「この戦略は投資家にとって精神的な負担が非常に大きい」

いやあ、グレアム先生になにか個人的な恨みでもあるのか？　と思ってしまうほど、ザクザクにメッタ斬りしていますね（笑）。これはティエン自身がバリュートラップ銘柄（シアーズ）でとても怖い思いをしたという「私怨」が入っているように思うのですが、ただそれと同時に、ディープバリュー投資が持つ致命的な欠点を非凡に、色鮮やかに浮かび上がらせてもいます。

さて、私のディープバリュー投資に関しての考え方は以下の通りです。

1. ティエンが「シラーPERとGDPに対する時価総額の比率を見ると、2017年2月現在の（米国株）市場はかなり過大評価されている」と自らはっきりと認めている通り、現状のアメリカ株は歴史的な高値圏にある。そうした環境下ではまともなディープバリュー株が枯渇しているのは当然である。

2. ただ「失われた30年」が続き、魅力的で「決してポンコツではない」ディープバリュー株がまだまだ多く放置&放流されているここ日本では、大きく状況が異なる。簡単に言うと、**現状の日本ではシンプルなグレアム流のディープバリュー株投資手法は依然としてワークする**と考えている。

3. ティエンの言う「ディープバリュー株投資は投資家にとって精神的な負担が非常に大きい」は**実際その通り**なので、私は株価ヨコヨコのつまらない期間をなるべく楽しく過ごすために、魅力的な優待が付いた銘柄のみを選択するという、**優待ディープバリュー株投資**を提唱している。

3. バリュートラップ

最終回は、ティエンのディスり芸極まる「第7章　失敗、判断の誤り、バリュートラップ」

からです。

ティエンの語る**投資にふさわしくない企業**の一覧は圧巻で説得力があります。具体的に見ていきましょう。

「人気製品のおかげで前途有望そうな企業」

「こうしたことは新しい分野で数年ごとに起きる。

今世紀はこれまでのところ、太陽光技術、バイオテクノロジー、ソーシャルメディア、電気自動車などで起きている。

テスラ自体も問題を抱えている。（中略）これまで一度も利益を出したことがなく、累積赤字は巨額だ」

「だれもが買っている人気商品を販売する企業

ほぼすべての子供たちがクロックスをはいていたころを覚えているだろうか。

だが、それらの靴は今ではダサいと言われ、（中略）株価は80％以上も下げて、時価総額は10億ドルを下回っている。

私たちが少なくとも10年間、利益を出し続けている企業だけを優良企業とみなすのはこういう理由からだ。投資アイデアは少なくとも相場サイクルが完全に一周して、それがうまくいくと証明される必要がある。私たちは一時的な流行にはかかわりたくない」

「急成長をしている企業

成長が速すぎる企業の株式は避けた方が良い。

成長が速すぎるのは危険だ。（中略）キャッシュを調べよう」

私も急成長企業は投資家にとって極めて危険が大きいと考えています。私たちのこのトラップだらけの不可思議な世界では、キラキラと光輝いているものには「近づかないのが正解」であることが実に多いんですね。

「積極的に次々と買収を進める企業」

ここ日本でも、明確に該当する銘柄がありますね（汗）。

「競争が激し過ぎる事業

小売業は特に厳しい事業だ。

なかでもデパート事業は競争が激しい。どういうわけか、デパートは常に多すぎる」

「時代に取り残された企業

時代に取り残されたこれらの企業の困るところは、それらが不動産、特許、ブランド、子会社など、多くの資産を保有しているため、株価が大幅に下落すると、バリュー投資家にとって魅力的に見える点だ。しかし、それらは実際にはバリュートラップ（割安のワナ）であることが多く、ここでバリュー投資家は大半のお金を失うのだ」

ぐぬぬ、このティエンの指摘は痛いです。私も「コテコテのバリュー系投資家」なので、過去18年間で数々のバリュートラップにきっちりと仕留められてきました。ただ、今から振り返ってもそれらの一部は「無傷で切り抜けるのは不可能」だったと思います。株式投資は本当に難しいですね（滝汗）。

「バリュートラップ

割安さは、事業価値が損なわれ続けるバリュートラップの可能性がある。バリュー投資家は株式の高値掴みよりも、バリュートラップに引っ掛かったときのほうがはるかに大損をする。最も有能なバリュー投資家でさえ、このワナに引っ掛かることがある。バークシャー・ハサウエイは、バフェットが買ったときにはバリュートラップだった」

このバリュートラップに関するティエンの説明は、歯切れが良くて分かりやすいですね。私達バリュー投資家というのは、自信がなければ勝ち残れませんし、そして同時に謙虚でなければ生き残れません。因果な商売ですね（汗）。

さて、これでこの本の紹介は終わりです。キラリと光る、バリュー投資に関する良書ですね。未読の方は是非。

ウォール街で勝つ法則

ジェームズ・P・オショーネシー［著］、パンローリング・2001年

1. 株式市場はランダムではない

この本の良さは、豊富なデータから市場で勝てる指標が何かを解析し、その結果として、**効率的市場仮説**（ランダムウォーク）**という学説が明白に誤っていることを証明してくれていること**です。

私は以前から何度も何度も繰り返し述べていますが、**株式市場は決してランダムではない**んですね。ちなみに、「ひでぼう」さんが書かれた「個人投資家パフォーマンスランキングランカーの過去4年通算ランキング」という素晴らしい記事を見ると、**継続してインデックスを大幅にアウトパフォームし続けている投資家が複数実在している**ことは明白です。中でも私が勝手に「日本のグリーンブラッド」と思って尊敬している「かぶ１０００」さんなどはポートフ

ォリオを常に開示しているので信頼性は100％です。このランキングは効率的市場仮説が明白に間違っている事の鮮やかな証明となる面白いリストですね。

さて本題に戻ります。オショーネシーは具体的には、**割安株指標の中で低PSR（株価売上高倍率）が最も有効な勝てる指標**であることを指摘しています。ただPSR以外でも**低PBR（株価純資産倍率）、低PER（株価収益率）、低PCFR（株価キャッシュフロー倍率）などの「伝統的なバリュー指標」も概ね良好なリターン**に繋がっていることも同時に指摘しています。

ちなみにPSRに関しては、第1巻でご紹介した、ケン・フィッシャーの『PSR株分析』も良書だと思いますので、興味のある方は是非。

すいません脱線しました。そしてオショーネシーは低PSRと並んで最も有効な投資手法として、**高RS（高レラティブストレングス≒モメンタム：年間株価上昇率が上位であること）銘柄のリターンが最高に良い**、つまり**モメンタム（株価の勢い）のある銘柄は勝ち続ける**ということを指摘しています。これはやはり第1巻で紹介した『ウォール街のモメンタム・ウォーカー』で、著者のアントナッチが激アツで主張していたことと全く同じです。**モメンタム投資はバリュー投資に匹敵する素晴らしい投資手法**なんですね。

そしてオショーネシーはこれらの有効な投資手法を併用することでパフォーマンスを最大化できるということを示しています。

また最近日本では、**高ROE（株主資本利益率）銘柄**が素晴らしいのだ、という謎の論調を見かけることがたまにありますが、オショーネシーは「一貫性に欠ける」と一刀両断に切り捨てています。私自身の15年間の経験からも高ＲＯＥが優れたパフォーマンスに繋がる指標であるという感覚は一切ないですし、「高ＲＯＥはグロース株のあかしである」というオショーネシーの指摘以上のものではは全くないと考えています。私がブログで今まで一切ＲＯＥに言及していないのもこのオショーネシーの著作に依拠するものです。

この本は本棚にあると非常に重宝します。**我々バリュー株投資家にとってはバイブルともいえる最高の一冊ですね♪**

〔編集部注〕現在は電子書籍版で販売中です。

大逆張り時代の到来

ジェームズ・P・オショーネシー［著］、パンローリング・2007年

1. 総論

著者のオショーネシーは、金融定量分析で「世界の第一人者」として知られ、統計のグル（導師）とも呼ばれています。彼についてはすでに紹介した、全米ベストセラーの名著『ウォール街で勝つ法則』に関する書評でもご紹介しましたね。

そして、本書は『ウォール街で勝つ法則』の続編となります。なぜか前著に比べて日本での知名度が異常に低いのですが、これまた実に素晴らしい一冊なのです。多分、その邦題のため、何の本だか分かりにくいのが影響したのだと考えています。私だったらタイトルはベタに「ウォール街で勝つ法則2」にしたと思いますし、その名前だったら絶対にもっと売れただろうとも確信しています。

すみません、ちょっと脱線しました。さて前著の『ウォール街で勝つ法則』は過去45年間の市場データを分析したものでしたが、この続編ではそれをさらに拡大して**1927年から2004年までの78年のデータを詳細に分析**しています。我々のような「株式投資ジャンキー」にとってはまさに「知の宝箱」と言っても良い極上の一冊です。なんでこんなに知名度が低いのかが、本当に謎なんですね。

＊

さて最初は目次を見ておきましょう。第2章、3章、4章がとてつもなく最高です。ただちょっと残念なのですが、5章以下はオショーネシー先生が燃え尽きてしまったのか、少しガス欠を来たしており若干クオリティが落ちます。なので、時間のない投資家の方は2〜4章だけを読んだのでも十分だと思いますね。

それでは次回からはこの本のベストオブベストの最高の部分を一緒に見ていきましょう。

2．今のS&P500は割高ではないだろうか？

まずは、素晴らしい出来栄えである「第2章　どこで決定を下すかで勝負は決まる」を見ていきましょう。

次の図表は、1927年にS&P500に投資した1ドルが2004年にいくらになったかを示すグラフです。この78年の間に1ドルが2000ドル以上に増えていることを示しています。

図表　S&P500の名目リターン

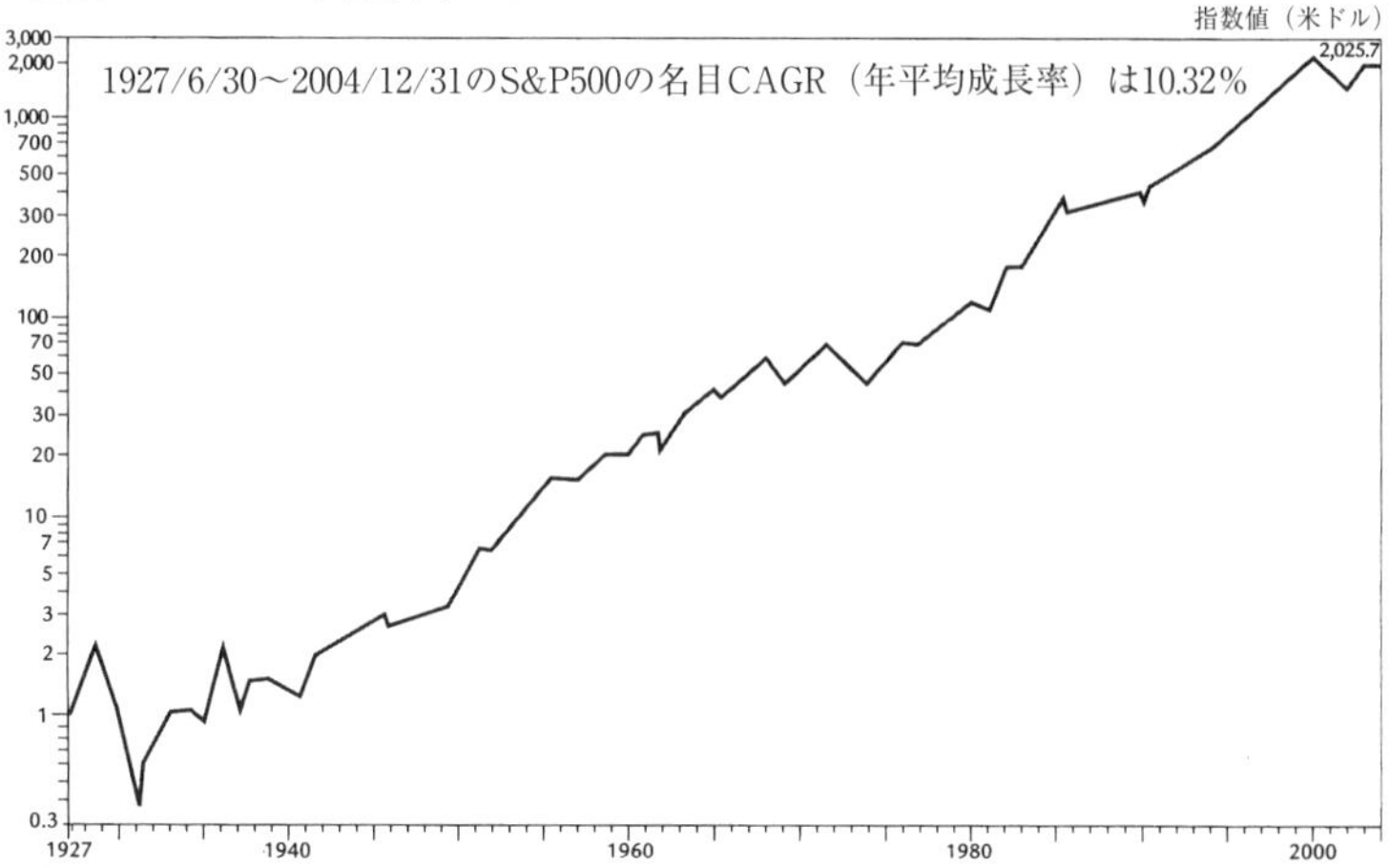

米国株に長期投資するメリットをこれ以上なく分かりやすく示したグラフであり、先に紹介した『株式投資　第4版』でも似たようなグラフが取り上げられています。そして最近はこのグラフとシーゲル博士の著作をその理論的根拠・精神的支柱として「米国大型株に長期投資する」というコンセプトの投資ブログが「雨後の筍」の如くに爆発的に増大しています。そしてその中には実にクオリティが高くて感嘆・驚嘆しているものも多く、私もいくつかを愛読しています。

ただオショーネシーは、このグラフに別の角度からの光を投影して興味深い解説をしています。

「実は、**多くの投資家に共通する保有期間がある。**（中略）**標準的な保有期間は20年**である。（中略）したがって、過去のリターンを振り返ってみるときには、まず20年という保有期間から見ていくのが理想的なのである」

この20年というのは、経済的に余裕ができ始める45歳から一般的なリタイア年齢である65歳に相当するので確かに妥当だと思います。それでは20年移動期間でみたS&P500の年平均実質リターンを見てみましょう。

次ページの2つのグラフを見ると、S&P500の20年実質リターンがほぼ7%となることが浮き彫りになります。オショーネシーはこれを「**7%のマグネット**」と呼んでいます。

そして7%の平均に対して今の市場がどの辺りにいるのか？　が肝心だとオショーネシーは指摘しています。

「S&P500を見てみると、全20年移動期間の実質リターンは0・29%～13・85%とかなり幅がある。（中略）**過去200年の証拠は明快である。市場は長期平均に回帰する。**リターンが平均を大きく下回った期間の後の期間は、ほぼリターンが高くなる。リターンが平均を大きく上回った期間の後の期間は、ほぼリターンが低くなる」

つまり、どれほど米国株市場が偉大でかつ長期的に見て右肩上がりだとしても、S&P500が指標的に加熱したホットな位置で迂闊に投資をしてしまうと20年リターンが極めて低くなることがある、しかもそういう時期は稀ではなく割と頻繁にある、ということなのです。

そして私は現在のS&P500はちょっとバリエーション的に見て割高過ぎるのではないか？という懸念を個人的には持っています。このブログを準備している2017年5月12日現在のデータで見ると、PBR3・11、PER25・29です。

図表　20年移動期間のS&P500年平均実質リターン（複利ベース、1947〜2004年）

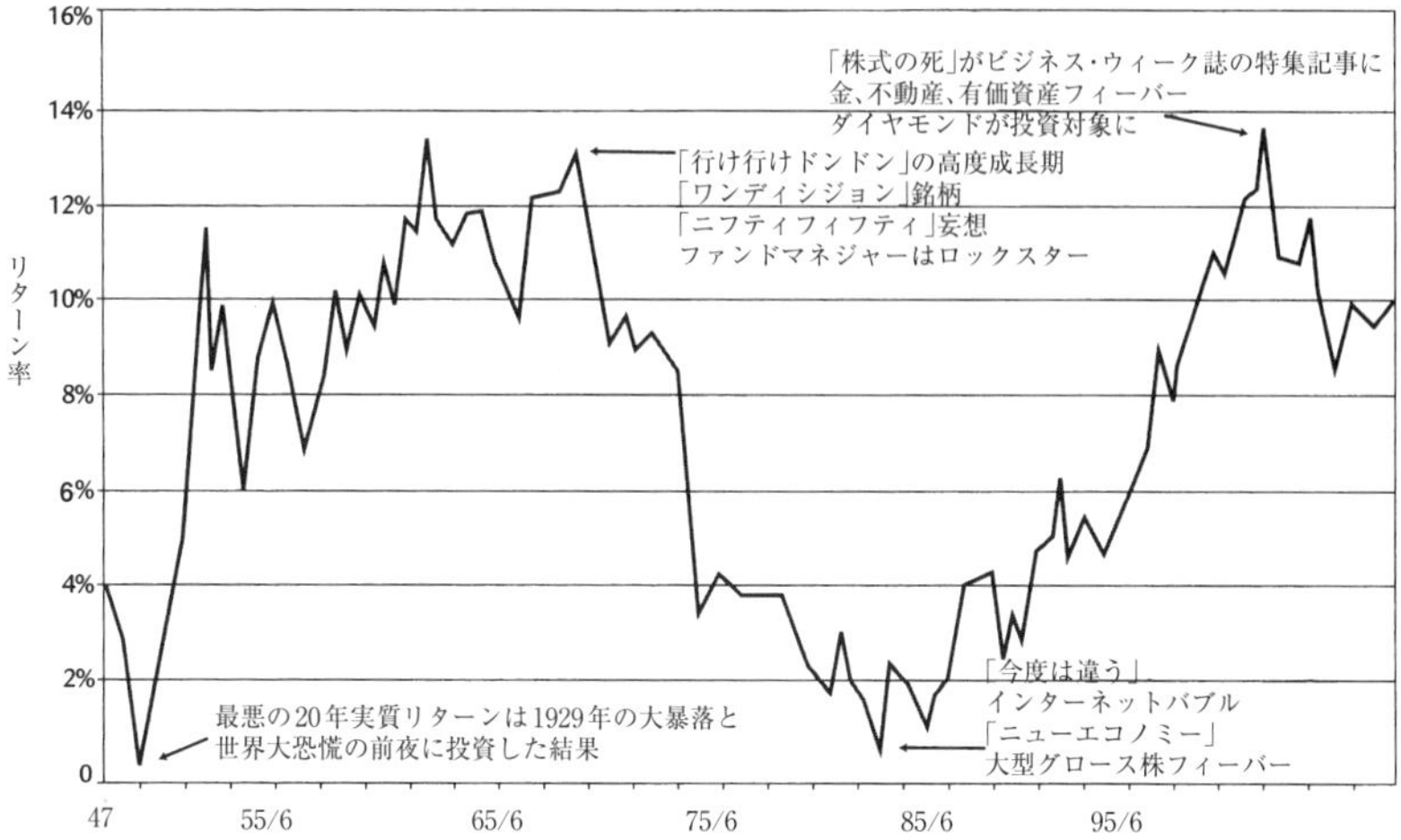

図表　20年移動期間のS&P500年平均（複利ベース、1809〜1947年）

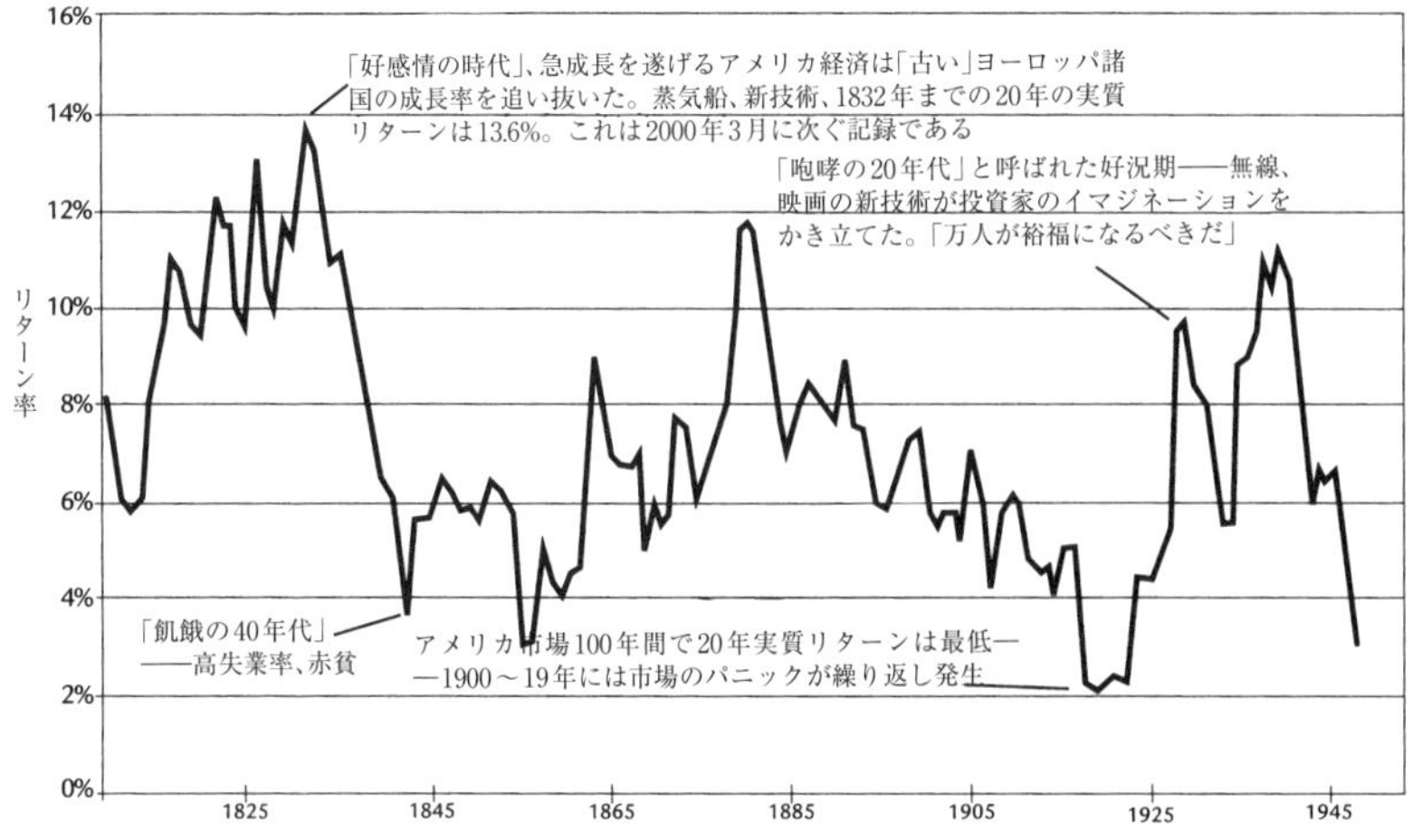

グレアムのミックス係数でいえばなんと78・65！　となります。グレアム先生の基準では22・5を超える株は買ってはいけないわけで、今は天国にいる先生が現状のS&P500の水準を見たら、もしかしたら驚きで目の玉が飛び出るのではないでしょうか。

そして今、過熱感に溢れたS&P500に投資をして果たして20年後のリターンはどうなるでしょうか？　平均の7％よりも、もしかしたら0％に近いようなミゼラブルな結果に終わる可能性もあるのではないでしょうか？

3. 小型株効果こそが真の利益の源泉

今回は本書中で最高の出来映えである「第3章　救世主は小型株」を見ていきましょう。正直に言って**神がかり的に素晴らしい**です。この第3章だけであらゆる投資家にとって最低1万円の価値はあると思います。そして個人的には自分には少なくとも100万円以上の価値がありました。つまり、オショーネシーのこの名著は実質的に「無料&持参金付き」で売られているということですね。「デフレ&25年に及ぶ不景気で苦しみ抜いている日本」で、こんなにも不可思議で神々しいことがあって良いのでしょうか？　それでは早速本文へと参りましょう。

「われわれにとってラッキーなのは――S&P500の心もとない見通しを考えると――市場を構成しているのは大型株だけではないということだ。（中略）小型株とは、時価総額が2億～20億ドルの銘柄をいう。時価総額が2億ドル未満の銘柄は超小型株。（中略）大半の投資家のポートフォリオは大型株に大きく偏っており、人気のある中小型株への投資は極僅かにとどまっている。

小型株のパフォーマンスを調べるに当たっては、イボットソンの米インフレ連動小型株指数を使用する。（中略）**78年間を振り返ってみると、小型株は大型株のほぼ4倍のパフォーマンス**」

どひゃー、凄い差ですね。私は初めて見た時に衝撃のあまり首が反り返ってもう少しでムチウチになるところでした。ここで真面目な話をすると、自分はこのグラフをその依拠として明白に小型株に偏重したポートフォリオを組み続けています。そして実際、過去のほとんどの期間でTOPIXを上回るパフォーマンスを幸運にも享受し続けています。

「**小型株効果**」**こそが本当の、真の利益の源泉**なんですね。そしてなぜこれほど小型株のパフォーマンスが高くなるのかについては以下のように解説しています。

「大型株と比べると、小型株のパフォーマンスの方が高い。これにはさまざまな理由があるが、第一の理由は**放置企業効果**である。このカテゴリーには数千という銘柄がひしめいており、ウォール街のアナリストも十分にフォローしきれていない。したがって、**徹底的なリサーチの対象となる大型株と比べると、小型株のマーケットメークがうまくいっていない可能性が高い**のである。

小型株が大型株に勝つもう一つの理由は、単にそれらが**小型株だから**である。収益を倍増させるのは、収益が2000億ドルの企業よりも2億ドルの企業のほうがはるかに容易である。

図表　1947/6～2004/12の大型株と小型株の20年移動期間年平均実質リターン（複利ベース）

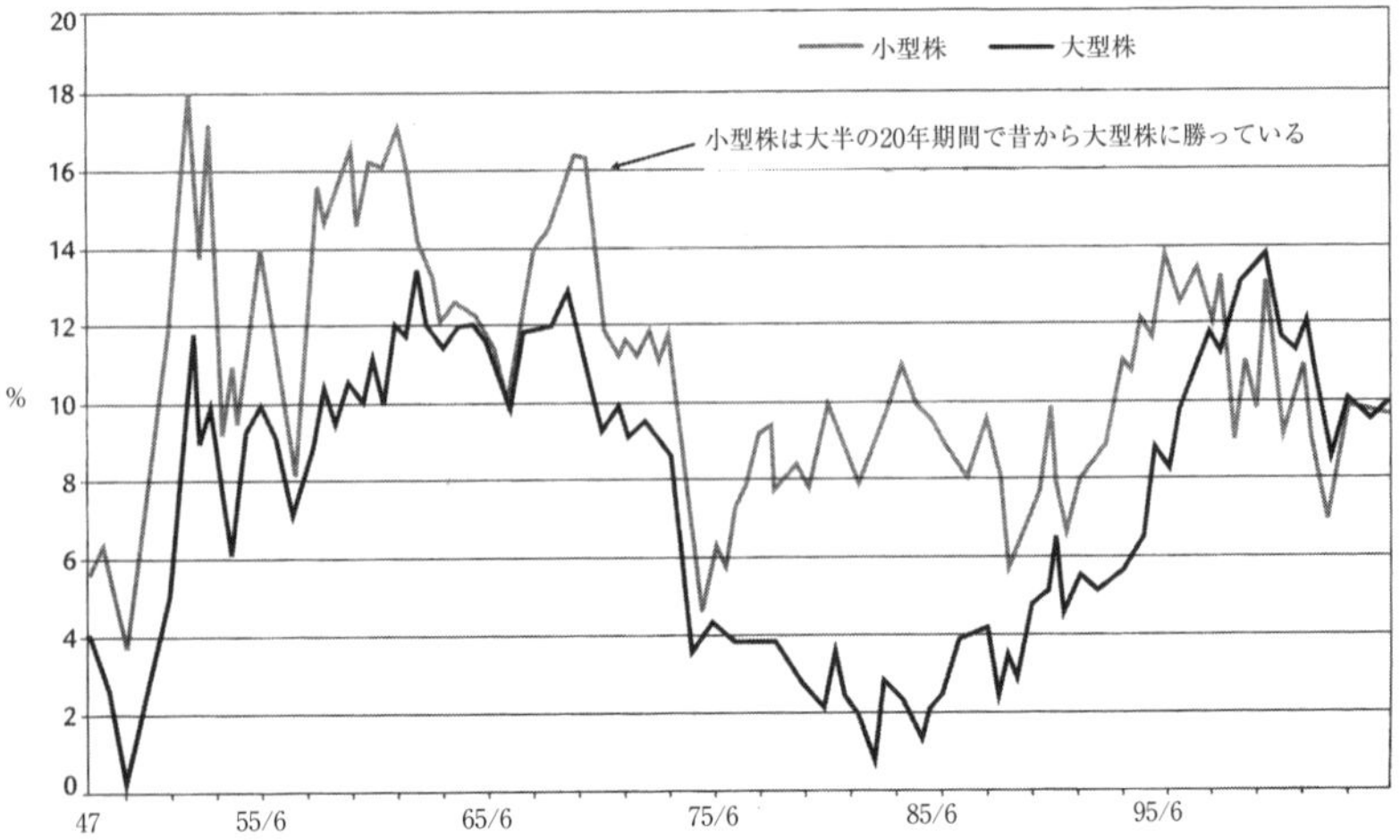

昔から**ほとんどの20年期間で小型株が大型株をアウトパフォーム**している。分析した**全20年期間の小型株の平均実質リターンは10・42％で**ある」　※上図を参照ください

ふー、素晴らしい。今回、久々にこの本を読み返したのですが、あまりの感動で全身に鳥肌がたちました。まさにこの**「小型株効果」こそが私のポートフォリオを支え続けてきてくれた**んですね。

さて、小型株効果は非常に大切なので、名著『マーケットの魔術師　オーストラリア編』で、超小型株専門の投資家**ピーター・ガイ**が語る小型株投資の魅力を復習しておきましょう。

「超小型株の専門になった理由はいくつかあります。１つ目は、**小企業の方が他業種にわたる企業より単純**なことです。２つ目は、**小さい企業の方が割安**で買える可能性が高いことです。

3つ目は、**小企業の中にはライフサイクルの初期段階にあって、将来大きく成長を遂げる企業がときどき見つかる**からです。4つめもあります。**大企業より面白いし興味を惹かれる**からです。（中略）小企業に投資すると、起業家と知り合うこともできるということです」

つまり、**超小型株投資は、単純で、割安な銘柄が多くて、高い成長が期待されて、さらには滅法面白い**のです。いいことづくめなんですね。

すいませんちょっと脱線しました。それでは本文に戻ります。

「小型株がS&P500をアウトパフォームしたのは、**691回の20年移動期間の84%**に上っている。（中略）1947年から2004年までの全20年移動期間を調べていくと、大型株と比べると小型株のほうが複利で3・12%高いプレミアムが付いているのが分かる」

くぉぉ、次ページのグラフは何度見ても凄いです。**資金力の乏しい我々弱小個人投資家にとって、「投資の聖杯」は小型株投資**なんだ、ということが一発で分かる最高のグラフですね。私は今までに、何十回も見つめ直しています。今改めて見ても、アドレナリンの放出が止まらないですね♬

それでは最後にまとめです。**小型株は昔から大型株に勝っており、20年移動期間の平均リターンも3・12%高い**。はい、皆様も今日この瞬間から、この言葉を額縁に入れて机の上に張りましょう。本当にこの本は凄いと思います。オショーネシー先生の本との出合いがなければ、きっと私は既に静かに市場から退場していたでしょうし、皆様とここでこうして楽しくお話を

図表　小型株の実質プレミアム――1947/6～2004/12の全20年移動期間の小型株と大型株の超過リターン

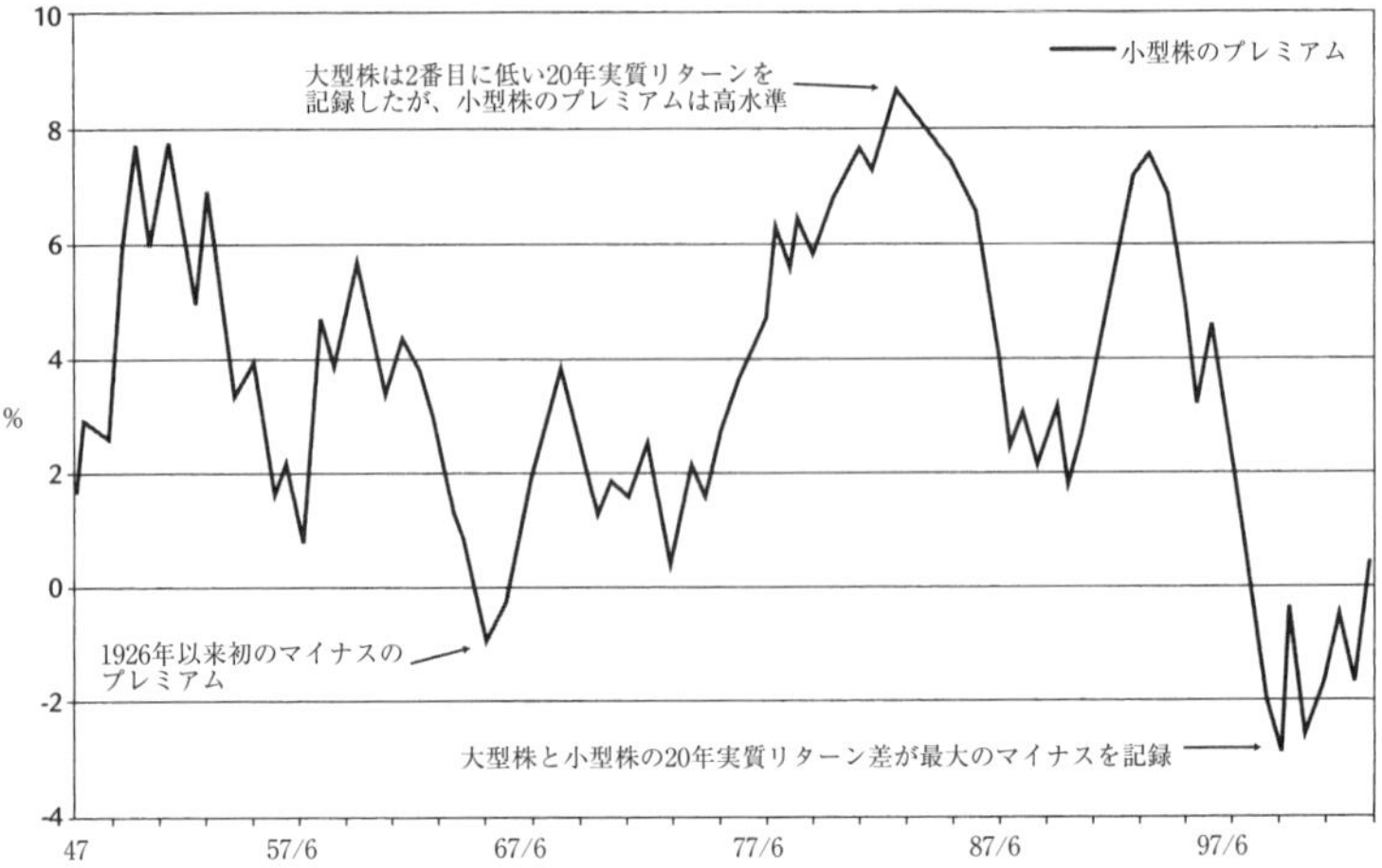

することもなかったでしょうね。

４．バリュー株はグロース株に勝つ

最後は「第４章　対決――大型グロース株対バリュー株」を見ていきます。

「**大型グロース株のパフォーマンスはめったに投資家が望むようなものにはならない。**（中略）また、**大型バリュー株のほうがずっとまし**な投資対象である」

これは以前からシーゲル博士の著書などでも言い古されてきた話ですし、自分の経験からも間違いないところなんですが、復習を兼ねていくつかグラフを見ておきましょう。

大型グロース株の成績は本当に酷いですね。一方で、大型バリュー株はS&P500を上回っています。※次ページの図を参照ください

そしてオショーネシーはバリュー株がグロ

図表　1927/6/30に投資した1ドルの最終的な実質価値

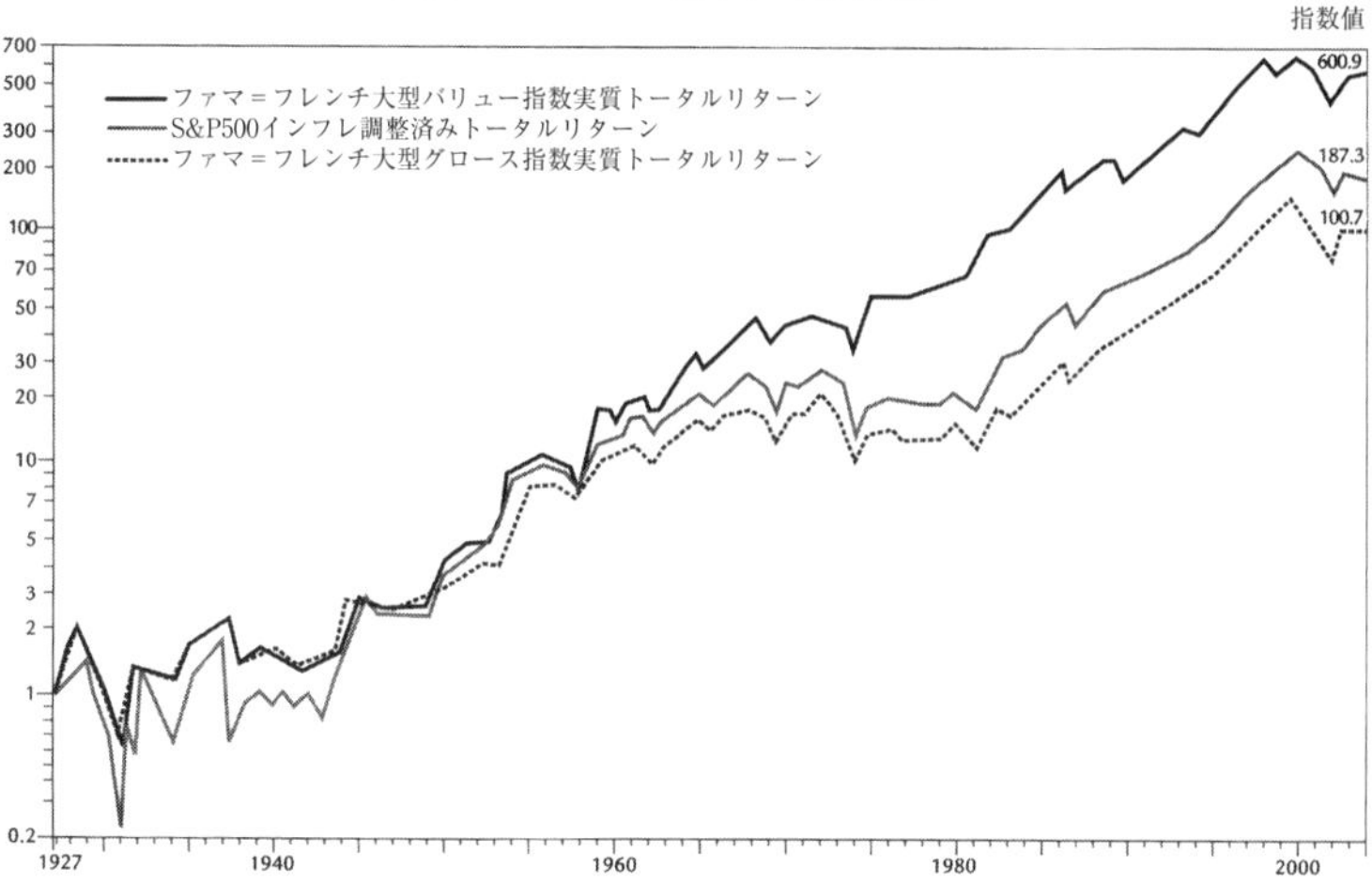

ース株に勝つ理由について以下のように述べています。

「**バリュエーションが肝心だ。ごく当たり前のこと**である。（中略）昔から経済学の法則では、実質利益と配当だけが報われることになっている。バリュー投資家として行動し、一貫して安値で買って高く売っていれば、進んで高値で買って安く売っている投資家よりもはるかに好成績を収められる」

ま、実に当然な話ですね。そしてここ日本でも「市場で長生きしているグロース投資家」の方というのはほとんど見ません。逆に、「殺しても死ななさそうなバリュー投資家」の方はたくさんいますけどね（笑）。

それでは最後に第4章のまとめです。

・大型バリュー株は、すべての20年移動期間で伝統的にS&P500と大型グロース株

図表　20年移動期間の実質リターン（1947〜2004）

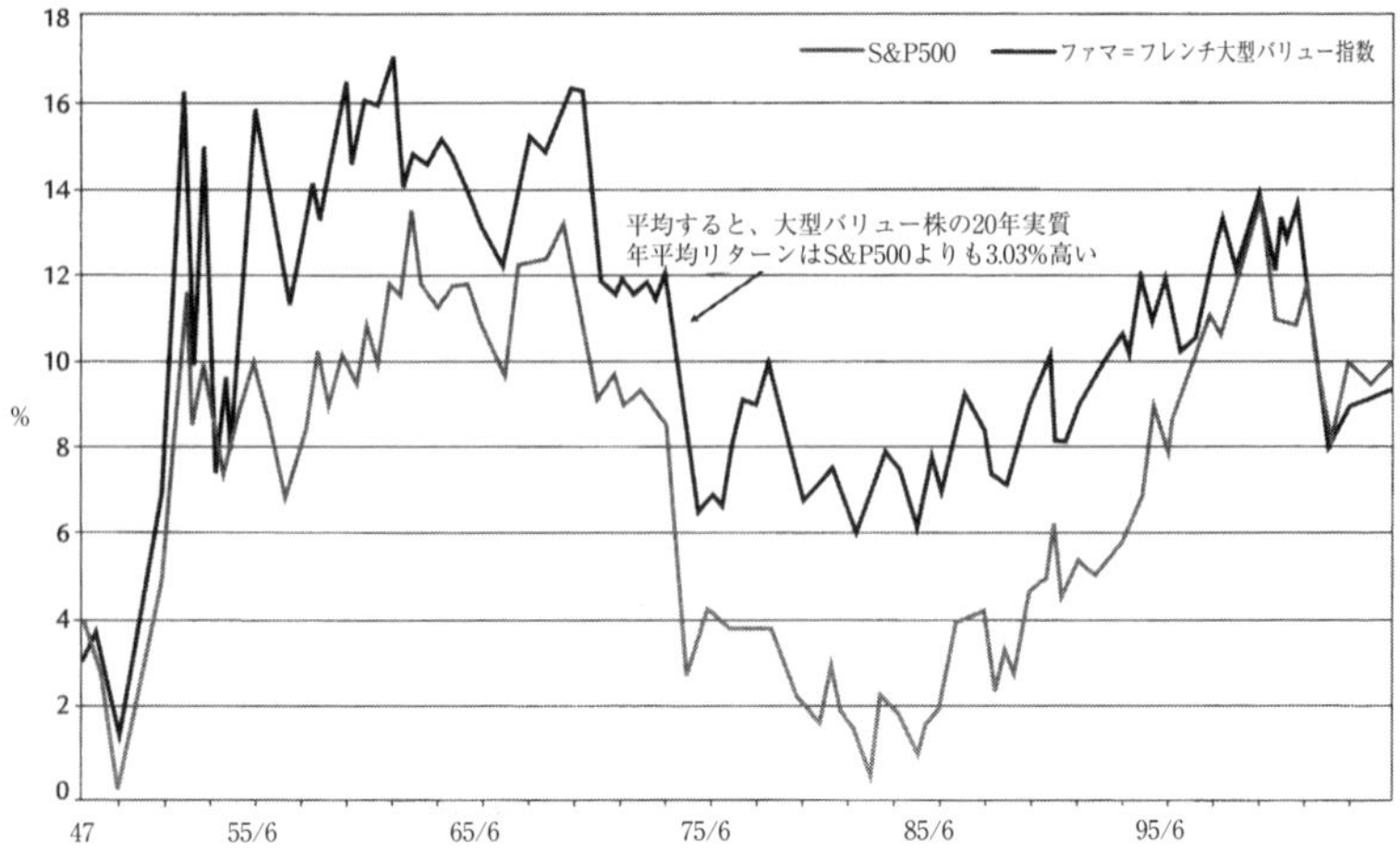

の両方に勝っている。

・大型グロース株は、伝統的にＳ＆Ｐ５００にも大型バリュー株にも負けている。

・大型バリュー株が勝っているのは、バリュエーションが低く配当利回りが高い傾向にあるからだ。

さてこれでこの本の紹介は終わりです。市場でインデックスに勝とうとする投資家の本棚には必ず鎮座していなくてはならない一冊ですし、逆に言うと、この本を読まないまま、頭の中に各種の金融定量分析の統計データが完全に焼き付いている「ジャンキー系の手練れ投資家」と市場で戦うのは、物凄く途轍もなく、不利で危険なことであるとも思います。未読の方は是非。

〔編集部注〕現在は紙版・電子書籍版とも絶版です。

第3章
モメンタム投資のための8冊

第3章序

さて第3章では、「最強の投資法の一つ」であることが膨大な統計データから実証されているモメンタム／トレンドフォロー手法に関する名著を紹介します。

冒頭を飾るのは、「トレンドフォローの伝道師」と称されるマイケル・コベルの九百数十ページに及ぶ超大作『トレンドフォロー大全』です。この本を完読すれば「モメンタム／トレンドフォロー手法の全てが分かる」という凄い一冊です。今回は私が極限までコンパクトに「ふとん圧縮」をかけて全16部にまとめてみました。本書のダイジェストとしてお楽しみください。

続いて同じくコベルの『タートルズの全貌』。１９８０年代に颯爽と登場し、投資の世界を一世風靡した「伝説の投資家集団　タートルズ」。彼らは何を学んだのか？　その後の人生はいったいどうなったのか？　について赤裸々に迫った驚愕のドキュメントです。読み物としても抜群に面白いですね（今回は『ザ・タートル』（日経ＢＰ）の書評を使用しています）。

次はジョン・Ｊ・マーフィーの『マーケットのテクニカル分析』。世界を代表するテクニカルアナリストによる、古典的なテクニカル分析の集大成、決定版と断言して良い一冊ですね。

ローレンス・Ａ・コナーズの『「恐怖で買って、強欲で売る」短期売買法』は、「市場で感じる恐怖を優位性に変える」秘密の方法をついに解き明かしてくれた新世代の名著です。全投資家必読間違いなしですね。

そのコナーズと「マーケットの魔術師」の一人であるリンダ・B・ラシュキによる『魔術師リンダ・ラリーの短期売買入門』。1999年の発売以来、「短期トレーダーのバイブル」として売れ続けているベストセラーですね。

ブレント・ペンフォールドによる『システムトレード　基本と原則』。これは本当に良い本です。投資で本当に大切なことを「心配性のオカン」みたいに、繰り返し言葉を変えながら何度も懇切丁寧に教えてくれます。こんなに「筆者からの強い愛情」を感じる本を他に知らないです。投資家人生でピンチに陥った時に絶対に役立ちます。是非買って、本棚の片隅に「お守り代わり」において置いて欲しいですね。

最後は、スティーブ・バーンズによる小粋な『ニュートレーダー×リッチトレーダー』シリーズの2冊です。あまり知名度は高くないですが内容は最高です。非常に読みやすくて分かりやすく、かつ「初心者と上級者の違い」が対話形式ではっきりと理解できるのが素晴らしいです。特に投資初心者の方々に強くお勧めしたいですね。

それではさっそく始めましょう。

トレンドフォロー大全

マイケル・W・コベル［著］　パンローリング・2019年

1. 総論

さてこの本ですが、原題（英語版）は『トレンドフォローイング第5版』です。つまり、二〇一〇年にパンローリングから発売された『規律とトレンドフォロー売買法』（原題『トレンドフォローイング第1版』）の改訂版となります。

ざっくりいうと、『規律とトレンドフォロー売買法』は**本書の第1部**になっています。内容は一部アップデートされていますが、話の大筋は変わらないです。そして**本書オリジナル**となる部分は、「第2部　トレンドフォロワーとのインタビュー」と「第3部　トレンドフォローに関する研究論文」となります。

またこれはちょっと秘密ですが、今回の新著ではコベルの気合が入り過ぎ、追記が多くて第

1版よりゴテゴテしており、内容が散漫でやや読みにくくなっている感じもします。なので、第1部に関しては旧著『規律とトレンドフォロー売買法』の方がトータルで見ると少し上かもしれないです。そのため今回の書評では、第1部に関しては、以前ブログで書いた『規律とトレンドフォロー売買法』の書評を流用させていただきますことをご了承ください。

それでは始めます。

＊

著者のマイケル・コベルは「トレンドフォローの伝道師」として有名な人物で、その一連の著作は「とにかくアツい」ことで知られています。また彼はトレンドフォロー以外の投資手法には極めて否定的で、我々が専門としているバリュー投資やインデックス投資を「徹底的にこき下ろす」激しい性格であるため、**この本の評価も、最高と言う人と最悪と言う人がいて真っ二つに分かれます。**

実は私はずいぶん昔に軽く流し読みした時に、「なんじゃこりゃ？　傲慢で不遜な本だな」と思ってそのまま忘却の彼方へと旅立たせていたのですが、その後、『ウォール街のモメンタムウォーカー』や、その『個別銘柄編』を読んで、「モメンタム／トレンドフォロー戦略にはバリュー戦略を遥かに超える高いパフォーマンス実績がある」ことを再認識し、本シリーズ第2巻で紹介した『株式売買スクール』でもこの本が激賞されていたことを思い出し、改めて虚心坦懐に再読したところ、とてつもなく良い一冊だったのです。

以前の「**バリュー一辺倒**」**だった頃の私は、トレンドフォロー手法に対して**「**完全に目も心も閉ざしていた**」**ので、それで初読のときには全く心に響かなかった**のだと思います。

まずはコベル自身による序文を見ていきましょう。

「私は日本の投資家が大きな利益を出すのに、トレンドフォローが役立つと信じています。**トレンドフォローとは何でしょうか？　それは**一**言で言えば**『**考え**』です。なぜ『トレンドに乗る』ことが良い考えなのでしょう？　**第一に、トレンドフォロワーたちはこの40年にわたって文字どおり何十億ドルも儲けています**。それはこれまでに考えられた取引戦略で、最も利益を上げられるもののひとつです。第二に、人間性は変わりません。

１９８９年の日経平均は３万９０００円でした。今はざっと1万円です（みきまる注・この本の第1版である『規律とトレンドフォロー売買法』の発売当時）。日本人はバイ・アンド・ホールドがうまくいかないと分かっているでしょう。

私たちは全員、**バイ・アンド・ホールドはやめて、トレンドフォロワーが大金を稼いでいるやり方に従うべき**です。（中略）周りの人よりも**より多くのお金を稼ぐチャンスが欲しいのならば、トレンドフォローが最高の選択肢**です」

この序文を読んだだけで、コベルのトレンドフォローへの入れ込み具合と、それ以外の投資戦略をメッタ斬りする性格の激しさが分かりますね。実際、**本文中では世界一の投資家ウォーレン・バフェットのことさえも**「**爽快なくらいにボロクソ**」に書いています（笑）。

続いて、監修者の長尾慎太郎氏の言葉を見ていきましょう。

「トレンドフォロー手法の良し悪しやそれを取り巻く環境などに関する彼の記述は実に的確。CTA（商品投資顧問業者）のなかでかなりの割合の運用会社がこの手法をとっているにもかかわらず、資産運用業界にあってトレンドフォロー手法は特異な存在である。（中略）あまりにも単純であることも大きな原因である。

実際、私が見たところトレンドフォロー手法をまともに理解できる人は次の2種類しかいない。**資産運用に関して多くの知識や高いレベルの技術を持った非常に聡明な人**か、もしくは**物事を理解するのに邪念がなく、対象をありのままに見ることができる大変素直な人**である。過半の人々は、その身に着けた知識や個人的な経験による先入観が邪魔をして真実を受け入れることができない」

この長尾氏の指摘は強烈です。トレンドフォロー／モメンタム戦略が他の投資戦略を圧倒的に凌駕する**パフォーマンスキング**であることは今や明白ですし、例えば日本を代表する凄腕投資家のｃｉｓさんが典型的にそうであるように、「**圧倒的な成功を収めている投資家にトレンドフォロワーが多いことは公然の秘密**」でもあります。なのに、日々流されている多くの投資情報はこの「聖杯」に触れることはなぜだかほとんどありません。

また非常に恥ずかしい話ですが、私がトレンドフォロー／モメンタム戦略の偉大さに気付き、自分の投資理論にそれを取り入れて再構築し始めたのもほんのこの数年のことです。

それまでの私は目が曇っていて「バリュー一辺倒」で視野の狭い、片手落ちの偏狭な投資家だったのです。そして「アホみたいに単純なトレンドフォロー戦略など継続してうまく行くはずもない」と鼻でわらってもいたのです。今では痛切に反省し、自らのパフォーマンス改善のためにそれらをどう活かすかに心血を注いでいます。

長尾氏の言葉の続きを見ていきましょう。

「エド・スイコータが言うように、マーケットにおいてそんなに単純な方法で結果が出せる方法が存在することを認めることは、自分のこれまでの努力や知性の価値を否定することになりはしないかと人は潜在的に恐れる。（中略）実にもったいないことである」

はい、初心に戻って心を開いて見てみれば、**トレンドフォローの力を日々の投資で使わない手はないですし、すべての投資家がこの投資戦略を学ぶ必要性があることは明白**です。それでは次回から、この「クセが凄い」名著の世界を隈なく探検していくことと致しましょう。

2. トレンドフォローこそが投資の聖杯

今回は、まだ本編にはいってすらいないのに、すでに異常にアツい「序文」と「まえがき」を見ていきましょう。

「トレンドフォローはあらゆる市場で重要な力であり、幅広い投資ポートフォリオの一部であるべきだ。私にとって、トレンドフォローの規律はトレードや資金管理を超えるものだ。**私た**

ちはだれもうまくいっていることは続け、うまくいかない活動はやめることが多いので、トレンドフォローは生活の多くの場面で使える考え方だ」

このコベルの、「私たちはだれもうまくいっていることは続け、うまくいかない活動はやめることが多い」という表現は理に適っていますし、しっくりきますね。

「なぜトレンドフォローは最も儲かるトレーディング手法であり続けるのか？トレンドフォローが揺るぎない理由は何か？」

実際、トレンドフォローは「劣化しない最強戦略」なんですね。これはどういうことかというと、バリュー（指標的に安い投資対象を買う戦略）、サイズ（小型株ほどその成績が良いのでそれらを狙う戦略）、カレンダー効果（特定の月のパフォーマンスが良いのでそれを狙う戦略）などのアノマリー（既存の投資理論では証明のつかない価格形成や、経済合理性だけでは説明できない動きのこと）は、「発見された後にはすべて消えるか反転するか弱まっていく」（『ウォール街のモメンタムウォーカー』より。1993年シュウウェルトの指摘）ことが発見されています。ただ**モメンタム**（≒**トレンドフォロー**）**だけは**「**アノマリーが発見されたあとも持続している**」んですね。

この点に関して非常に印象的な具体例を挙げると、『マーケットの魔術師　システムトレーダー編』（第1巻をご参照ください）で登場するトレンドフォロワーのビル・ダンは、1974年以来、**複利で年23％以上の純利益を達成**していますが、「ファンドの設立時に構築された基幹システムと、数年後に組み込まれた主要追加システムは重要な部分をいじくりまわされることはなかった。**28年間あらゆるタイプの市場環境をくぐり抜けて来るなかで、同じ方法が使われてきた**」とはっきり明言しています。つまり、確かに「トレンドフォローは劣化しない」んですね。ということは、**トレンドフォローこそが投資の聖杯（必勝法）**であることになります。

もう20年近くも「バリュー一筋」でやってきた私がこの事実を認めることは精神的に大変な困難が伴いましたが、**現実がそれが真実だと示している**のです。私はこの数年でようやく自分にとってあまりにも衝撃的で残酷な事実をはっきりと認識し、そして受け入れました。「**バリュー一辺倒では生き抜けない。市場はそういうところでは全くない**」と、**遅まきながら、立派な中年になってやっと分かった**のです（滝汗）。それではいよいよこの本の本文へと分け入っていくことに致しましょう。

3. トレンドフォローがうまく行く理由

はじめは、本書中で最高の出来である「第1章　トレンドフォロー」から。この章、凄いですよ。「自尊心が強すぎるわけではないので、新高値を付けている株でも買える。あなたにとって買い場は、たいていその銘柄が高値を更新したときだ。逆に自分の間違いに気付いたら、直ちに損切りをする。

恐れも遠慮もなく打席に入ってトレンドフォローを実行してほしいと思う。**ためらわずに、**

儲けたいと思わなければならない。成功したいと思わなくてはならない」

いきなり第1章からアツいですね。ただ私がこの本を再読していてふと思ったのは、「なんの先入観もない投資初心者の方がこの本を最初に読んで投資の世界に入ったら、とてつもない成功を収める人が一定の確率で出るんじゃないかな？」ということでした。**自分も、こんなに「考えの凝り固まった、不人気バリュー学派の偏屈なおっさん」になる前に、純真無垢な状態でこの本に出合いたかった**ですね（遠い目）。

「トレンドフォロワーとは反応に基づいたテクニカル分析をするトレーダーだ。市場の方向性を予測しようとするのではなく、市場が動くときにはいつでも反応するというのが彼らの戦略だ。**トレンドフォローがうまく行く理由は、ひとつには市場を出し抜こうとしないから**だ。われわれはトレンドの**予測をするのではなく、トレンドについていく**のだ。

生き残るのは最も強い種でも最も知的な種でもなく、変化に最も素早く反応する種だ――チャールズ・ダーウィン」

トレンドフォローがうまく行く理由を分かりやすく説明してくれています。それにしても、トレンドフォロー・モメンタム系の著述家にはダーウィンのこの一文が好きな方が実に多いですね（笑）。

「変わらないものはなんなのか？　変化だ。

市場は変わっただけではない。これからも変わり続けるだろう。昔からそうだったように、また私たちがこの19年間経験してきたように。**トレンドフォローは変化を前提としている。変化に支えられているのだ。**

（以下は1981年に1万6000ドルの資金でファンドを始め、その後ボストン・レッドソックスのオーナーとなった伝説のトレンドフォロワーのジョン・ヘンリーの言葉）私は、自分が予測なんてできないと分かっていた。だからトレンドについていくことにしたし、だからこそ大成功し続けているのだ」

マーケットの普遍的な法則は、変化し続けることです。そして、ダイナミズムに**ただ反応し続けるシンプルな投資法だからこそ、トレンドフォローは劣化しない**んですね。

「価格がニュースを生むのであって、その逆ではない。相場は進みたい方向に進む。

価格を取引シグナルとする考え方はあまりにも単純すぎて、人々は受け入れることができない。**損益通算書を信じるか信じないかなど重要ではない。こういう数字はどれも細工やごまかしが利く。**しかし、**市場の取引価格だけはごまかしが利かない。それが信じるべきただひとつの数字だ**」

そう、**トレンドフォローは「価格」だけを見ている非常にシンプルな投資法**です。そして、**シンプルなものは堅牢（ロバスト）で強い。だからこそトレンドフォローはパフォーマンスキングであり続けている**んですね。

我々バリュー投資家は持ち株がそのファンダメンタルズから見て割高になると、「もうこの株は騰がりすぎだ」と言って簡単に売ります。そしてまさにそのタイミングで「価格だけを見ている」モメンタム／トレンドフォロー系の投資家がわらわらと大量に参入してきてそこから株価が短期間で2倍3倍になることが非常によくあります。私たちバリュー投資家はそれがどうしてか全くわからず呆然自失。一方のモメンタム投資家は**涼しい顔で静かに爆益**です。こんなことが市場では毎日のように続いているんですね♬

「利益目標を設定する戦略は問題だ。最大の問題は、利益は伸ばせという金持ちになる法則に反することだ。

　利を伸ばすのは心理的にはきつい。だが実は、小さな利益をすべて守ろうとすると、大きな利益は得られないということを理解すべきだ」

我々バリュー投資家は一般的に言って、含み損に対する耐性は非常に高いのですが、逆に含み益に対しては精神的に極めて脆いという一面があります。大きく値上がりしてファンダメンタルズ（価値）に対する株価が高くなりすぎると、居心地が悪くなるんですね。

ただ、パフォーマンスを伸ばすためには、「指標的にはすでに割高でも、トレンドが、モメンタムが続く限りは我慢してホールドする」ことが致命的に大切です。つまり、**私たちバリュー投資家は、「含み益に耐える」ことこそが最も肝要**なんですね。

「スイコータの言葉『**利益が出るシステムはすべてトレンドフォローだ**』」

　相場がどこまで上がるか、どこまで下がるかはだれにも分からない。相場がいつ動くかもだれにも分からない。

トレンドフォロワーは高値で買ったり、安値で空売りしたりする。これは大部分の人の直観に反する。

『常識』を使って相場を判断したりトレードをするのは、良いやり方ではない。

損失は仕事をするための必要経費である。常に正しいという人はいない。いつも利益を出せる人はいない。（中略）損失がなければ、あなたはリスクをとっていない。リスクをとらなければ勝つことはない」

「**損失がなければ、あなたはリスクをとっていない**」

いい言葉ですね。でも、私を含めて多くの日本人投資家は「失われた25年」のせいで、極端な「リスク恐怖症」に陥っているように感じています。

4．トレンドフォローはバイ・アンド・ホールド戦略に勝つ

今回からは、素晴らしい出来である「第2章　優れたトレンドフォロワーたち」を見ていきましょう。**この章は「マーケットの魔術師　トレンドフォロワー編」と銘打っても良い、奇跡的な出色の仕上がり**です。あらゆる投資家が一度は読むべきだと思いますね。

「正しいトレーディングを学ぶには、手本をまねることが決定的に重要だと私は考えているので、本章では優れたトレンドフォロワーを簡単に紹介する。

トレンドフォローを研究して思うのだが、過去と現在のトレンドフォローの運用成績を真剣に検討すれば、選ばなければならないことがある。彼らのデータを事実と認め、自分と自分の運用法を素直に見直して、変わる決心をするのか。それとも、一流トレンドフォロワーの業績データなどないというふりをして、バイ・アンド・ホールドを続けるのか」

コベルは我々バリュー投資家のバイ・アンド・ホールド戦略を強烈にこき下ろしてディスっています。そして彼の言葉にエヴィデンスがあることは、『ウォール街のモメンタムウォーカー個別銘柄編』で示されたとおり、**1927～2004年の長期パフォーマンスで見て、モメンタム（≒トレンドフォロー）株は16・85％と、私達が専門とするバリュー株の12・41％を遥かに上回る驚異的な成績を上げている**ことが端的に証明しているんですね。

5. ジョン・ヘンリー

さて今回は**世界を代表するトレンドフォロワーのジョン・ヘンリー**を見ていきましょう。

彼は**僅か1万6000ドルでファンドを始めて、しまいにはボストン・レッドソックスのオーナーにまで上り詰めた、まさにアメリカンドリームを体現した人物**です。トレンドフォローに力がなければ、200万円弱から出発した投資家が大リーグ屈指の強豪を手に入れるなど「絶対にあり得ない」はずですね♬

「ヘンリーはズバリと言った。『私だけが将来の価格を予測できないとは思わない。**一貫して**

何かを予測できる人はだれもいないし、投資家は特にダメだ。（中略）**私たちは、ほかの投資家が将来を予測できると確信しているところを利用する』」**

「トレンドフォローは主に価格というひとつのデータに基づいている。

相場の動きを予測できると考えて、負け組になるトレーダーは多い。

（以下はヘンリーの言葉）

トレンドが現れるのは、将来の価格について徐々に合意ができるから。

簡単に合意できる変化もあれば、ひとつの相場の見方が出来上がるまでに時間がかかることもある。**そういう時間のかかることだからこそ、私たちの利益は生まれる**」

この「**なぜトレンドが現れるのか？**」**に関するヘンリーの説明は分かりやすいし印象的**ですね。彼がほぼ無一文からレッドソックスを手に入れたという実績を考えると、なおさらです。

「ヘンリーの言葉。

私たちの哲学は、トレンドフォローにはもともとリターンを生む性質があるということです。**この20年ないし30年以上もうまくやってきた人たちがいます。来る年も来る年も、それはただの運だったとは言えない**でしょう」

何よりも事実がトレンドフォローの有効性を証明している、ということですね。

「ヘンリーの言葉。

私たちがファンドの運用を始めたのは1981年。（中略）そのころ私が設計していたものが、今ではトレンドフォローシステムと言われるものだ。その手法――機械的で数学的なシステム――は、実際にはまったく変わっていない。しかし、**過去18年間で事実上何も変更していないのに、システムは今日でも引き続きうまく行っている。**

（以下はコベルの言葉）

ダンだけではなく、ヘンリーやほかの**数多くのトレンドフォロワーも異口同音に『システムは変更していない』という**のに気付かざるを得ない

つまり、繰り返しになりますが、「**トレンドフォローは劣化しない最強戦略**」であるということですね。

「**ヘンリーが初めて運用したファンドは1981年に1万6000ドルの資金で立ち上げられた。彼は今ボストン・レッドソックスのオーナー**だ。

ヘンリーは変化を理解している。この理解が彼を明らかに有利にしている」

事実はなによりも雄弁です。トレンドフォロー戦略に力があること、私たちバリュー投資家もそれを謙虚に学ばなくてはならないことは、残念ながら明白なんですね。

6. エド・スィコータ

ここでも「第2章」から世界最高峰のトレンドフォロワーについて見ていきましょう。

今回登場するのはエド・スィコータです。ジャック・D・シュワッガーによる名著『マーケ

ットの魔術師』シリーズで**最高のインタビュー**とされているのが、彼の記事ですね。このコベルの著作では、シュワッガー本では見たことのない彼の金言がたくさん紹介されており、このスイコータのパートだけでも楽に本の定価以上の価値があると思います。それでは始めましょう。

「市場と投資の世界に入れば、やがてジャック・シュワッガーの『マーケットの魔術師』に出合うだろう。この本のトレーダーたちへのインタビューで最も記憶に残るのは、エド・スイコータとのものだ」

「スィコータの言葉。

占い師は未来に生きている。物事を先延ばしにしたい人も同じだ。そしてファンダメンタルズ派もそうだ」

ぐぐぐ、**我々バリュー投資家が市場の現実を見ずに、遠い未来を見て泰然とし過ぎていると いう欠点を明白に指摘**してくれていますね。スィコータ先生、言葉がキツ過ぎて私は涙が出そうです（滝汗）。

「スィコータの言葉。

トレンドフォローは、常に存在する今という瞬間を観察して、それに反応する運動だ。（中略）**私たちにあるのは現在だけだ。存在しない将来ではなく、現在の市場の動きという事実に反応するほうがはるかによい**。

昔を思い出すと、市場は変わってトレンドフォローの方法はもううまくいかないと、みんな大変心配していた。今も昔も、疑い深い人は数多い。彼らはトレンドフォローの正体を暴露したいと繰り返す壊れたレコードのようだ。

正しいのはあなたのほうだと市場に納得させようとすると、非常に高くつくことがある。**流れに乗りなさい**。

雑誌の表紙が刺激的になったら、ポジションを手仕舞いなさい。雑誌ではほかにうまく使えるところはないが、表紙はかなり役に立つ。これは雑誌編集者たちを非難しているのではない。ただ大きな動きが終わるときには、集団心理の発散が雑誌の表紙に現れるのだ」

スィコータの言葉というのは、ダイレクトに胸に刺さりますね。本当に勉強になります。

7．ホームラン

今回は「第5章　野球――バッターボックスの外で考える」から。

「私は野球にずっと熱中してきた。（中略）また私は人に言えないほどたくさん野球を見てきた。野球とトレンドフォローに多くの共通点があることは、前から気付いていた。だが、ここ数年になって、スポーツ記者や金融関係の記者たちも類似性を認め始めた。驚くにはあたらないが、これはジョン・W・ヘンリーがボストン・レッドソックスを買ったころからだった。ヘンリーは名著『マネーボール』（早川書房、２０１３年）のなかで両者の関係を説明する。

両分野（株式市場と野球）とも、人々は信念と先入観で動いている。その２つを取り払ってデータに置き換えられる程度に応じて、他人よりもはっきり優位に立てる。**株式市場では、自分のほうが他人よりも賢いとか、市場自体が反応していてもそこに固有の情報はない、などと思っている人が多い**（みきまる注。我々バリュー投資家を指していますね）。（中略）だが、市場での実際のデータは個々の認識や信念以上の意味を持つ」

こうしてヘンリーの言葉を改めてみると、彼は成功すべくして成功したんだな、ということを感じますね。また、少し古いですが、日本のプロ野球でもかつて野村克也監督が「ＩＤ野球」を標榜してうまくいったことも思い出しました。

「トレーディングは待ちのゲームだ。じっと座って待ち、一度に多くの利益を得る。利益は固まって出ることが多い。だから、ホームランとホームランの間は、あまり損を出さずに横ばいの利益でしのぐことがコツだ。

（以下は大成功したトレンドフォロワーのリチャード・ドライハウスの言葉）

おれはホームランを打つのが一番儲かると信じている。ただし、三振しないための規律も必要だ。（中略）**損は切って、利益が出ているものは放っておく**ようにするんだ」

私も投資では常にホームランを狙っています。**自分がもしも正しければ得られる利益は巨大なものになる必要がある**と考えていますし、ポートフォリオも常にその観点から組み上げています。

「ヘンリーは、トレーディングで三振が多すぎると言われている。しかし、彼は7億ドルでボストン・レッドソックスを買えるくらい稼いでいるのだ。**彼はどこでお金を稼いだのだろうか？**

ヘンリーは、無数の機関投資家たちが彼を見張り、彼が失敗しないかと20年以上も待っていることを知っている。

ここで得られる教訓。自分と自分のやり方に自信があれば、一時的な失敗や三振は問題ではない。バットを振り続けていれば、結局は人より良い成績を残せるからだ」

はい、私も自分の能力と性格にジャストフィットし、かつ専門とする「優待バリュー株投資」に限りなく特化して、これからもバットを振り続けていこうと考えています。

8．ナンピンするのは気分が悪くならないとおかしい

今回は「第9章　聖杯」から。

「(以下はタートルズの中で最も成功したトレーダーの一人ジェリー・パーカーの言葉)

トレンドフォローは民主主義に似ている。それがあまり良さそうに見えないときもある。しかし、**ほかの手法に比べればましだ**」

なかなか良い例えですね（笑）。

「トレーダーが**負け組をナンピンするのはちょっと恥ずかしいどころではなく、気分が悪くならないとおかしい。**あなたのポジションが含み損を抱えているなら、何か間違っているとあなたに伝えているはずだ。投資初心者には信じられないかもしれないが、**下げが長くなるほど、**

下げ続ける可能性が高くなる」

この「ナンピンをするのは恥ずかしいどころか、気分が悪くならないとおかしい」という感覚はとても大切だと私も思います。**平気でナンピンをできるというのは、「体に生じている痛みを自覚できていない」のと同じ**で、生物として非常に危険なことだからですね。

9．強気なのに買っていないのは、非論理的

今回は実に良い出来である「第10章　トレーディングシステム」からです。

「トレンドを追いかけるシステムは同じトレンドをとらえようとするので、ほとんどが似たものになる」

「**計算されたリスクは富や国家や帝国を築き上げる。**（中略）頭を使い、可能性を見て論理的に事を進め、強さと確信を持って前進するところが、動物よりも人のほうが勝るところだ。**歴史の始まり以来、すべての偉業や偉人のなかには計算されたリスクがある。**トレンドフォロワーは計算されたリスクを取ることで成功している」

多くの凄腕トレンドフォロワーが、桁外れで規格外のとてつもない経済的な豊かさを満喫しているのは、誰も語らない厳然たる事実です。そしてだからこそ、私も自分の投資法にその力を何とかして取り込みたいと考えているんですね。

「エド・スィコータはトレーディングの視点で基本的なリスク定義を行う。『リスクとは損を

する可能性だ』

株を持っている限り、私たちはリスクを抱えている。（中略）私たちにできることはリスクを管理することだけだ」

スィコータの言葉はいつでもシンプルで核心をついていますね。

「資金管理はセックスに似ている。だれでも何らかの形でしているが、話したがる人は多くない」

これまた良い表現ですね（笑）。私もＰＦの資金管理が投資家として最も大切なことであると考えています。

「（以下は、天才トレーダー集団**タートルズ**の生みの親であるリチャード・デニスの言葉）ポジションを取ったあとで、相場がかなり上がるときはいつでも、そのポジションはおそらく買い増す価値がある。**私なら押し目は待たない**だろう。強いものを押し目で買うのは、皆が好む手だ。私は統計的にそれが正当化できるとは思わない。（中略）**統計は、押し目を待たずに買ったほうが儲かることを示す**だろう」

『マーケットの魔術師』での「もし僕が強気だったら、押し目を買ったり、強くなるのを待つことはしない。その時点でもうすでに買っているんだ。（中略）強気なのに買っていないのは、非論理的だ」という言葉に通ずる名言ですね。非常に心に残る表現です。

そして、**私も自分に確信がある時には、押し目を待たずに予定数量まで多少強引にでも一気に買うことが多い**ですし、デニスの言葉通りで概ねその方が結果もいいです。

「スィコータは、ちゃぶつきを避けるただひとつの方法はトレーディングをやめることだと言った。ちゃぶつきはゲームの一部だ、と彼は言う。それを受け入れなさい。受け入れたくない？では、トレードをやってはならない」

この本が素晴らしいのは、その全編にスィコータの名言が散りばめられていることです。**彼の言葉は「読む強力ドリンク剤」のように、脳にダイレクトにガツンと効く**んですね。

10．勝ちトレードをいつ手仕舞うのか？

今回も「第10章　トレーディングシステム」から。

「転換は起こった後でしか見つけられない。100人が100の異なる定義を持つことだってあり得る以上、支持線と抵抗線を定義することはできない。これらの考えはすべて不可能なこと――予測――を行おうとしている。トム・バッソは利益目標を立てるのは無意味だと指摘した」

そう、**利益目標を立てるのは、「ゲートに入った勝ち馬を殺すようなもの」でナンセンス極まりない考え方**なんですね。

「トレンドフォロワーはトレンドのどこで利益を得ているのだろうか？　彼らはトレンドのいちばんおいしいところ、つまり中間をとらえている。彼らはけっして、底で仕掛けたり天井で手仕舞ったりしない」

これはトレンドフォローの考え方を示した、実に良いグラフですね。

図表　トレンドフォローの仕掛けと手じまいの例――真ん中のおいしい部分

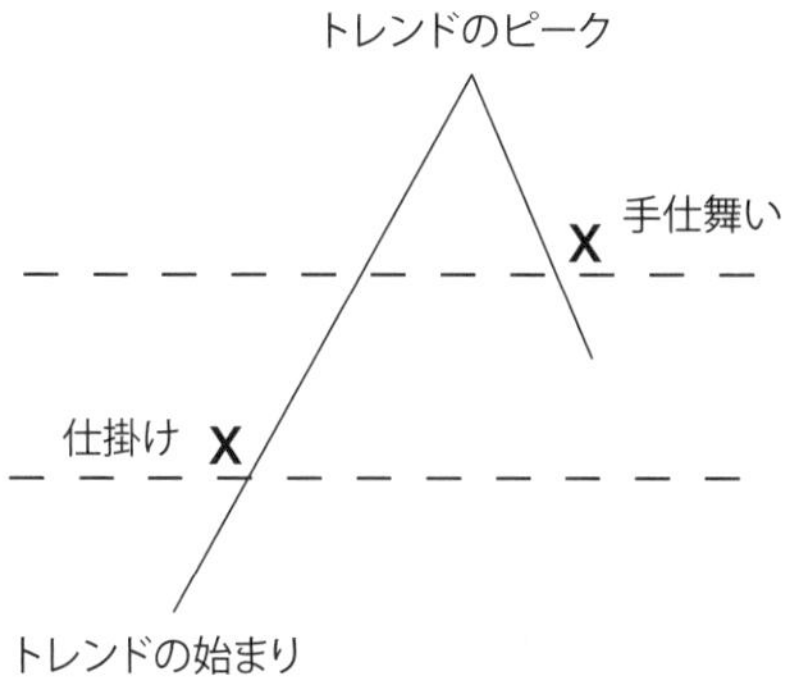

「『正しさ』、つまり勝率の高さとトレーディング全体での成功とはほとんど無関係だということを私は早いうちに学んだ。間違えずに高い勝率を維持しようとする人は、ある程度慎重にトレードを選んでいるつもりで、実は最高のトレーディングの機会をやり過ごしている」

「トレーディングとはリスク・リワード・レシオを競うゲームだ。

だれでもインターネット上で、精度90％をうたうシステムの広告を目にしたことがあるはずだ。それらのシステムの4分の3は間違いなく過去の基準を使っていて、将来の運用成績とほとんど関係ない」

ここ日本でも、高い勝率を誇示してお客さんを集めようとする投資顧問の宣伝が実にたくさんありますね。中級者以上の投資家であれば見た瞬間に眉をひそめるようなとんでもなく酷い広告ばかりですが、あれは「敢えて初心者だけが釣れるように意図的にバカっぽく作っている」んですね（笑）。

さてこれで「第1部」の紹介は終わりです。皆様の評価はいかがでしょうか？

11. トレンドフォロワーとのインタビュー

今回から数回は「第2部　トレンドフォロワーとのインタビュー」を見ていきます。

「トレンドフォローの中心的推進者であるトレンドフォロワーや行動分析のプロとのインタビューの数にかけてはだれにも負けない。この第5版にインタビューの章を含めたのはそのためだ。『マーケットの魔術師』のようなものだと思ってもらえばよいだろう。

ただし、本書のインタビューに登場するのはトレンドフォロワーたちである。7人のマーケットのプロたちへのインタビューを通じてトレンドフォローの英知を学んでもらいたい」

マイケル・コベルは常に自信満々で、謙虚さを美徳とする我々日本人からするとちょっと胸焼けするところもあるのですが、この第2部のインタビュー集の出来が良いことは間違いないです。本人が自画自賛している通りで、「マーケットの魔術師　トレンドフォロワー編」の名に恥じないクオリティーです。

全体がいいですが、特に「第14章ジャン・フィリップ・ブショー」「第15章ユーアン・カーク」「第18章ラッセ・ヘジ・ペダーセン」が素晴らしいですね。

それでは、第2部の大トロの所だけを一緒に見ていくことといたしましょう。

12. 人々は本質的にトレンドに従う性向がある

今回からは「第2部　トレンドフォロワーとのインタビュー」を具体的に見ていきます。まずは「第14章　ジャン・フィリップ・ブショー」から。

「ジャン・フィリップ・ブショーはフランスの物理学者で、キャピタル・ファンド・マネジメント（CFM）の創始者兼会長である」

「トレンドを使ってトレードするトレーダーは200年も前から存在しました。トレンドフォロワーの役割を果たし、トレンドを作る人々がたくさんいるのです。だからトレンドが存在する。これが私の解釈です」

トレンドは昔から存在するし、トレンドフォロワーは利益を出し続けてきました。でも、なぜトレンドがあるのか？　は実に深い問題ですね。ブショーの答えはとても哲学的です。続きを見ていきましょう。

「人々は本質的にトレンドに従う性向があります。

心理学的実験には非常に興味深いものがたくさんあって、例えば、小さな子供に直線状に並んだ3つの点を見せると、それだけで彼らは喜びます、（中略）私たちは過去のトレンドを将来に当てはめるようにプログラミングされています。おそらくは襲い掛かってくるトラの動きを予測するときも同じように考えるでしょう。だから私たちは今こうして生きている。

トレンドに従うよりも逆らうことのほうがはるかに難しいと私は思っています」

このブショーのインタビューを読んでいて、私は『マーケットの魔術師』（青本）にも登場しているエド・スィコータの「生あるものはすべてトレンドに従っている」という名言を思い出しました。

翻って、私たちバリュー投資家は得てして「アンチモメンタム投資家」になりがちであり、**これはつまりトレンドに逆らって生きているということ**になります。

ただそんな我々も、**利益を上げるためには最終的にはトレンドが必要**です。それは具体的には、**フレッシュモメンタムとリターンリバーサル**によってもたらされ、だからこそ私たちは元気に生き残ってもいるわけですが、**儲けるのに最終的にトレンドが必要なんだったら、無理せずに最初からトレンドに乗っておけば良くね？**　という意見には大きな説得力があります。このあたりは永遠の課題ですね（笑）。

13．市場価格は完全に効率的でも非効率的でもない

引き続き「第2部　トレンドフォロワーとのインタビュー」を見ていきます。

今回は「第18章　ラッセ・ヘジ・ペダーセン」から。

「ラッセ・ヘジ・ペダーセンは、デンマークの金融経済学者で、流動性リスクや資産の価格付けの研究で有名だ。ニューヨーク大学スターンビジネススクールのファイナンスおよび代替投

資学の教授で、ＡＱＲキャピタル・マネジメントの社長でもある）

「市場価格は完全に効率的ではなく、完全に非効率的でもないと私は考えているんです。

市場は賢明なアセットマネジャーやアクティブ投資家が市場を打ち負かし、資産価格に関する情報を得たり、トレードにかかったすべてのコストを賄えるほどには非効率的ですが、それと同時に、限界的な投資家がアクティブ投資に対して無関心でいられるほどの効率性はあり、そのメリットはパフォーマンスが向上することです。

市場は完全には効率的ではありませんが、完全に非効率でもないというちょうどよい均衡状態にあると私は思っています」

私はこのペダーセンの指摘は、ほどよい真実を突いているなあと思いました。私たちアクティブ投資家とインデックス投資家の間には極めて根深い「宗教的対立」があり、まともな議論がほとんど成り立ちません。それは例えば、マネー雑誌で「著名アクティブ投資家×著名インデックス投資家」の対談を未だ寡聞にして見たことがないことが如実に証明しています。

多分、間に「ガラスの檻」を設置して対談させないと、すぐに「血みどろの肉弾戦の殴り合い」になってしまって危なくて仕方がないので、それで、企画やアイデアとしてはあっても現実には実現しないのだろうと思っています（笑）。

でも実際には、私たちアクティブ投資家は自分の経験からもまた周りの友人の方の長期成績を見ても、その努力に「ある程度比例した」アルファ（追加的報酬）を得ている場合が多いですし、またインデックス投資家の方も「ほったらかし投資&最低限の努力」で市場平均のパフォーマンスを得られて満足されていますし、つまりは「両方ともそれなりにうまくいく」ということなんですね。

14．2種類のモメンタム

以下は著者のコベルが述べている言葉。説明のために引用。

「学術界の著名人たちはここに来て『モメンタム（＝トレンドフォロー利益の源泉）』は存在すると言うようになった。しかし、ややこしいことに彼らが言うモメンタムには2種類ある。時系列モメンタム（つまり、トレンドフォロー）とクロスセクショナルモメンタム（つまり、レラティブストレングス）だ」

「時系列モメンタムは絶対パフォーマンスに基づいて売買を行うもので、クロスセクショナルモメンタムは相対パフォーマンスに基づいて売買を行うものです。

例えば、株式市場が全体的に下落してきたとします。クロスセクショナルモメンタム投資では価値の下がった銘柄を買います。すべての銘柄が下落したとすると、下落率の小さい銘柄は下落率が大きい銘柄をアウトパフォームしたことになりますから、クロスセクショナルモメンタム投資家は下落率が小さな銘柄を買い、下落率が大きな銘柄を売ります。

これに対して、時系列モメンタム投資家、つまりマネージド・フューチャーズ・タイプの投資家はすべての銘柄を売ります。『どの銘柄も下落トレンドにあるので、すべて売ろう』というわけです」

このペダーセンの「2種類のモメンタム」の説明はとても分かりやすくて良かったです。つまり、**コベルの言うトレンドフォローとは、タイムシリーズ（時系列）モメンタムのこと**なんですね。以前から「モメンタムに関する用語はどうも難しくて、自分はしっかり理解できていないな」と気になっていたところだったので、とても勉強になりました。

15. バフェットの利益の秘密の源泉

今回も「第18章　ラッセ・ヘジ・ペダーセン」から。

「私たちが最初に注目したのは、ウォーレン・バフェットはどれくらいうまくいっているのかということです。世界で大金持ちの一人になるには、どれくらいうまくいく必要があるのかということです。

バリューファクターでは彼のパフォーマンスのほんの一部しか説明できません。バリューファクターでは説明できないものが大きなアルファです。そこで、リターンをクオリティによるものと考えてみようということになったわけです。彼は割安な株だけでなく、クオリティの高い株も買います。

彼のパフォーマンスを、バリューファクターを含む標準的なファクターだけでなく、クオリティ・マイナス・ジャンクと呼ばれるファクター、それともっと安全な株をとらえるファクター、いわゆるベット・アゲインスト・ベータ（ベータの低い資産を買って、ベータの高い資産を売る）というファクターと考え併せてみると、彼のパフォーマンスの大部分を説明できることが分かり、彼のパフォーマンスに近いパフォーマンスを上げる戦略を作ることに成功しました。これで彼のアルファのすべてが説明できるわけです」

「彼はバリュー投資家であり、クオリティ投資家であり、安定した利益の出るクオリティ企業を手ごろな価格で買う投資家でもあります。

クオリティ企業は一般に業績が良い。彼は初期の段階でこれを認識して買ったことで利益を上げたのです」

このペダーセンによる「バフェットのアルファの秘密」の解説はとても歯切れがよくて勉強になりました。

バフェットは**バリューファクター＋クオリティファクター**を用いて利益を上げてきたということですが、私の個人的な考えでは彼はさらにプラスして、**恐怖ファクター**も使っていると思います。

それにしても「バフェットの利益の秘密の源泉」を探るのにこれほど長い時間がかかったということが、バフェットの天才性を何よりも如実に語っている気がしますね。

16．あらゆるタイプの投資家が無視できない、トレンドフォロー

最終回は「第3部　トレンドフォローに関する研究論文」から。

具体的には、「第23章　ブラックボックス化されたトレンドフォロー――ベールをはがす」を見ておきましょう。

「本論文の目的はブラックボックス化したトレンドフォロー戦略の神秘のベールを取り除き、単一の製品としての性質、またポートフォリオ内における性質を分析することである。

具体的な分析内容は以下のとおりである。
1．特定のパラメーター、トレード対象となる市場、リスク管理戦略を含むブラックボックス化したトレンドフォロー戦略を透明化する。
2．そういった戦略のリターンの源泉を分析し、そのリターンをバークレイズBTOP50マネージド・フューチャーズ・インデックスおよびS&P500指数と比較する」
「トレンドフォローフィルターとして最もよく用いられる2つのテクニカルインディケーターは、チャネルブレイクアウトと単純移動平均の交差である」
「CB50
C＝今日の終値
HC（50）＝今日を含む過去50日の最高値の終値

図表　各戦略のパフォーマンス

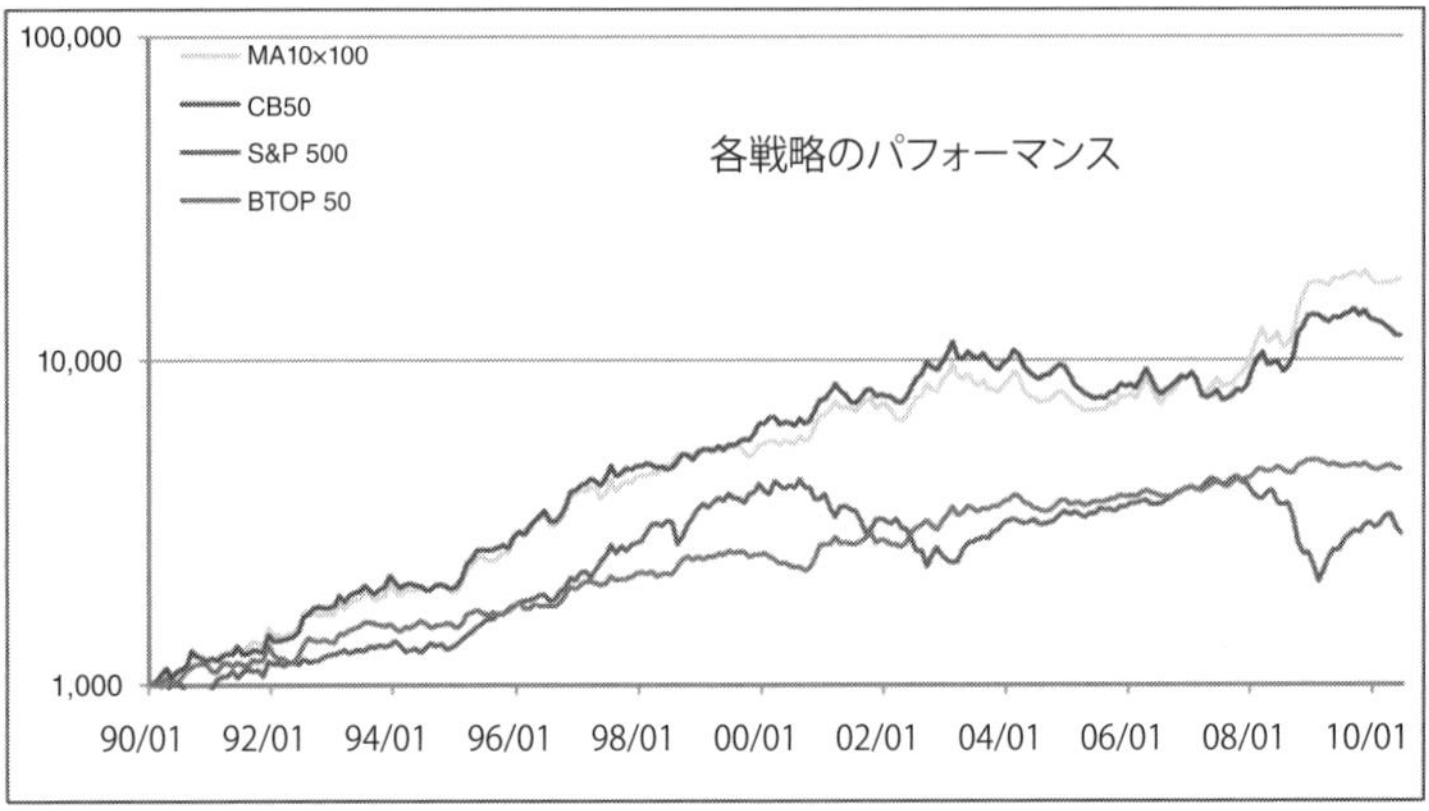

上記の対数グラフに示した２つのトレンドフォロー戦略、SP500、BTOP50については累積NAV（純資産の総額）を示している

LC（50）＝今日を含む過去50日の最安値の終値

買いシグナル　C＝HC（50）なら、明日の寄り付きで成り行きで買う

売りシグナル　C＝LC（50）なら、明日の寄り付きで成り行きで売る」

「MA10×100

MA10＝今日を含む過去10日の終値の平均

MA100＝今日を含む過去100日の終値の平均

買いシグナル　MA10＞MA100なら、明日の寄り付きで成り行きで買う

売りシグナル　MA10＜MA100なら、明日の寄り付きで成り行きで売る」

「各戦略のパフォーマンス」※上図参照ください

「パフォーマンス結果とグラフ

2つのシンプルなトレンドフォロー戦略のリタ

ーンは非常に魅力的だ。報酬を含んだ場合も含まない場合も、トレンドフォロー戦略はS&P500とBTOP50をアウトパフォームしている。2つのトレンドフォロー戦略であるMA10×100とCB50の20年の分析期間における年次リターンはそれぞれ15・1%と12・8%である。また2つのトレンドフォロー戦略のS&P500に対するアルファは年間5%～11%とかなり大きい」

この論文を読むと、

1．トレンドフォロー戦略の成績の良さ

2．トレンドフォロー戦略のシンプルさ

がはっきりと分かります。

成績が良くてさらにやりかたも単純なわけですから、これはもう最高ですね（笑）。

つまり、あらゆるタイプの投資家にとって、トレンドフォローには無視できない力があるということです。

さてこれでこの本の紹介は終わりです。大著ですが間違いなく読む価値のある傑作です。皆様も気合を入れてどうぞ。

タートルズの全貌

マイケル・W・コペル［著］、FPO・2019年

1. 総論

マイケル・コベルに関しては『トレンドフォロー大全』（旧『規律とトレンドフォロー売買法』）を紹介しましたが、続いて紹介する本書もこれまた実に良い本です。

さてここで復習として、「タートルズ」とは一体何だったのか？　を説明しておきましょう。

僅か数千ドルを元手として30歳台半ばまでに数億ドルの資産を築いた伝説の先物トレーダーで、超名著『マーケットの魔術師』にも登場しているリチャード・デニスと、『新マーケットの魔術師』に登場し、デニスの親友&パートナーで天才数学者のウィリアム・エックハートの2人は、「有能なトレーダーは養成できるのか？」と論じ合いました。

デニスは「誰でも訓練すれば勝てるトレーダーになれる」と言い、エックハートは「それは

絶対に無理。トレーディングの技術は教えることができない。勝てるかどうかは素質で決まる」と主張したのです。

そして2人は賭けをすることになりました。まるで映画のような魅惑的な話ですね。大きな新聞広告を打って人材を募集し、初年度13人、次の年に10人に教育を施し実際にトレードをさせました。そして**この23人の中から大成功を収めるトレーダーが続出した**ことから、彼らは**タートルズ**として知られるようになったのです。

ちなみになぜこの名が付いたのかと言うと、賭けに勝ったデニスがシンガポールで亀（タートル）の養殖場を見たときに「シンガポールで亀を育てるように、私達はトレーダーを育てよう」と言ったからだとされています。

そしてこの『タートルズの全貌』はその僅か世界に数十人しかいないタートル達が、師であるデニスとエックハートから本当は何を学んだのか？　その後の人生はいったいどうなったのか？　について赤裸々に迫った驚愕のドキュメントです。

著者のコベルは、**良い意味で常軌を逸している、完全にクレイジー（熱狂的）なライター**なので、読み物としても抜群に面白いですし、またトレンドフォロー投資手法について学ぶ本としても第一級であると思います。

それでは次回からは、この本のベストオブベストのところだけをコンパクトに見ていくことと致しましょう。

2. トレンドフォローの申し子、タートルズ

今回は非常に出来のよい「第4章、哲学」から。

「タートルたちは、『トレンドフォロー』のトレーダーとして訓練された。（中略）市場価格が動くのを待ち、動き出したらその流れをつかむのである」

「トレンドフォローという手法を生み出したのは、（中略）1950年代から70年代にかけて活躍した、（中略）リチャード・ドンチャン。（中略）ドンチャンこそ、誰もが認めるトレンドフォローの父である。

トレンドフォローでは、価格がどれだけ動くかという予測はしない。

トレンドフォローでは、毎回正しくあろうと思ってはいけない。その取引が間違いだと気付いたら、すぐに損失を受け入れて、次の取引へ進むのだ。

『価格』という要素こそが、唯一信頼できる定量的な指標だ。

われわれが取引しているのは、人間の心理だ」

トレンドフォローの考え方が表れた名言が多いですね♬

「**ファンダメンタル分析から利益を得ることはできない**。利益は、売買することによって得られるものだ。**価格という本質がわかっているのに、どうして見せかけの情報にとらわれる必要があるのか**」

このデニスの言葉は、トレンドフォロワーからのバリュー投資家に対する攻撃として非常によくあるものなのですが、一面の真理を突いていると思います。私達バリュー投資家は「**未来の価値を探求し過ぎていて、現実を見ていない。ちょっと泰然・悠然とし過ぎている**」という大きな欠点があるんですね（滝汗）。

3．トレンドフォロー／モメンタム投資手法のスーパーパワー

今回は、抜群に面白い「第11章、チャンスをつかんだ男」から。

「結論を言えば、ジェリー・パーカー、リズ・シェヴァル、トム・シャンクス、ハワード・シードラー、ポール・レイバー、そして師匠のビル・エックハートは、（中略）才能を発揮した。特別な何かがあったということだ。

タートルたちが独立する以前の1986年、（中略）（タートルズの育ての親）デニスは、次のように答えている。『全員が史上最高のトレーダーになるわけではないだろう。だが、本当に**凄腕のトレーダーが何人かは育つはずだ**』

その言葉通りにジェリー・パーカーは凄腕トレーダーになった」

「1988年から2006年までのパーカーの収入を見れば、タートルの物語がいまなお健在であることがわかる。（中略）**パーカーの純資産は7億7000万ドルほど**と推定できる」

前述したとおり、タートルズは初年度13人、次の年に10人の合計で僅か23人しかいません。

そして**その中の数割が巨大な金銭的な成功を収め、特に最も成功した**ジェリー・パーカーは世界有数の投資家にのし上がったという事実は極めて重いと思います。

トレンドフォロー／モメンタム投資手法には明らかなスーパーパワーがあることを何よりも明白に示しているということですね。

4. タートルズの出世頭、ジェリー・パーカー

最終回も抜群に面白い「第11章　チャンスをつかんだ男」から。今回は、23人のタートルズの中で出世頭となった、ジェリー・パーカーの言葉を見ていきましょう。

「パーカーは、（中略）言う。

『みんな結局は、株式への分散投資やバイ・アンド・ホールド、あるいはアナリストのファンダメンタル分析に耳を傾けるほうを選ぼうとする。そんなやり方で利益が得られると本当に思うのだろうか？』

どんなに精密に分析しても、トレンドフォローの要素を組み入れなかったら、運用成績は良くならない」

「**トレンドフォローは民主主義のようなものだ**。見た目はそれほどよくないかもしれないが、ほかのどのトレーディング手法よりも優れている。バイ・アンド・ホールドに頼る方が賢明だろうか？　**バイ・アンド・ホールドとは、本当は『バイ・アンド・ホープ（買ってから値上が**

りを願う）』ではないだろうか。

世界は分析するにはあまりに広すぎる。ファンダメンタル分析で立ち向かうには相手が巨大すぎる」

「パーカーはバットを構えてボールを強くヒットする準備ができていた。（中略）彼はそれを実現した。ストライクゾーンに入ってくるボールを目がけて、バットを猛烈に振り下ろした」

23人のタートルズの中で、断トツナンバーワンの出世株&トレンドフォローの申し子のジェリー・パーカーの言葉にはずっしりとした鋼鉄の響きがあります。

あらゆる投資家はその投資法にトレンドフォローの要素を組み込むべきであり、またそうしなければ良いパフォーマンスを上げることができないということは、投資家人生19年の内で前半の15年をバリュー一辺倒に捧げてきた私も今では身を持って痛切に体感しています。そして自らの投資手法にトレンドフォローの魔法を取り入れることによって、少しでも、半歩でも良い投資家になりたいと考えています。

さて、これでこの本の紹介は終わりです。激辛コベル節満開の最高に刺激的な一冊ですね。未読の方は是非。

〔編集部注〕『ザ・タートル』（日経BP、2009年）の書評を流用しています。

♛マーケットのテクニカル分析

ジョン・J・マーフィー〔著〕、パンローリング・2017年

1. 総論

この本は、世界を代表するテクニカルアナリストであるジョン・J・マーフィーが30年以上前に書き、その後テクニカル投資家のバイブルとなった『先物市場のテクニカル分析』（日本興業銀行国際資金部、1990年）という本に株式市場の分析を加えて大幅に加筆したもので、**古典的なテクニカル分析の集大成、決定版と断言して良い一冊**です。

世の中にはたくさんの「テクニカル分析、チャート解説本」がありますが、正直に言ってそれらのほとんどはこの本の「劣化コピー」に過ぎないと思いますし、逆に言うと、**本書の完成度の高さは突出**しています。なぜなら、**テクニカル分析について網羅的に、かつ異次元に分かりやすく解説しており、さらには表現が平易で非常に読みやすい**からです。

ところで私は「コテコテのバリュー投資家」である訳ですが、**我々バリュー投資家にとってもこの本は必読書**です。

それがなぜかというと、テクニカル戦略が有効であることは、その根幹の一部である**モメンタム投資に統計学的な優位性が明らかに証明されている**からです。つまり、私達バリュー投資家は、そのパフォーマンス改善&さらなる上積みのために、テクニカル分析に対して敬意を払わなくてはならないのです。**ある意味ではこの本は、「古典的なモメンタム投資の指南書」**としても読めるんですね。

そしてさらに言うと、「**テクニカル分析は株の売り時をファンダメンタルズ分析よりも鋭敏に検出する**」点も、我々バリュー学派がテクニカルへの敬意を失ってはならない大きな理由です。ファンダメンタルズ分析を基にして株の買い場を探し、テクニカル分析を基にして株の売り場を探すという、両者を融合した、**ファンダメンタルズ→テクニカル戦略（別名・バリュー→モメンタム戦略）**は、非常に理に適っていますし、毎日の株式市場での戦いの中で実践的に使いやすい考え方なんですね。

すみません、興奮のあまりいきなり脱線してしまいました（滝汗）。それでは次回から、この丸ごと一冊宝石のような「テクニカル投資家のバイブル本」の、最高に最高すぎる部分だけを一緒に見ていくことに致しましょう。

2. テクニカル分析はアート

今回は「第1章　テクニカル分析の哲学」をメインに見ていきましょう。

「テクニカル分析で用いられる多くの手法はトレンドフォロー型である。トレンドフォロー手法の基本とは、まさに反転のサインが現れるまで、今あるトレンドに乗り続けること。

チャートパターンは、価格チャート上に表れた投資家たちの心理の縮図。テクニカル分析は人間（投資家）の心理そのものの研究」

いやあ、世界ナンバーワンのテクニカルアナリストの言葉は歯切れが良くて最高ですね。第1章からこの切れ味。期待が高まります♬

「両者（テクニカル分析とファンダメンタルズ分析）とも価格がどちらの方向に動くかを判断するための分析であり、同じ問題を異なった角度から取り組んでいるにすぎない。ファンダメンタルズ分析者は相場が動く『原因』を研究している。一方、テクニカルアナリストが研究しているのは、その『結果』である」

我々ファンダメンタルズ派とテクニカル派というのは、とにかく様々な面で「宗教論争」的に激しく対立しがちなわけですが、マーフィーはそれをやんわりとたしなめています。「トムとジェリー、仲良くケンカしな♬」ということでしょうね（笑）。

『マーケットのテクニカル分析』

「**チャートが非常に主観的であるというのは本当である。チャートを読むことは、ひとつのアートである。**チャートパターンが明白なときは、ほとんどない。経験を積んだチャート分析者たちでさえ、パターンの解釈が一致することはあまりない。そこには常に懐疑と不一致の要素がある。本書で論じるようにテクニカル分析には多くの様々な手法が混在している」

そう、**テクニカル分析はアート**なんですね。その一方で、我々バリュー投資家が専門としている**ファンダメンタルズ分析は非常に明快で、再現性があり論理的で分かりやすい**ものです。そしてその長所を愛しているからこそ、私たちはバリュー投資家で在り続けているんですね。

「**チャートは単なるデータの記録**である。（中略）**データ自体にはほとんど価値はない。それはペンとキャンパスのようなもの**である。それら自体には何の価値もない。だが、才能ある芸術家の腕にかかれば、それは美しい絵になる」

マーフィーがいきなり喝破しているように、テクニカル分析はアートに過ぎません。ただし、だからといって価値がないわけでは全くありません。なぜなら、使う人間の技量によって驚異的な結果を出すことができるからです。それは、ジョージ・ソロス、スタンレー・ドラッケンミラー、ポール・チューダー・ジョーンズ、エド・スィコータ、マーティン・シュワルツら、**多くのテクニカル投資の巨人が想像を絶するほどの金銭的成功を収めているという**「**明白な事実**」が何よりも雄弁に証明していますね。

3. トレンドの基本概念

ここでは「第4章　トレンドの基本概念」を見ていきましょう。

「トレンドの概念は、相場のテクニカル分析には不可欠である。支持線・抵抗線水準や価格パターンや移動平均やトレンドラインなど、チャート分析者の用いる手法はトレンドを見極め、それに乗るという目的のためだけにある」

「市場には上昇トレンドか下降トレンドのどちらかしかないと思っている人が多い。相場が上昇トレンドと下降トレンドと横ばいの3種類があるのは、重要な事実である。特に、横ばいには注意すべきだ。なぜなら、控えめに見積もって、全体の3分の1がトレーディングレンジと呼ばれる水平で横向きの傾きになるからである」

この、「市場にはトレンドのない横ばいの時期があり、しかもかなり長く続く」ことは、言われてみると当たり前ですが、普段あまり意識できていなかったので勉強になりました。

「テクニカル手法とシステムの大部分はトレンドフォロー型である。（中略）そしてまさに、テクニカル手法を用いるトレーダーが強いストレスを感じたり、システムトレーダーが大きな損失を被るのが、この横ばいの時期なのだ。**トレンドフォロー型のシステムが機能するには、当然ながらトレンドが必要**になる」

マーフィーのこの指摘は、「うまく機能することが多くのバックテストで証明されているト

図表　一度、上昇トレンドラインが引かれれば、トレンドライン付近までの押しは買い場になる。この例では、点5と点7は新規買いや増し玉の場として使うことができる。点9でトレンドラインがブレイクされたときは下降トレンドへの転換シグナルなので、買いポジションを手仕舞うべきである

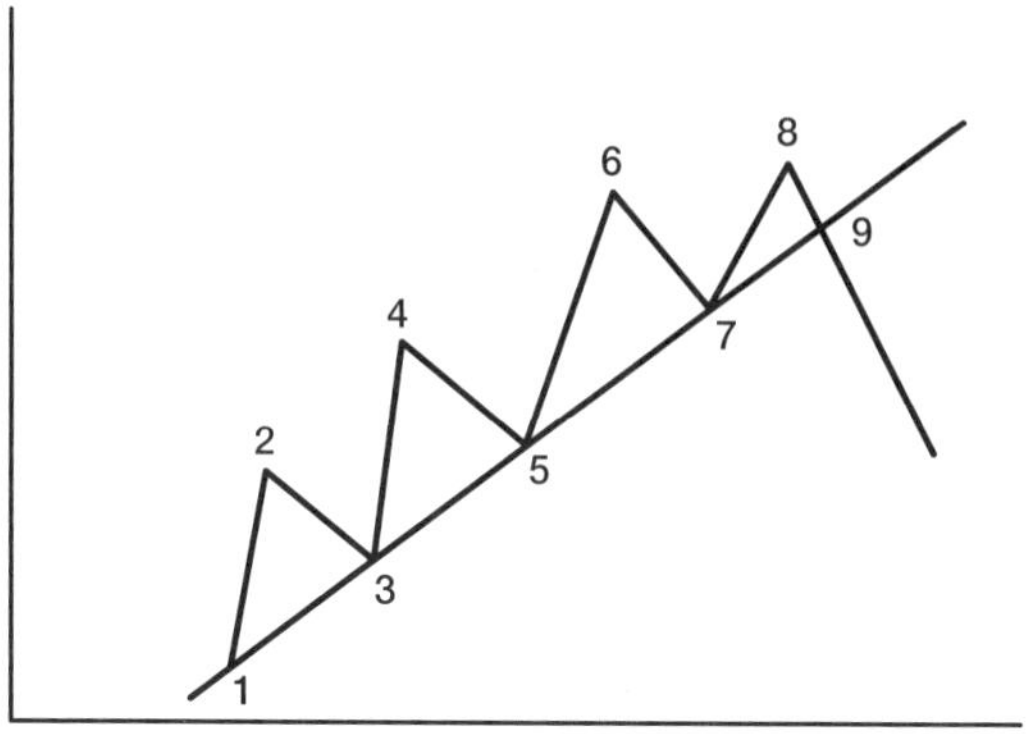

レードシステム」が実際には利益を上げることができなかったり、場合によっては損失を出してしまう理由を端的に述べていますね。

「有効トレンドラインにするには3つ目の点が必要となる。（中略）3つ目の点が確認され、トレンドがその方向を維持すれば、トレンドラインは、さまざまな意味で有効となる。トレンドの基本概念の1つは『形成し始めたトレンドは、その動きを持続する傾向がある』というものだ。

多くの場合、トレンドラインの突破はトレンド転換を示唆する最も重要な早期警戒シグナルの1つである」

ここではトレンドラインの説明を例に出しましたが、この本は「とにかく説明が簡潔でかつ分かりやすい」んですね。本当に素晴らしいと思います。

4. 移動平均

今回は、個人的にはこの本のベスト部分と考えている「第9章　移動平均」を見ていきましょう。

「**移動平均（Moving average）は、あらゆるテクニカル分析指標のなかで最も万能**で、広く利用されているものの1つである。（中略）多くのメカニカルなトレンドフォローシステムの基礎として用いられている」

「移動平均は本質的にトレンドフォローのためのツールである。（中略）**移動平均は曲線のトレンドラインのようなもの**だ。（中略）移動平均は、市場を追随するだけの指標であり、市場の先行指標ではない。けっして相場を予測することはなく、ただ相場に反応するのみである。**移動平均は平滑化のための装置**である。（中略）より滑らかなラインを引くことができ、それによって潜在的に進行中のトレンドを容易に判別することができる。しかし、当然のことであるが、移動平均線は市場の動きからは遅れてしまう」

「**単純移動平均は、大半のテクニカルアナリストが用いる手法**である」

「シグナル発生のために2本の移動平均を使用する方法

この手法は二重交差メソッドと呼ばれる。この手法では、**短期の移動平均が長期の移動平均を上回ったときに買いシグナル**が出される」

私はテクニカル指標はほとんど見ないのですが、この二重交差メソッドだけは唯一使ってい

図表　株式トレーダーは10日移動平均線と50日移動平均線を用いる。10月に10日移動平均線が50日移動平均線を下抜いた（左円）。このときがまさに売りのシグナルだった。1月には逆の方向に強気の交差が出現した（下円）

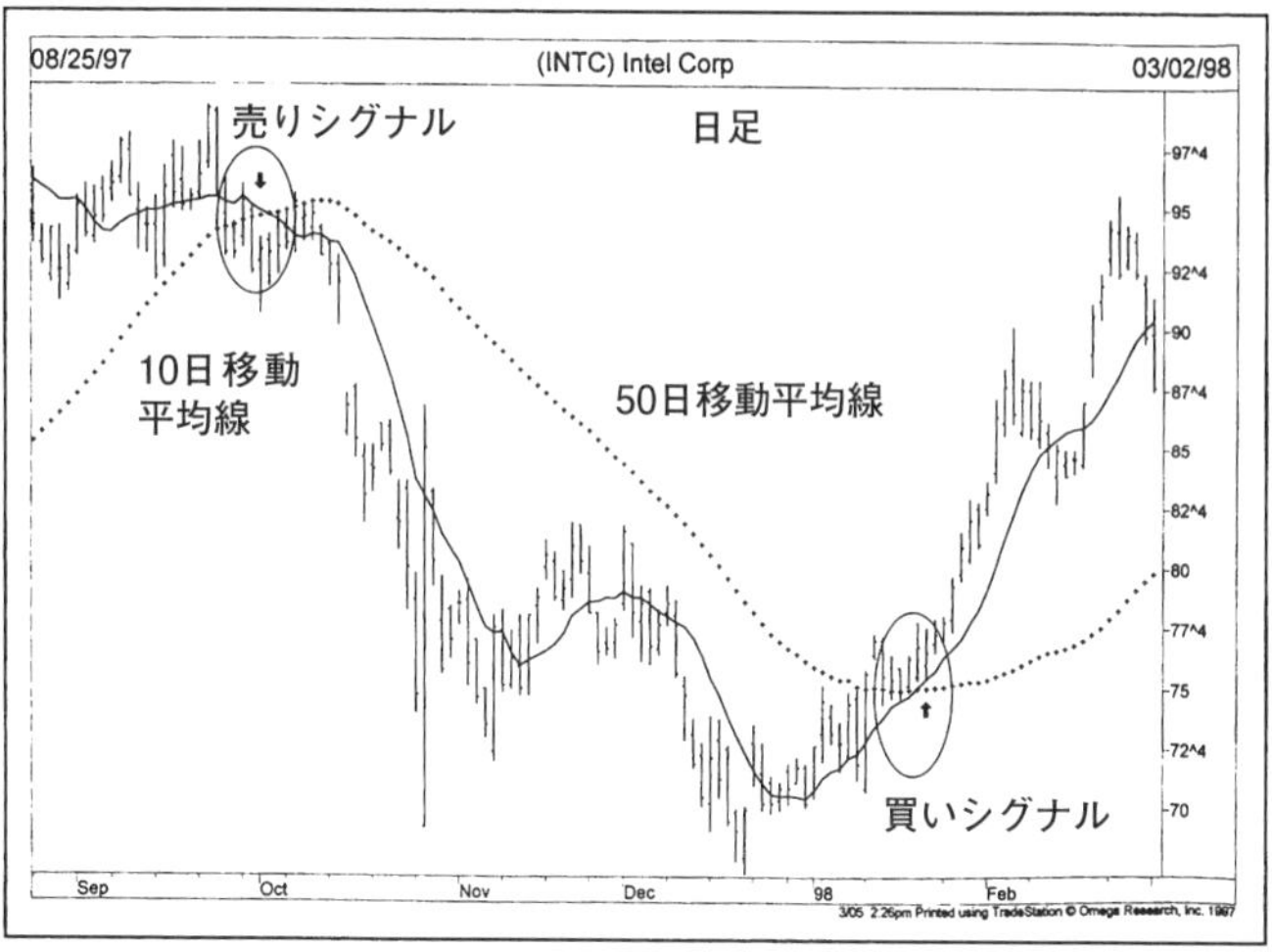

ます。その理由は、非常に分かりやすくかつシンプルな指標だからです。**極力「簡単な投資」をすることが自分の最大の目標**なんですね。

「移動平均の長所と短所」

移動平均システムはこのような原則に基づいた売買シグナルを提供してくれるので、利用者はルールに従ったトレードがしやすくなる。

しかし、移動平均システムはまさにトレンドフォローを主眼に置いているため、相場にトレンドのある期間は有効に機能するが、相場がちゃぶついている時期や横ばいの時期はあまり成績が良くない。そして、ちゃぶついていたり、横ばいの期間は相場全体の3分の1から半分にも及ぶことがあるのだ。

それほど長い期間、システムがうまく機能しないということは、過度に移動平均という手法に依存すると危険であることを表している。しかし、**トレンドのある市場では、移動平均ほど有効なものはない**。（中略）トレンドのないときは非トレンド型の手法、例えば買われ過ぎ・売られ過ぎを判断するオシレーターなどが適切に機能するようになる」

どうでしょう？　マーフィーの説明って抜群に分かりやすくないですか？　本当に素晴らしい本ですね。

さて、先ほども少しだけ述べましたが、コテコテのバリュー投資家である私は、基本的には移動平均以外のテクニカル指標は使いません。その理由は簡単で、「自分には難し過ぎてよく理解できないし、とてもじゃないが使いこなせない」からです。

最後に、私が普段見ているチャートのひな形を示しておきます。

上段のチャートには**価格帯別出来高（ボリューム・アット・プライス：VAP）**を表示しています。VAPは買いと売りが集中している価格帯をビジュアルで分かりやすく教えてくれますし、株価の支持線や抵抗線がどこにあるかについても多くの示唆を与えてくれます。ちなみに、このVAPについて詳しく学びたい方は、アナ・クーリングの名著『出来高・価格分析の完全ガイド』を是非ご覧下さい。※第2巻の書評もご参照ください

『マーケットのテクニカル分析』

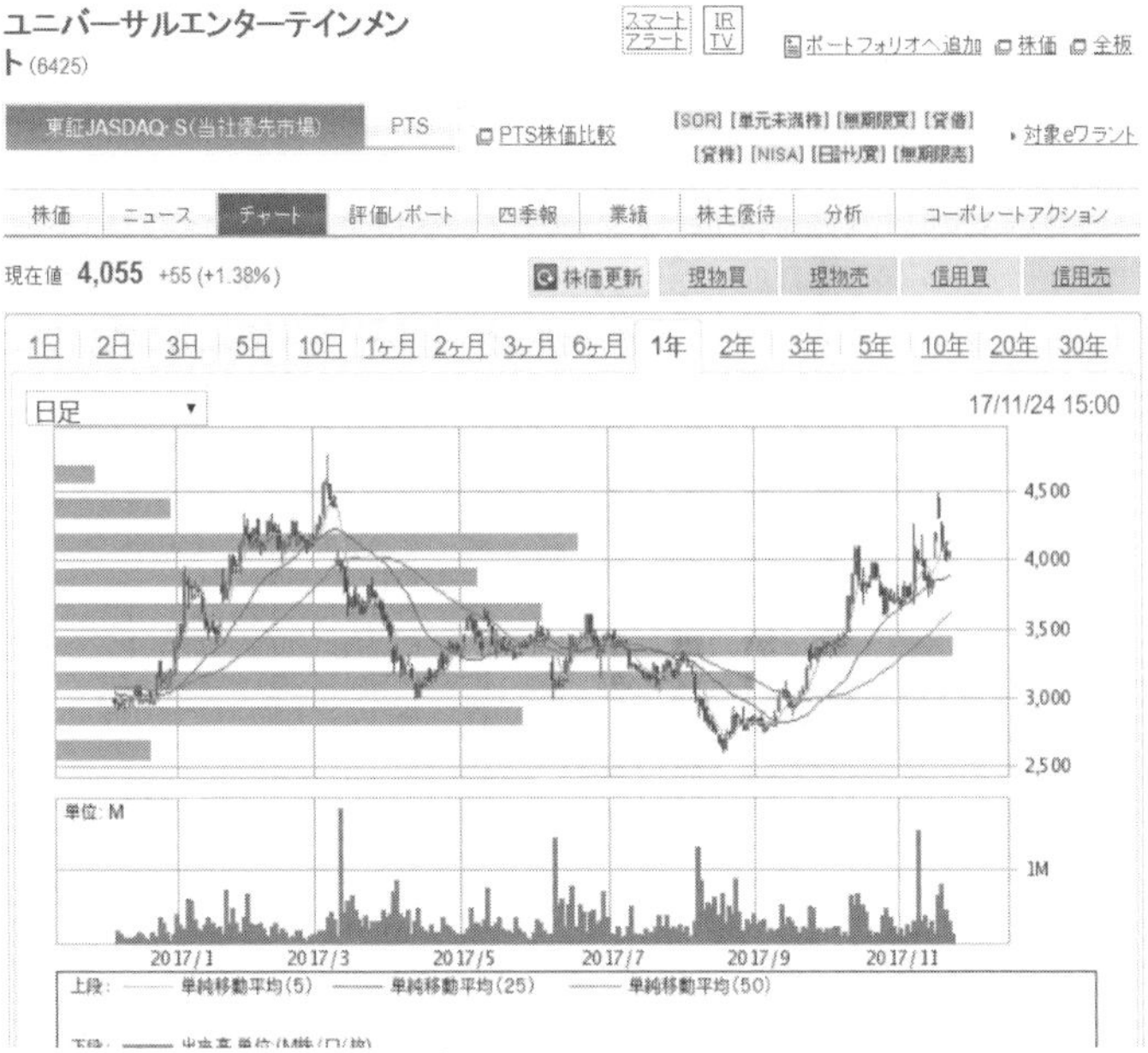

5. オシレーター

最終回は「第10章　オシレーターとコントラリーオピニオン」を見ていきましょう。

オシレーター（Oscillators）とは、市場の買われ過ぎ・売られ過ぎを判断する指標です。具体的には、ROC（Rate of Change 変化率）、RSI（Relative strength index 相対力指数）、MACD（Moving Average Convergence/Divergence Trading Method 移動平均収束拡散法）、ストキャスティクス、ラリー・ウィリアムズの%Rなどがあります。

はい、皆様、もう既に頭が痛くなってきましたね。でも安心してください。

オシレーターが分からなくても市場で生き抜けることは、移動平均を理解するのがギリギリやっとの私が長年元気にマーケットで過ごしていることが既に証明しています（笑）。

ただ、株価に明白なトレンドがない時にオシレーターが聴診器として役立つのは事実であり、私も「たまに」参考に眺めることがあります。そういう時には、この第10章が非常に役立つんですね。オシレーター系の指標の見方を懇切丁寧に教えてくれています。

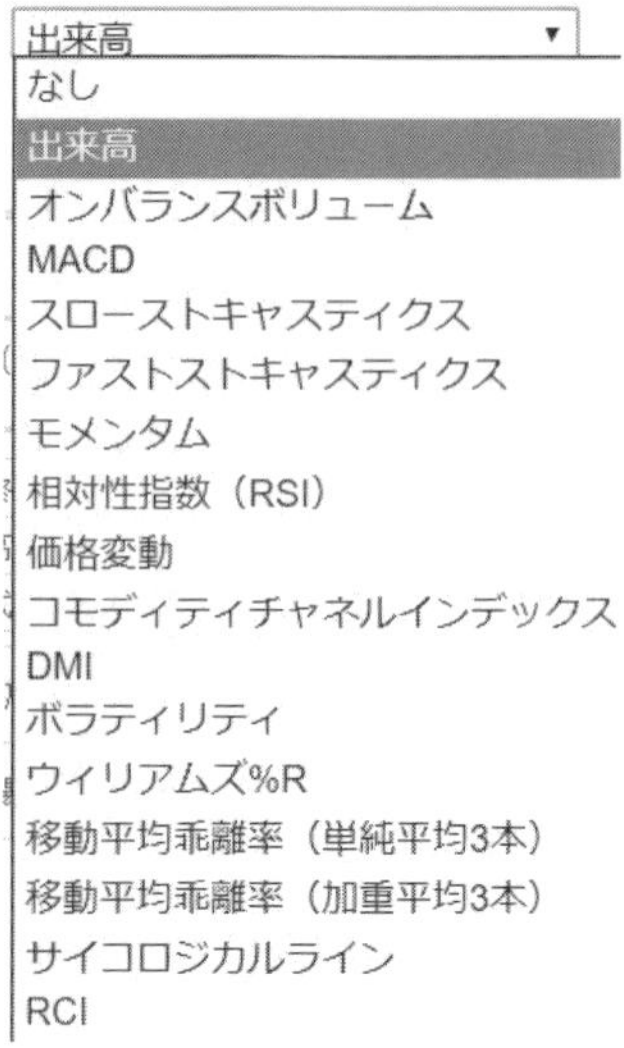

ちなみに、私がメインで使っているＳＢＩ証券を見ると、山のようなテクニカル指標を利用することができますし、その中にはオシレーター系の指標もたくさんあります。

そして、この本が手元にあれば、どの指標も「意味を読み取ることができる」のです。つまり、この**『マーケットのテクニカル分析』は辞書としても使える**わけで、**まさに全投資家必読の「一家に1冊」的な名著**なんですね。

是非、皆様もこの機会に1冊お買い求めください。手元にあると、抜群に役立ちますよ♬

「恐怖で買って、強欲で売る」短期売買法

ローレンス・A・コナーズ［著］、パンローリング・2019年

1. 総論

皆様、市場が超暴落して膝ががくがくするほどに震える中で勇気を振り絞って買った銘柄が、結果的に底値買いになって大きな利益になったり、逆に怖くて怖くてどうしても買えなかったけれど、後から考えるとそこが最高の買い場だったことに気付いて、「あぁ、惜しかったなあ」と感じることはないでしょうか？

私は恥ずかしながら頻繁にあります。そして以前から、「**投資家が感じる恐怖というのは絶対に使える。明白なエッジ（優位性）となる**」とぼんやりと感じていました。なぜかというと、自分を含めた市場参加者の99％は凡人であり、人間が持つ原始的な強い感情である「恐怖」の支配を超えて投資行動を起こすことは至難の業だからです。でもだからこそ、**バフェットのよ**

うに自らの恐怖を自由自在にコントロールして行動できる投資家には大きな利益が転がり込むのです。

そしてこの本は、「**恐怖で買って、強欲で売る**」**方法を教えてくれる素晴らしい**一冊です。私は街一番の大きな本屋さんで数十ページ立ち読みして、「これはヤバいな。パンローリングには元々いい本が多かったけど、この本は完全に頭一つ抜けてる。自らに決定的に欠けている、**恐怖をコントロールする**術を教えてくれている。これまで茫漠と感じながらも具体的にどうすれば良いかが分からなかった、『恐怖をお金に変える魔法』がここにはっきりと示されている」と認識しました。

小躍りしてホクホクしながら本を買って家に持ち帰り、すぐにむさぼり読みました。その感想は簡潔に言って最高です。

さて著者のローレンス・A・コナーズは、歴史的名著として知られる『魔術師リンダ・ラリーの短期売買入門』の共著者として知られています。そして彼にはこれまでに多くの著作がありますが、その多くにははっきりとした、以下の特徴があります。

1. 文章が極めて短く、理知的で分かりやすい。
2. 明日からの投資にすぐにダイレクトに役立つ実践的な内容が多い。

そして本書は私の評価では、前述の『魔術師リンダ・ラリーの短期売買入門』を超える水準の超傑作と思います。**コナーズの良い所が全部特盛**で出ています。

それでは、「恐怖を優位性に変える秘密の方法」をついに解き明かしてくれた新世代の名著を、一緒にたっぷりと見ていくことと致しましょう。

2. 恐怖と強欲と相場

今回はいきなり最高の出来である「第1章　恐怖と強欲と相場」から。

「本書の目標は、株とETF（上場投資信託）に短期的なエッジがいつ、どうして生じるのかに気付いてもらい、それらをトレードするための定量的な戦略を示すことである。

この5年間でますます明らかになったことがある。それは、**私が見つけたエッジが生じるのはテクニカル分析によってでも、ファンダメンタルズ分析によってでもなかったということだ。**たいていは市場の恐怖をきっかけとする要素や、恐怖ほどではないが、強欲をきっかけとする要素から生じていた」

どうです。これが「コナーズ節」です。歯切れがいいでしょう。そしてさらに本書は内容も最高なのでほんとにたまらんですね♬

「本書の戦略を最大限に生かすために知っておくべき16のこと

1．本書のすべての戦略は定量化されている

本書を通して、私たちは**市場で恐怖が高まった時に買い、強欲が増したときに売る。**そうする理由は、心理状態にかかわる検証済みのエッジが繰り返し現れるため、それを利用できるか

らだ」

「3．用いた指標

A．価格　本書の戦略は値動きに非常に大きく依存している。値動きはしばしば、特定の時間にどのくらいの恐怖や強欲が市場に存在するかを伝えてくれる。

B．トレンド　多くの場合、トレンドに沿って買うときには長期のトレンドに従う。これは主として200日単純移動平均線で判断する。ヘッジファンド界の伝説的人物であるポール・チューダー・ジョーンズは、（中略）**『私が見るものすべての測定基準は終値の200日移動平均線』**だと、的確に表現している」

コナーズの戦略というのは、もうずっと以前からそうですが、全て極めて単純で分かりやすいものです。そしてシンプルなものはロバスト（堅牢）で長続きします。コナーズの言葉には嘘やごまかしや曖昧さが一切ありません。本当に信頼できる投資家ですね。

ちなみに、『マーケットの魔術師』にも登場するヘッジファンド界の超大物**ポール・チューダー・ジョーンズ**については以前も書いています。彼はテクニカル投資で驚異的な成功を収めたスーパートレーダーであり、その言葉の一つひとつには純金よりも光輝く至高の価値があります。そんな彼の宝石のような名言を、第1巻に分かりやすくまとめていますので、未読の方は是非一度ご覧になってください。

すみません、悪い癖が出て脱線しました。本文に戻ります。

「本書の戦略ではＲＳＩに３つの時間帯を使っている。（中略）ＲＳＩは堅牢で、全体として見れば今日でも株価で短期の市場センチメント（恐怖と強欲）を測るカギとなっていると言えるのだ」

と、ここでＲＳＩについて説明しておきます。以下は、ＳＭＢＣ日興証券の用語集からの引用となります。

「ＲＳＩとは、テクニカルチャートのひとつで、『Relative Strength Index』の頭文字をとった略語です。日本語に訳すと『相対力指数』になります。要するに、買われすぎか、売られすぎかを判断するための指標として利用されています。

ＲＳＩは、過去一定期間の上げ幅（前日比）の合計を、同じ期間の上げ幅の合計と下げ幅の合計を足した数字で割って、１００を掛けたものです。いくら値上がり、値下がりしたかはＲＳＩでは判断できません。**数値は０～１００で表され、一般的に70～80％以上で買われすぎ、20～30％以下で売られすぎ**と判断されます」（引用、以上）

今回はここまでです。

３．「恐怖効果」には市場トップクラスの優位性がある

引き続き「第１章　恐怖と強欲と相場」から。

「６．市場で恐怖が高まったときにシステム化・定量化された方法で買うのは市場に存在する

数少ないエッジのひとつ

恐怖が高まるほど、証券価格のゆがみは大きくなる。ということは、あなたにとってエッジが大きくなるということだ。

7．恐怖心は人に生まれつき備わったもの

『人は恐怖に襲われると、脳の知的な働きをする部分が優勢でなくなる。脅威に直面すると、リスク評価や行動にかかわる皮質が機能しなくなる。言い換えると、論理的な思考は感情に圧倒されるため、短期的な解決法や発作的な反応を好むようになる』。この点を忘れないでもらいたい。これが今から学ぶトレードのエッジやバイアスが存在する重要な理由のひとつだからだ。

8．すべての恐怖心が同じ意味を持つわけではない

A．株式の個別銘柄と株式のETFでは、強気相場のときの恐怖は弱気相場のときの恐怖よりもはるかに短期間しか続かない傾向がある。

B．シグナルが点灯する前の数日の値動きが役目を果たしている。1**日だけの恐怖よりも、蓄積された恐怖のほうがはるかに良い**。

C．ギャップを空けて下げないときの価格よりも、翌日も恐怖が続くせいでギャップを空けて下げたときの価格の方が良い。

D．恐怖の高まりで買うのに最もふさわしいときのひとつは、恐怖（そして、パニックはもっと良い）が日中に高まっているときだ。投資家とトレーダーが急落に理性的に反応でき

る時間は限られていて、しばしば狼狽する」

どうです。コナーズの洞察力、文章を簡潔にまとめ上げる知力、凄くないですか？　私は読んでいて震えが来ました。

そしてこの本を読んで、「恐怖が持つエッジの大きさ」に深い感銘を受けました。それは私たち投資家にこれまでに与えられてきた、**小型株（サイズ）効果、割安株（バリュー株）効果、モメンタム効果**に並ぶか、もしくはそれらを超える程の優位性があるんだということをはっきりと認識しました。

また**金融工学の発展によって上記の効果がどんどん薄れてきている**中で、人間心理の根源的な弱点に付け込んだ非常にクールなやり方である「恐怖効果」は未だに全くその効力に翳りが見られないということも学びました。

この本から得られた知見は本当に大きかったです。

4．コナーズのような文章が書きたい

今回も、いきなり最高の出来である「第1章　恐怖と強欲と相場」から。

「12．ファンダメンタルズについてはどうなのか

長期的にはファンダメンタルズが最も重要であり、短期的には価格とセンチメントが最も重要ということだ。

13．私たちの知る限り、本書は２０１８年現在、『短期の定量的な行動ファイナンスの本』として最初に書かれた唯一の本

現在のところ、心理状態を定量化して1冊にまとめた本はこれだけだ。

14．本書と私の書き方のスタイルについて

私は簡潔に書く。

私は過去23年の間に、ストック・アンド・コモディティ誌によって『20世紀の10大トレード本』に取り上げられたリンダ・ラシュキとの共著、『魔術師リンダ・ラリーの短期売買入門』を含めて、多くの本を書いてきた。これらの本の文章はどれも比較的短い。それよりも重要なのは、それらは質に焦点を合わせているということだ」

コナーズの文章というのは、よく研いだ刃物のごとく切れ味が良くて正確で、とても魅力があります。自分はコナーズのような文章が書きたいですし、彼のような投資家になりたいですね。

5．「モメンタム効果」と「恐怖効果」のマリアージュの素晴らしさ

今回は極上の出来である「第2章　ＲＳＩパワーゾーン戦略」から。

「ＲＳＩ（相対力指数）パワーゾーンとは何か。ＲＳＩパワーゾーンとはＥＴＦ（上場投資信託）、特にアメリカの株式ＥＴＦが上昇トレンドにあるときに買えば、高勝率を得られる水準のことだ。

では、すぐにトレードルール（これらは単純だ）に移ろう」

ここで以前のＲＳＩの説明を思い出してください。では、続けます。
「ＲＳＩパワーゾーンのルールは次のとおりだ。
1．ＳＰＹ（ＳＰＤＲ　Ｓ&Ｐ５００　ＥＴＦ）はその２００日単純移動平均線を上回っている。これによって、より長期の上昇トレンド途上にあると特定できる。
2．ＳＰＹの4期間ＲＳＩは30を下回って引ける。（中略）大引けにＳＰＹを買う。
3．ポジションを取っているときに、4期間ＲＳＩが25を下回って引けたら、2回目に同じ口数を買う。これは要するに、通常はより安値でポジションを2倍にするということだ。
4．4期間ＲＳＩが55を上回って引けたときに売る。
以下はＲＳＩパワーゾーンを30に設定してＳＰＹを買い、25を下回った時にポジションを2倍にした場合の１９９３～２０１７年の検証結果だ。

- トレード数　２０２
- 勝率　90・59％
- 勝ちトレード数　１８３
- 負けトレード数　19
- 1トレード当たり平均利益率　１・73％
- 平均保有日数　４・95取引日」

このＲＳＩパワーゾーン戦略は、簡単に言うと、長期の確かな上昇トレンド、強いモメンタムがある状況下で、株価下落により市場が「一時的な強い恐怖」に捉われた、激しい感情で大脳新皮質が麻痺してクルクルパーになった瞬間を捕まえて利益を上げようというものです。

そしてその驚異的に高い勝率が、**「モメンタム効果」と「恐怖効果」のマリアージュの素晴らしさ**を如実に物語っていますね。

6. TPS戦略

今回はとても実践的ですぐに役立つ「第8章 TPS戦略――恐怖と強欲の高まり」から。

「私たちは10年以上前に『TPS』と名付けた戦略を導入した。

TPS戦略は特に株価指数に付きものの恐怖と強欲をまとめたものだ。この戦略では、市場で恐怖が高まるにつれて買い下がり、恐怖が収まるときに手仕舞う。

この戦略のルールは簡単だ。本書の多くの戦略と同様に、この戦略は恐怖と強欲という心理的な側面を利用しているためにエッジ（優位性）があった。この戦略では、恐怖が最大になったとき（ノイズが大きいとき）に取る予定のポジションの最大部分を買い、強欲が最大になったときにポジションの最大部分を空売りする。

TPSとは一体、何を表すのかを見ておこう。

T　タイム　（時間）

P　プライス　（価格）

S　スケールイン（分割での買い下がり、分割での売り上がり）

「ＴＰＳ戦略では、ＥＴＦが買われ過ぎか売られ過ぎのときを特定して、買われ過ぎか売られ過ぎになるにつれて増し玉をする。

買いの場合のＴＰＳ戦略のルールは次のとおりだ。

1．ＥＴＦは２００日単純移動平均線を上回っている。
2．２期間ＲＳＩ（相対力指数）の値は2日連続で25を下回っている。大引けで自分が取る予定のポジションの10％分を買う。
3．大引けで価格が最初の仕掛け値よりも下がっていれば、ポジションを取っているどの日でも、さらに20％分を買う（増し玉をする）★
4．大引けで価格が最初の仕掛け値よりも下がっていれば、ポジションを取っているどの日でも、さらに30％分を買う（増し玉をする）★
5．大引けで価格が最初の仕掛け値よりも下がっていれば、ポジションを取っているどの日でも、さらに40％分を買う（増し玉をする）★
6．２期間ＲＳＩの値が70を上回って引けたときに手仕舞う。検証結果を示す前に買い下がりで行ったことを見ておこう（売り上がりでは、これと正反対のことを行う）

この10％、20％、30％、40％の買い下がり手法（別名１‐２‐３‐４）を使って、大きく売られ過ぎたＥＴＦで予定のポジションをすべて取っている。

★ETFが大引けで200日移動平均線を下回ったときは、どんな場合でも新たに買いポジションを取ってはならない」

「TPS戦略での買いの検証結果・S&P500ETF

買い　1／2／3／4　勝率　94・79％」

いやあ、TPS戦略、凄い力がありますね。前回紹介したRSIパワーゾーン戦略と同じで、**モメンタムと恐怖の掛け合わせは、非常に有効な投資手法である**ということが実によく分かりますね♬

7．恐怖効果には普遍性・永続性がある

最終回は、本書のまとめ「第10章　市場で恐怖が高まったときに買い、強欲が増したときに売る」から。

「1．恐怖はトレードでエッジ（優位性）を生み出す。間違いない。

2．市場で恐怖が高まるほど、エッジは大きくなる。

3．強欲もエッジを生み出す。強欲は恐怖ほど強い感情ではないので、エッジはそれほど強くないが、確実にある」

恐怖のエッジ＝優位性の大きさは、目を見張るものがありますね。この本を読んで本当に良かったと思います。

「8．ＲＳＩ（相対力指数）パワーゾーンで見たように、恐怖は世界のどの市場でも現れる現象だ」

恐怖効果には普遍性・永続性があるのがいいですね。

「10．ＶＸＸ（ＶＩＸ先物で構成されている）は無価値になるように設計されている。これは構造的に非効率だ。９年連続で下げたことで、何か問題があると誰にでも分かる」

ＶＩＸ先物で構成されているＥＴＦ・ＥＴＮ（指標連動証券）は、長期で持つと無価値になるように設計された、構造的に致命的な欠陥のあるとんでもない商品です。そしてその危険性については、以前私のブログ記事「ＮＩＳＡ週間買付ランキングの衝撃」https://plaza.rakuten.co.jp/mikimaru71/diary/201910210001/ で指摘しました。

そして本書でコナーズはそこから一歩進んで、この欠陥商品から利益を上げる素晴らしいストラテジーを解説してくれています。興味のある方は是非実際に読んでみてください。

「12．中長期の上昇トレンドの時期に、恐怖が広がったせいで売られ過ぎになった銘柄を買い下がる戦略は、何十もの株式ＥＴＦ、特にアメリカのＥＴＦで一貫してパフォーマンスが良かった」

「本書では、幅広い検証や実例を通して、**恐怖が高まったときに買い、強欲が増したときに売ることが最も良い定量的なトレード法**だということを見てきた。私の考えでは、これは**トレーダーにとって今でも本当にエッジがある数少ない領域**であり、このエッジは今後も長く残り続けると信じている。
市場は変化する。それは常に変わるものだ。だが、人間の感情は変わらない。感情、特に恐怖と強欲が市場で極端に高まったときを特定して、その過程を体系化・定量化して、そこで何度も繰り返してトレードを行おう」

私達投資家は、常に「有効な投資手法」を求めて市場の穴を探し続けています。ただマーケットというのは、極めて競争の激しい世界でもあるので、**優位性のある投資手法というのはいずれ陳腐化してその効力が低減していくのが定め**でもあります。

そういった中で、古来変わらない人間の感情の弱点を突いた「**恐怖効果」を用いるコナーズの手法は、極めて効果的かつその力が永続する素晴らしいやり方**であると思います。

そして本書は、簡潔で理知的な「コナーズ節」が超新星爆発した素晴らしい一冊と感じています。新世代の超名著と言っていいでしょう。未読の方は是非。

魔術師リンダ・ラリーの短期売買入門

リンダ・ブラッドフォード・ラシュキ、ローレンス・A・コナーズ［著］、パンローリング・1999年

1. 総論

リンダ・ブラッドフォード・ラシュキは、永遠の名著『新マーケットの魔術師』及び『マーケットの魔術師　大損失編』に登場しているスーパートレーダーであり、もう一人の著者であるローレンス・A・コナーズは、数多くの名著（特に短期売買に関するもの）を世に出している実力者です。前回の『「恐怖で買って、強欲で売る」短期売買法』も最高の一冊でしたね。

さてこの本は発売以来20年余り、「**短期トレーダーのバイブル**」**として名高い**名著で、現在8刷と重版を重ねてもいます。私もずいぶん昔に書店で立ち読みした時「自分は短期売買はしないけど、とても良さそうな本だな」と思いました。ただ、定価が3万８００円‼と非常に高く、当時の「万年金欠病」の自分には全く手が出ませんでした。

そしてたまにネット通販で安い中古が出ないかをチラチラと見張っていたのですが、なかなか値下がりしないのでいったん諦めていました。その後数年して偶然見てみたところ、1冊だけ妙に安くてかつ程度も良い中古本があったので、「やった。これは大チャンス！」と喜び勇んでやっと買いました。

そして届いた本は⁉　安い物にはきちんと理由がありました。カバーがなかったのです（泣）。私は**バリュートラップに嵌まってしまった**のでした！

自分には投資本収集マニアっぽい一面があるので、これはかなり残念でした。ちなみに後で確認すると、ネット通販の説明には「カバー無し」としっかり書いてありました。私にはこういうちょっとおっちょこちょいな面があるんですね（滝汗）。

もちろんカバーがなくても、本の内容は第一級品です。それでは、「高額な本が多いパンローリング社の中でも、トップクラスに高い超高級本」の中身をドキドキワクワク一緒に見ていくことに致しましょう。

2. アヒルが鳴いたら、餌をくれてやれ

まずは非常に良い出来である「第3章　資金管理」から。

「トレーダーが勝ったり負けたりする理由は、建玉の手法ではなく、圧倒的に資金管理の技量なのだ。

もしあらゆる売買で損失を最小限に食い止めれば、80％は勝利を収めるだろう」

多くのスーパートレーダーが、「最も大切なことは資金管理である」と口を酸っぱくして述べています。今思い出したのですが、超名著『システムトレード　基本と原則』の中で著者のブレント・ペンフォールドが資金管理の大切さを非常に分かりやすい言葉で説明していたので、以下に引用しておきます。

「トレーディングで成功するための本当の秘密はただひとつ。損失を管理すること。（中略）勝ちトレードはほとんど無視してよい。それらは普通、問題にならない。利は伸びてめったに損にならない。成功するためには、損失の管理にすべてのエネルギーと決断力を集中する必要がある」

そしてリンダ＆ラリーもペンフォールドと全く同じことを言っていますね。

「**もしマーケットが放たれ始めたり、大幅な値動きとなったら、全玉を利食いしなさい。**これは最終局面である可能性が高い。

大幅な値動きとは、市場参加者（感情的遅参者）が最後に犬のように押し寄せたことで引き起こされた長大線のことである。この最後のトレーダー集団が参入してくると、値段を続けて上げよう（もしくは下げよう）とやってくる者はもう誰も残っていない」

そういえば今年2020年の新型コロナウイルスの関連銘柄で、こういう値動きをしている銘柄がたくさんありますね。

「アヒルが鳴いたら、餌をくれてやれ」

スーパートレーダーの言葉は、鋭い刃物のようにストレートで、でも同時にどこかユーモアもあって、ズドンと胸に突き刺さりますね。

3．タートル・スープ

今回は、最高の出来である「第4章　タートル・スープ」から。

1980年代に登場し、驚異的な成績を収めた伝説のトレード集団タートルズ。

彼らのやり方はシンプルなトレンドフォローだったのですが、この「タートル・スープ」は**彼らのやり方を逆手にとって、タートル（及びその手法を真似する多くのモメンタム投資家）たちが損切りをするラインで買いもしくは売りを仕掛けて、「亀をスープにして食べる」という、実にえげつなくも効果的な投資手法**です（笑）。それではその詳細を見ていきましょう。

「タートル・スープ・パターンは、（中略）動きのあるパターンでは、相当な利益を上げる可能性を持つ。

1980年代、タートルズとしてその名を知られるトレーダーの集団が、過去20日間の値段のブレイク・アウトを基本手段としたシステムを使っていた。この過去4週間における値段のブレイク・アウトは、早くから一般的な順張り戦略として、**リチャード・ドンチャン**によって広められたものである。

もし値段が過去20日間での最高値を更新した場合は買いを仕掛け、もし値段が過去20日間での最安値を更新した場合は売りを仕掛ける、というものだ。

手広くいろいろなマーケットでトレードをすれば、長い目で見た場合、それが機能する。しかし、このシステムは、異常事態や大きなトレンドをつかめるかどうかによって、かなり左右されてしまう。それはまた、多くのだましのブレイク・アウトによって、引かされ幅はかなり大きくなり、低い勝率になってしまう。そして、そこにタートル・スープの好機があるのだ。私たちの手法は**ブレイク・アウトがだましとなるときを識別し、その反転に乗る**ことである。

（中略）反転のいくつかは投機家たちを利益に導く中長期トレンドの転換になるのだ」

「買いルール（売りルールはその逆）

1．今日、過去20日間の最安値を更新しなければならない――安ければ、安いほどよい。

2．前回の過去20日間での最安値は、少なくとも今日より4営業日前に生じていなければならない。これは大変重要である」

次の図は、タートル・スープの実例です。

実はこの**タートル・スープは、我々のような中長期の時間軸で戦う投資家にとって大きな利益に繋がることがよくある手法**です。それは「トレンドの転換点」を示していることがよくあるからです。

このタートル・スープが代表例ですが、リンダ&ラリーによる本書には「シンプルで分かり

図表　銅先物（1995年12月期）

やすく、かつ効果の高いテクニック」がたくさん載っています。**発売から20年間ずっと「名著」の称号が与えられ続けているのは伊達じゃない、明白な理由がある**ということですね。

4．マーケットに自らを語らせる

最終回はリンダ&ラリーのその他の名言をさっと見ていきましょう。

まず「第16章　ニュース」から。

「**肝心なことは、あなたがどれぐらい頭が良いかをマーケットに示すことではなくて、一歩引いて、マーケットに自らを語らせることだ。**マーケットにあなたの信念を押し付けようと試みることより、ニュースや季節性、テクニカルな売買シグナルに対する**マーケットの反応を観察する方が、ずっと賢いやり方**なのである。

これこそ本当のストリート・スマートが実際

やっていることなのだ。

マーケットが論理的にどう動くかということに基づいて意思決定を行っている限り、トレードの優位性は全くない。実際は、あなたが論理的であればあるほど、マーケットが一般的な論理とは反対の方向に動いているときは、負ける確率が高くなるのである」

投資家は、マーケットが放つ言葉・警告に謙虚に耳を傾けなくてはならない、ということですね。私はこのリンダ&ラリーの言葉を読んで、マーク・ミネルヴィニの、「**自分の主観に従うと、長い目で見れば必ず損をします**」という鮮烈な警句を思い出しました。

＊

次は「第22章　再びトレード管理について」から。

「マーケットの動きを予測することが最も危険である。ミスはすぐに修正されるべきである」

スーパートレーダーの謙虚さ、マーケットに対する尊敬と畏怖の念が伝わってきますね。

＊

最後は「第23章　準備を怠るな」から。

「トレーディング・ビジネスというものは他のビジネスと何ら変わりがない。卸値で買い、小売り値で売ることを覚えればいいのだ。在庫が損失を抱えてしまったら、値下げを行い、在庫整理を行うのである」

いい表現ですね。私は、ウィリアム・オニールの**赤いドレスの話**を思い出しました。

これは、自分がアパレル店の経営者だとして、というたとえ話です。黄色・緑・赤のドレスを店頭に置き、黄色が全く売れなくて赤が売り切れた場合、あなたは「黄色は人気がないけど、自分は素敵な色だと思う」と仕入れ係に買い増しを指示するだろうか？　商売の常識でそれはあり得ない。黄色いドレスは値引きしてでも売り切って、そのお金で売れ筋の赤いドレスをもっと仕入れるだろう。株式投資（損切り）もそれと同じ、という話なのです。

さてこれでこの本の紹介は終わりです。短期投資家のバイブルと称されている本ですが、印象的で鮮烈な警句が多く、また前回見た**タートルスープ**のように我々中長期投資家にとっても役立つテクニックが満載の名著です。３万円超（電子書籍版２万円超）と極めて高価ですが、間違いなく一読の価値があります。未読の方は是非。

システムトレード　基本と原則

ブレント・ペンフォールド［著］、パンローリング・2011年

1. 総論

題名に「システムトレード」と入っていますが、この本の内容はあらゆる市場で通用する普遍的で不可欠な知識について概説したものであり、かなり題名で損をしていると思います。**原題の「Essential knowledge for all traders in all markets」がこの本の本質をそのまま示している**と思いますね。

この本の魅力を一言でいうと、驚くほどに率直に良心的に書かれているということです。ペンフォールドは「**最もうまく負ける人が勝つ**」と言います。具体的には、「トレーディングで成功するための本当の秘密はただひとつ。損失を管理すること。（中略）勝ちトレードはほとんど無視してよい。それらは普通、問題にならない。利は伸びてめったに損にならない。

成功するためには、損失の管理にすべてのエネルギーと決断力を集中する必要がある」と語っています。そして私も本当にその通りであるといつも思っており、毎日のポートフォリオの運営でも迅速かつ的確な損切りを徹底しています。

また著者はトレーディングを行う理由について、「トレーダーはすぐに利益を手にしたり自分の正しさを証明したりするためにトレードを行うわけではない、期待値を上げる機会があるからトレードを行うのだ。（中略）長期にわたって何度も行う**トレードで生じるのは期待値なのだ**」と明言しています。これは複数の本に書かれている真実ですが、実に丁寧に解説してくれているところに感銘を覚えました。

また相場心理に関して彼は、苦痛をコントロールすることの大切さを説いているのですが、その部分も秀逸です。具体的には、「**トレーディングは苦痛に満ちた世界だ。**（中略）**損をすると傷つく。取り損なった利益を想像すると傷つく**」と述べ、我々はその苦痛を和らげる方法を学び、防壁を築くべきだと主張します。

この「**トレーディングが苦痛に満ちている**」**という指摘は実に新鮮**でした。ただ自分の胸に手を当てて考えてみると、私は勝負に出た銘柄で負けるとやっぱり傷つきますし、逆に見送って勝負しなかった銘柄が急騰しても心に痛みが走ります。そしてこのペンフォールドの指摘は見逃されがちな真実なのだと感じました。

そして、**トレーディングの世界が苦痛に満ちているからこそ**多くの投資家はその痛みに耐えられず去ってしまうし、逆に優待という御褒美を年中貰い続けているからこそ我々優待族は相対的に市場でこんなにも元気に生きていられるということにも気付きました。

なお、これについては私独自の視点を加え「投資家のうつ病防止策について」というブログhttps://plaza.rakuten.co.jp/mikimaru71/diary/201310210000/にまとめ、好評を戴いていますので、未読の方は是非御覧下さい。

この本の率直さ、素晴らしさ、というのは読んだら誰でも実感できると思います。私はシステムトレードからは最も縁遠いところに位置する「１００％の裁量トレーダー」ですが、本当に感心しましたし、多くの気付きを得ました。そしてこれまでに何回も何回も読み返しています。

2. 最もうまく負ける人が勝つ

今回は、前回もご紹介した「第3章　原則１－準備」から。

トレーディングで成功するための本当の秘密はただひとつ。損失を管理することだと分かったら、準備は次の段階に進む。損失を対応できるほど小さくしておくことができ、利益を損失よりも大きくしておくことができれば、あなたは敗者のゲームで一歩先んじている。

「最もうまく負ける人が勝つ

勝ちトレードはほとんど無視してよい。それらは普通、問題にならない。利は伸びて、めったに損にならない。成功するためには、損失の管理にすべてのエネルギーと決断力を集中する必要がある。

最もうまく負けるとは、できるだけ早く負けポジションを手仕舞うということだ。トレーディングで成功する真の秘密はただひとつ、最もうまく負けることだ。だから、これが目標でなければならない。最良の敗者になるためには、上手に損切りできるように常に心掛けなければならない」

ふーっ、ペンフォールドのこの言葉、凄くないですか？

トレーディングは、チャールズ・エリスの言う通り、多くのミスをしたものが負ける「**敗者のゲーム**」です。ある意味では消去法の戦いなのです。そしてだからこそ「うまく負ける」ことが必要で、逆にそれができれば勝者に近づけるということなんですね。

私はこのパートを今までに何十回も読み返しました。相場で大負けするたびにこの本を手に取り、震える手でページを開きました。市場の急変で持ち株から大量の含み損銘柄が出るたびに、「そうだ、もう一度ペンフォールドのあの本を、そしてあの金言を読み返そう」と思いました。

考えたくもないですが、もしもこの本が本棚にいてくれなかったら、間違いなく自分は今こうしてここで楽しく文章を書けていないです。もう、既に海の藻屑となっていたと思います。そのくらい凄い本ですね。

3. 良いトレーダーは良いリスクマネジャー

今回も「第3章　原則1－準備」から。

「リスク管理

あなたはもう、トレーディングのリスクは非常に高いと理解していなければならない。トレーディングでの成功とは、実はリスク管理での成功を意味している。トレーダーとして生き残るためには、トレードはリスク管理だとみなす必要がある。

良いトレーダーは良いリスクマネジャーだ。これが勝者と敗者の違いである。勝者は、自分たちが相場で経験することを尊重する。彼らはそれが敗者のゲームだと理解している。彼らは最良の敗者になるように努める。彼らの目標はリスク資産を控えめな期待値で管理することだ。彼らは生き残ることだけに集中する。そして、生き残れるかどうかは良いリスクマネジャーになれるかどうかにかかっている。

トレードを行いたいなら、リスクマネジャーの視点で仕事に取りかかることだ」

私は毎日自分のポートフォリオを当然チェックしています。では具体的に何をしているかと言うと、「持ち株を含み損順に並べて、自分の器量を超えるような大きな含み損に転落している子」がいないかを見ているだけです。

そして、「これはキツイな、ちょっと許容できないな」と感じるレベルにまで含み損が拡大すれば、その銘柄は即切ります。こうすることによって、「ポートフォリオは含み益だらけ」のご機嫌な状態になります。私は株式投資の世界を深く愛しています。だから、常に楽しく上機嫌で戦いたいのです。

またペンフォールドの言う通りで、「**勝ちトレードはほとんど無視してよい。利は伸びて、めったに損にならない**」ものでもあります。含み益のある、順調に上昇している銘柄というのは、簡単に言えば「当たりくじ」だったということです。そういう良い子には、「できる限り長く、ゆったりとポートフォリオに留まってもらう」のが正しい戦略なんですね。

4. 自分の正しさを証明するためにトレードをするのは超危険

最終回は「第9章　売買ルール」から。

「トレーディングを行う理由

あなたができることは、相場が向かうと考えている方向でトレードを行うことだけだ。

私の考えでは、トレーディングは期待値を上げる機会だけを求めて行うべきだ。すぐに利益を手にするという満足感のためにトレードを行うべきではない。自分の相場分析が正しいということを証明するためにトレードを行うべきではない。期待値を上げる機会があるときにだけトレードを行うべきだ。

より長期にわたって利益を生む機会があるときにだけトレードを行うべきである。

トレンドトレーダーは期待値を上げる機会があると考えるからトレードを行うだけで、すぐに利益を手にしたり自分の正しさを証明するためにトレードを行うわけではない。

すぐに利益を手にするためにトレードを行っているのではない。自分が正しいということを証明するためや、自分の相場分析が正しいと証明するためにトレードを行っているのではない。相場の方向を選び出すためや、相場に取り組むスリルを味わうためにトレードを行うのではない。期待値を上げる機会があると考えて、トレンドの方向と考えるところでトレードを行うだけだ。

トレーディングとは期待値を上げるために、機会があれば相場に積極的にかかわることだ。期待値は1週間や1カ月、あるいは四半期で得られはしない」

ペンフォールドによる本書の素晴らしさは、**本当に大切なことを、言葉を変え、何度も何度も公文式みたいに反復しながら、しつこいくらいにねちっこく繰り返し説明してくれているこ**とです。**読者を思った、筆者からの海のように深い愛情**を感じます。何と言うか、「おせっかいな母親みたいな本」なんですね。本当に凄い本です。

また、ペンフォールドが指摘しているように、「自分の正しさを証明するためにトレードをする」のは本当に危険であり、自分も常に気を付けています。自分の投資行動が正しかったのか間違っていたのかは、後で**全知全能のマーケット**が勝手に判断することであり、それは投資家がすることではないんですね。私たちにできることは、ただ期待値を上げることだけなのです。

さてこれでこの本の紹介は終わりです。あらゆる投資家のお家の本棚に鎮座しているべき真の傑作です。マーケットで心折れ、道に迷った時に「頼りになるオカン」として抜群に役立ちますよ。未読の方は是非。

ニュートレーダー×リッチトレーダー
株式投資の極上心得
スティーブ・バーンズ［著］、竹書房・2013年

1. 総論

この本は、**新米トレーダーと経験豊富で百戦錬磨のベテラントレーダーの対話**で章が展開していくのですが、株式投資の初心者と上級者ではどのように考え方が違うのかがはっきりと分かる所が優れています。目次をご覧いただくだけで良い本であることは誰にでも分かると思います。

ところでここで話がコロッと変わるのですが、私は無償のボランティアで過去に10人以上の方のポートフォリオ立ち上げのアドバイスをしてきました。そしてその内の何人が今でも生き残っているかと言うと、「現役バリバリで今でも戦えている方」はなんと、**たったの2人**だけなのです。

そしてこの2人には「ある共通点」がありました。それは、**最初から資金量が非常に多かったこと**でした。つまり彼らは特に勉強熱心だったり、運が良かったりしたから生き残れたのではなく、単に十分な体力があったので相場の荒海を乗り越えられたのです。実も蓋もない話ですがこれが現実なんですね。

そして初期資産が数十万円~数百万円程度だった人達は、「途中でやる気をなくしてPFを野ざらしで放置」状態の方を含め、残念ながらほぼ全滅してしまいました。

彼らが死亡に至るには1つの「共通法則」がありました。ほとんどの場合には最初は私が資金サイズと本人の性格・能力を見た上で、私のPFの中の「◎評価以上の銘柄」のみで適切な分散をかけて「ローリスク・ミドルリターン」を目指した期待値の高いモデルポートフォリオを提示し、それを基にして実際に本人に投資を実行してもらったのです。が、しばらく経ってから会うと、ほとんどの方がその時にホットで株価が急騰している株に勝手に乗り換えてしまっていたのです。しばらくの間はそれで良好なパフォーマンスが出ることもあるのですが、結局どこかで大きくやられてしまい、起死回生を狙ってさらに値動きの荒い銘柄に乗り換えて撃沈してしまわれたのです。

そして多くの方が、「最初に組まされた銘柄群は値動きがなくてつまらなかった。自分はもっと早くに数週間か最悪でも数カ月くらいでは資金を倍にしたかっただけだった」とおっしゃいます。「株式市場はそんなに簡単なところではない。カジノと同じようなスリルと興奮を求めてはいけない。それは**死への階段だ**」ということは最初に口を酸っぱくして説明しているのですが、みんなどうしても我慢ができないんですね。

そのため私は以前から「株式投資を全く新しく始める方に市場とはどのようなところなのか、どんな心構えが必要なのかを分かりやすく伝える、自分とその方との知識と心理の架け橋になるような書物がないものか?」と悩み続けていたのですが、この本に出合ってそれが解決しました。初心者が陥ってしまう、自力ではなかなか気付けない、市場に待ち受けている罠やトラップについて非常にクリアに鮮やかに書かれているからです。

私は以前は投資初心者の方には『ピーター・リンチの株で勝つ』などを最初に読む本として推奨していたのですが、この『**ニュートレーダー×リッチトレーダー**』**はもしかすると初心者向けという観点ではリンチ本を超えるベストの一冊かもしれない**と思い始めています。

それがなぜかと言うと、株式市場に新しく入ってくる方というのは、口ではどんな綺麗事を言っていても胸の中では「手っ取り早く簡単にかつ急速にお金を増やしたい」と思っているからで、その意味で極めて現実的かつ即物的で、さらに簡単に簡潔に投資の要諦が描かれているこの本はまさに適任であろうと思うからです。

それでは本の具体的な内容を見て行きましょう。

2. 中級以上の投資家にとっても得るところが多い

さて著者のバーンズは、伝説のボックス理論を開発したニコラス・ダーバス直系の**トレンド追従型のトレーダー**です。**感情を排除し、できるだけシンプルで期待値の高い、そして自分自身の性格に合った取引システムを作ってそれに従って戦え**というのが彼のメッセージです。

彼の取引手法はその有効性が多くの豊富なエヴィデンスで実証されている**モメンタム投資**そのものです。ただそれを豊富な文献的な知識をベースとして、非常に平易で分かりやすい言葉で文章を紡いでくれているのがこの本の堪らない魅力なんですね。

この本は新書サイズの非常に薄いシンプルな本なので2時間くらいあれば誰でも読み切れると思います。なので、後は皆様が実際に本を読んでいただければと考えているのですが、ここから先は自分用の個人的なメモとしても役立ちそうな、特に印象に残った部分をダイジェストで書いておきます。

「君が継続的に勝てるようになる前に、マーケットは様々なことを教えてくれると思う。（中略）君が最初にすべき仕事は取引に集中することで、利益にこだわることではない。（略）医者は手術中にいくら儲かるかなんて考えない。だから、君は利益のことを考えるのではなく、投資戦略とか投資スタイル、取引プランの方に集中しなければならない。（略）利益を第一に考えるとそれはダメな取引につながる可能性が高い。（略）お金を儲けるために取引をするのであるって、娯楽のためとか自分自身の考えを正しいと証明するために取引をするのではない」「ほとんどの優れたトレーダーは（投資に関する本を）何百冊と読んでいる。（中略）偉大なトレーダー達は人生をかけて学び続ける。（略）一生懸命勉強し、経験し、集中することで、君はいつの日か使った時間を全てお金に換えていけると思う」「市場を予想することはできない。市場が出すサインに反応できるだけだ。（中略）私は予想はしない。意見も持たない。（略）損失は単にビジネスをする上でのコストだ。（略）あとは相場に教えてもらいなさい。株式市場はすぐにフィードバックを返してくれるし、決して間違えることが無い。いつどんなときでも株価はあるべき価格にあるんだ」

この本を読み終えた私は不思議な感覚に襲われました。「自分が次に新たな投資初心者にアドバイスをする時にバーンズ以上に市場について分かりやすくて心に響く説明ができるだろうか？　もしもそれができないのならば、自分はまだまだ投資家として圧倒的に未熟ということになるだろう」。その意味で、この本は投資初心者だけでなく中級以上の投資家にとっても得るところの多い名著ですね。

ニュートレーダー×リッチトレーダー完全プラス期待システム

スティーブ・バーンズ［著］、竹書房・2016年

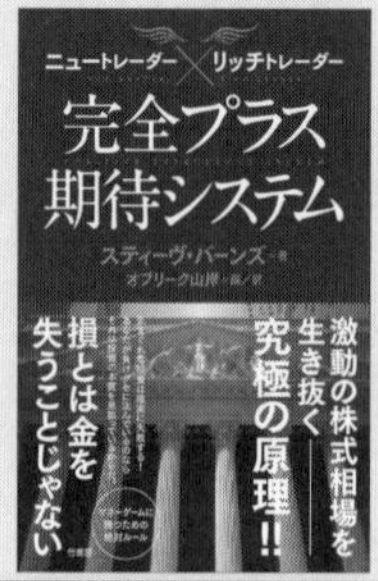

1. 総論

多くの投資家の方から絶賛された『ニュートレーダー×リッチトレーダー　株式投資の極上心得』の続編です。

この本も前作同様、**新米トレーダーと経験豊富で百戦錬磨のベテラントレーダーの対話で章が展開**していきます。前作には及ばないものの相変わらず良い出来です。具体的には、「3、4、12、15章」が秀逸と思います。

2冊合わせても400ページ足らずのライト級の本ですし、両方を読むと相乗効果で非常に勉強になると思います。

2. 良い取引とはバスに乗るみたいなもの

今回は本文中で私が非常に良いなと感じた部分をいくつか箇条書きにしてまとめておきます。

「良い取引と言うのはバスに乗るみたいなもの。（中略）一本逃してしまったら、次のバスが来るのをただ待つしかない。（略）買いシグナルで投資は開始されるが、その水準から離れれば離れるほど、そこに後追いで参入することのリスクは増大する。（略）大多数の新米トレーダーがなぜこれが実行できないかというと、彼らにとっての買いシグナルが感情に基づいているからだ。（略）そしてこの勝つ確率の低い参入ポイントは多くの場合、他の的確な価格帯で参入したトレーダーにとって利喰いして撤退するレベル。（略）だから上昇がそこで終わって株価が反落することになる」

素晴らしい。私達投資家は「正しい時間にバス停に着いて静かに待っていなくてはならない」わけで、決して「走り去ってしまったバスをムキになって追いかけてはならない」んですね。

「自分自身に何かストーリーを語り始めたり、自分の強気を信じて疑わないトレーダーは、一般的には破滅に向かっている。（中略）投資を始めるには何かしら定量化できる理由があるはず。（略）気まぐれな投資はほぼ確実に失敗する。反対に、リアルな株価の動きに基づいた投資はうまくいく可能性が非常に高い。なぜなら市場と同じ方向に流れているのだから。市場は僕らが何を考えようが、何を信じようが気にはしない。それは列車みたいなもので、僕らはそれに乗るのか、さもなければひき殺されるかだ」

　この表現は非常に興味深かったです。モメンタム投資家の考え方が集約されていますね。

「君の計画によってお金が儲かるのは、それは何が起きるかを予言しているからではない。リアルタイムに起きていることに対しアジャストしているからなのだ。（中略）市場に勝とうとしてはならない。そうではなくて、君が市場そのものになろうとするのだ」

　うーん、なんだか名著『ゾーン』（第1巻を参照ください）で読んだことがあるような気もしますが、市場にアジャストすることは本当に大切ですね。私を含めバリュー系の投資家というのは「自分自身の能力とその選択した銘柄に自信を持ち過ぎる」傾向が強いので、非常に大切な視点だと思っています。

「投資市場では、宿題をしていなかった投資家から宿題をこなした投資家へとお金は流れる。（中略）スポーツ選手はたいていは最もハードに鍛えたアスリートが勝つわけだが、トレーダーも同じ。（略）自分のしていることがうまくいくとただ期待したってダメだ。自分のしていることがうまくいくという事実を知っているという状態にしなくてはならない」

　これは本当にその通りですね。私もポートフォリオ最上位の銘柄群に関しては、常に「これが現時点でのベスト。このポートフォリオなら中期の時間軸ではパフォーマンスは良いに決まってる」と確信を持てる銘柄のみで固めています。ま、結果としてうまく行かないことも多々ありますが（笑）。

さてこれでこの本の紹介は終わりです。とても読みやすくて分かりやすい本ですし、未読の方は是非。

第4章

『マーケットの魔術師』から広がる世界

第4章序

さて市場で長年戦っていれば、誰でもいつかは傷つき、壁にぶち当たり、思い悩んで、投資本の名著中の名著『マーケットの魔術師』シリーズにまるで導かれたように、運命づけられていたかのようにたどり着きます。それは「みんながいつかは通る道」なのです。

そのため、本書の第1巻では同シリーズ全7作を徹底解説しました。また第2巻では、そこから一歩進んでシリーズに登場したマーケットウィザードたちの直筆・他筆による超名著を紹介しました。今回の第3巻でも、引き続き「マーケットの魔術師から広がる世界」を見ていきましょう。

＊

トップを飾るのは、『マーケットの魔術師』シリーズ第1作にして永遠の名著である通称「青本」に登場している、世界最高峰のトレンドフォロー系マーケットウィザード、ラリー・ハイトの直筆による『ルール』です。

彼は、中流階級の家庭に生まれ、ひどい学習障害のせいで学校の成績は悪く、さらに悪いことに目がほとんど見えませんでした（一方の目はまったく見えず、もう一方もかすかにしか見えなかった）という、ハンディキャップを抱えた非エリートです。そんな彼がどのようにしてマーケットの歴史に名を刻むような大成功を収め得たのかを、この本では彼自身の言葉から学ぶことができます。また同時にこの本には、トレンドフォロワーの考え方というものが、とてもよく表現されているのも印象的です。彼らが見ているものは、「**目の前の価格だけであり、それだけが真実**」ということなんですね。

次は、ダニエル・アマンによる抜群に面白い、『相場師マーク・リッチ』です。そもそもマーク・リッチとは一体、何者でしょうか？　彼は、巨大な国際石油資本が支配する独占市場をグローバルにだれでも取引できる競争市場（原油のスポット市場）を創設し、「石油市場の民主化」を実現した20世紀最大のコモディティトレーダー！　です。厳密には『マーケットの魔術師』シリーズには登場していないのですが、本書中に親友で青本にも登場している「ヘッジファンドの帝王」マイケル・スタインハルトが出ていて重要な役回りをしていること、学ぶべきポイントがたくさんある名著であること、そして何よりも読んでいて圧倒的に面白いことを評価して、この章で紹介することとしました。

以上２冊、とくとお楽しみください。

ルール

ラリー・ハイト［著］、パンローリング・2020年

1. 総論

さてラリー・ハイトと言えば、彼が設立したミント・インベストメント・マネジメントが「運用資産額が10億ドルに達した最初のヘッジファンド」であることで知られ、さらにはジャック・シュワッガーによる『マーケットの魔術師』（青本）にも登場している、世界最高峰の真のマーケットウィザード&伝説のトレンドフォロワーです。

初回は、とても印象的な「第1章　自分を知る」から。

「私は目立たない子供で、ほかの子供にない能力というものも持ち合わせていなかった。それどころか、私には重度の障害があった。

私が『普通』でなかったのは、大きな問題が二つあったからだ。一つは目が不自由だったこ

とだ。生まれたときから一方の目は見えず、もう一方はひどい弱視だった。子供時代のもう一つの問題は、本のどのページを見ても文字や単語がごちゃ混ぜにしか見えなかったことだ（みきまる注：ハイトは失読症だった）。そのせいで、読書は拷問だった。書くのも苦手だった。

子供のころはほとんどいつも、ひどく落ち込んでいた。自殺を考えることもあった」

トレンドフォロー（時系列モメンタム）手法を使うマーケットウィザードの中でも、「世界最高峰の一人」であると一般に広く知られているラリー・ハイトが、実際には大きな障害を抱えそれを乗り越えて成功を収めたということを、私は恥ずかしながらこの本を読むまで全く知りませんでした。

そして彼はその障害のために数え切れないほどの失敗と挫折を繰り返し、それを糧にして世界有数の富豪となりました。彼の痛快でポジティブな自伝からは、「平凡で取るに足らない存在」である我々市井の投資家が学べることが星の数ほどあります。

続きを見ていきましょう。

「自分が誤りを犯すこともあると自覚して、失敗を受け入れられるようになれば、パフォーマンスを改善できる。私はひどい失敗をよくしたので、その不確実性に慣れるようになった。

本格的なトレーダーや何らかの賭けをする人になるには、ある種のずぶとさが必要になる。

多くの自力解決プランは、自分を変える努力をするようにと教える。しかし、私は自分が今持っているもので解決する必要があると思っている。その配られた手札でプレーすべきだ。自分の欠点をよく知り、それを受け入れるべきだ。それが自分だからだ。髪の色は変えられる。目の色もカラーコンタクトレンズで変えられる。しかし、自分自身や自分のDNAは変えられない。

正直な人ならだれでも、一時間も費やせば自分の本当の欠点が分かるものだ。そういう人間であるべきだ」

私はこの本を読んで、「たくさん失敗を犯すことの価値」を学びました。ラリー・ハイトもあまたの失敗をしましたが、その度にそこから教訓を学び、どんどんと打たれ強くなり、投資家に必須の精神的な強靭さ（メンタルタフネス）と、負けた時の回復力の高さ（レジリエンス）を手に入れることができました。そしてそれが彼を世界有数の投資家に押し上げる大きな力となったのです。

「私は投資が自分のやりたいことだと分かったとき、一生の仕事を見つけたと思った。なぜだろうか。投資は豊かになる道を提供してくれるからだ。

また、投資はやりがいのある仕事で、興味深い人々とも出会える。市場はあなたがどこの出身なのかや、学習障害や弱視なのか、黒人か白人かユダヤ人か、やせているか太っているか、ゲイかそうでないかなど気にしない。市場はあなたのことをまったく気にしない。

ブルックリンの街角で話すように、もう少し話そう。市場はあなたがだれであろうと、関心はない。それどころか、これは重要な事実なのだが、あなたはお金持ちになることができて、市場に何の借りもないのだ。私が投資をとても気に入ったのは、それが真実を追求するもので、ありのままの自分でいられる場所だと分かったからだ。そして、投資はうまくいった。私はお金持ちになりたかったたし、実際にそうなった」

私はこのハイトの素敵な言葉を読んでいて、ふと、20年前に200万円弱の総資産を握りしめてマーケットに夢中で飛び込んだ時のことを思い出しました。

市場の荒海に飲まれ揉まれながら、「ここはとても厳しいけれど、でもすごく居心地がいいところだな。落ち着くな」と感じたのです。それは、「他の誰かを直接傷つけたりせずに、誰にも迷惑をかけずに、どこまでも孤高に自分の力だけで戦ってお金が稼げる。こんなに素敵な世界は他にどこにもないな」と思ったからです。

投資の世界には、真の自由があります。きっと、世の中で最も「あらゆるしがらみから解放された、究極のパーフェクトワールド」なんですね。

2. 効率的市場は、今後もけっして存在しない

今回は「第2章　お気に入りのトレードを見つける」から。

「人間が強欲と恐怖から激しい争いをしているかぎり、効率的市場は現在も今後もけっして存在しない」

くーっ、なんすか、この名言。

ハイト節、最高ですね。

自分も効率的市場などというものは空想で、ファンタジーの世界にしか存在しないと考えていますし、だからこそこうして20年間ずっとアクティブ投資家として戦い続けているわけです。

さて、ラリー・ハイトといえば、『マーケットの魔術師』で放った、「殿堂入りの名言」があまりにも有名です。その青本から該当箇所を紹介しておきます。

「Q　有利な確率に賭ける方法を開発できると信じているのはなぜですか。

A　すべてを理解しているとは思わないが、長年市場を見ていて非効率的だということがわかったのだ。エコノミストの友人が私に子供を諭すように言うんだ。『市場は効率的にできているんだから、君のやろうとしていることは無駄なんだよ』ってね。

でも気付いいんたんだ。**市場は効率的だと言っている人たちはみんな貧乏**だってことにね」

この、「市場は効率的だと言っている人たちはみんな貧乏」という言葉は、かつて心震えながら青本を読んで以来、ずっと私の座右の銘になっています。そして、実際の自分の20年間の投資家としての経験からも、彼の言葉は「まさに真実」だと確信しています。

ハイトの言葉によって「心の中の炎」を燃やし続け、私は今日も市場で元気に戦っているわけです。

3．常に目を光らせて、特大の機会に賭けるべき

ここでは「第3章　確率を利用する」から。

「大勝利を狙って賭ける
忘れないでほしいが、いつも勝っていても、利益がわずかならば、実は勝っているとは言えない。その理由はこうだ。常に小さな利益を目指してトレードをするのは安全ではない。わずかな利益しか得られなければ、小さな損失を何度も出したときに埋め合わせることができない。私は大きな利益を狙う。ゲームが実際にどういうものかをまだ知らない平均的な人は、いつでも小さな利益を着実に取りに行く。それが安全な賭けに見えるからだ。問題はこれが見た目ほど安全ではないという点だ。

大金を稼ぐには、必ず大きな利益を得られそうなものに賭ける必要がある。これを定期的に行っていれば、やがて有利な確率になり、そのうちに大勝できる。だからこそ、常に目を光らせて、特大の機会に賭けるべきなのだ」

日本でも、かつて「ディフェンシブ・ストック」の代表格とされ、安定して高配当が貰えるということで定年退職者のポートフォリオに多く組み込まれていた人気株の東京電力が、東日本大震災に伴う原発事故の発生で、「見た目ほどに安全な賭けでは全くなかった」ということが白日の下にさらされたことがありました。

マーケットの本質は「危険で不確実」であることであり、そこにありもしない「安全で確実」という幻を求めると、非常に高くつくということです。

それにしても、ハイトの「小さな利益を取りに行くことの危険性」の説明は分かりやすいですね。「確率を高めるために、手持ちのツールをすべて使う必要がある。タイミングはエッジ（優位性）だ。それを使って、戦略的に賭けをしよう。また、いくら賭けるかは非常に大きな意味を持つ。重大な行動をする前に、『これでどれだけ儲けられそうか』と自問しよう。賭ける価値があるほどの利益でなければ、意味がないからだ。そして、最後に、『どれだけの損を受け入れられるか』と自問しよう。小銭を稼ぐために大金を賭けるべきではないからだ」

いやあ、実践的で素晴らしいアドバイスですね。私もポートフォリオ上位銘柄に関しては、「リスク・リワード比」が優れている、期待値が不自然なくらいにプラスに歪曲している、そういう「極上の有利な賭け」ばかりになるように、常に意識を徹底しています。

4. トレンドフォローは、世界最強の投資法

今回は「第4章　トレンドフォロー」から。

「トレンドフォロワーは危機の時期にうまくいく傾向がある。なぜだろうか。**暴落は全市場で急激にトレンドを生み出すからだ**」

ハイトの指摘している通り、**トレンドフォロー戦略は「市場の動乱期に強い、危機管理に優**

れた投資法」であり、**総合的に見ると、世界最強の投資法であると認めざるを得ない**と感じています。私はコテコテのバリュー投資家であり、正直に言って数年前はトレンドフォロー手法の優位性を認めたくない気持ちが心の奥底のどこかにありましたが、今は完全に折伏《しゃくぶく》されています（滝汗）。

「私の同僚アレックス・グレイザーマンと共著者のキャスリン・カミンスキーは年平均リターンを比較した研究で、一九九二～二〇一三年の二〇年間にトレンドフォロー（バークレーCTAインデックスで測定）が株式市場平均（S&P500トータルリターンインデックスで測定）を上回っていることを発見した。

・バークレーCTAインデックス――年平均リターン10・9％
・S&P500トータルリターンインデックス――年平均リターン9・22％
・50対50の組み合わせ――年平均リターン10・37％」

はい、今や、トレンドフォロー／モメンタム投資手法が、私が専門としているバリュー投資手法と「少なくとも同等以上」の効力を持つやり方であることは明白かつ決定的です。そしてだからこそ、あらゆる投資家はこのやり方について真剣に学ばなくてはならないんですね。

5．生き延びられたのは損を早く切ったから。裕福になったのは利を伸ばしたから

今回は「第5章　どうして損をするのか」から。

「私たちはしばしば自分の間違いに気付かない。間違いがだれの目にも明らかなときでも、うぬぼれや恐怖や願望のせいで、それが分からないことがある。

大損をした多くの人は早く損切りをして利を伸ばすのではなく、打撃を受けると固まってしまうのだ。彼らの小さな損は深い穴になる。

私が経済的に生き延びられたのは損を早く切ったからで、裕福になったのは利を伸ばしたからだ」

投資家にとって大損失というのは精神的に甚大なダメージを与えるものです。そしてその衝撃が大きすぎれば、脳は恐怖とパニックに支配されて文字通り固まってしまいます。

だからこそそうなる前に、風邪を引いた時の早めの○ブロンのような「迅速な損切り」が必須なんですね。

それにしてもハイトの、私が経済的に生き延びられたのは損を早く切ったからで、裕福になったのは利を伸ばしたから、は良い表現です。納得感があって頭にスーッと入ってきますし、また同時にトレンドフォロワー／モメンタム投資家の考え方がギューッと凝縮された名文ですね。

6. お金を失う八つのケース

最終回も「第5章　どうして損をするのか」から。

「お金を失う八つのケース

一．天才になる
二．その銘柄に借りを返してもらう必要があると考える
三．トレンドを無視する
自分の展望が現実と合っているか絶えず自問しよう。株や商品が上げていると考えて一ドルで買ったのに九〇セントに下げたら、現実を直視しよう。あなたは間違えたのだ。降りよう」
「四．ひどいポジションを手仕舞わない
五．含み損になってもしがみつく
六．勝ち組である
勝つことに慣れている人は負けを認めようとしない。彼らは賭けに負けると、人よりも長くしがみつく。
私は損する練習をすることを勧める。長い目で見れば、それは大勝する役に立つ。
七．自分の目標がはっきりしていない
八．思い上がる」
いやあ、このハイトの「お金を失う八つのケース」は身に沁みますし、どれも本当にその通りですね。
それにしても、彼の言葉を読んでいると、**損をすること、負けることには実に多くの効用がある**んだな、ということに改めて気付かされます。

さてこれでこの本の紹介は終わりです。

ポジティブな意思に溢れた、ミント香る爽やかな名著で、読み終わった後に全身にモリモリと力が漲ってくるのを感じました。また異常なくらいに歯切れが良いのも特筆すべきポイントであり、どことなくマックス・ギュンターの名著『マネーの公理』に似た、エバーグリーンな一冊であるとも感じました。

分かりやすくて読みやすいですし、心にグサッと刺さる名言が多いですし、滅茶苦茶いい本と思います。未読の方は是非。

相場師マーク・リッチ

ダニエル・アマン［著］、パンローリング・2020年

1. 総論

はっきり言って、表紙を見ただけでマーク・リッチはカッコいいですね。顔面に刻まれた意志の強さ、聡明さ、そして素敵なオーダーシャツと最高級の葉巻から伝わってくるSクラスのオシャレさ、一目見ただけで「この人はタダものじゃないな」とすぐに分かります。

なお、どうでもいいことながら忘れないうちに書いておくと、私たちバリュー投資家は一般に、「安い、しかも使い古してヨレヨレのチェックシャツを着た、小汚くてキモい集団」と認知されていますが、私は個人的にはそれではいけないと思います。いかに「バリュー投資冬の時代」とは言っても、これまでの長年のキャリアの中で皆様それなりに累計では稼がれている方が多いわけですから、身なりにもしっかりと気を使って、その「資産に応じたコンフォタブ

ルな外観」を形作ることはとても大切と考えています。

稼いだお金はバランスよく使う必要があります。毎日命がけで市場で戦っているわけですから、その報酬として自分に適切なご褒美をあげることも必要です。それに証券口座のメダルゲームの残高だけを目をバキバキにして凝視し続けているのはとても不健全です。そして私自身、「バリュー投資家の端くれ」として自らの見た目にはとても気を使っています。

すみません、悪い癖が出ていきなり大幅に脱線してしまいました。本文に戻ります(汗)。

さて私たちにはあまり馴染みのないマーク・リッチですが、その一生はとてもドラマチックで、かつ我々投資家にとって、学ぶところの極めて多い偉大な人物です。

まずは、本のそでの紹介文を見ていきましょう。これがまたいきなり最高に出来がいいんですね♪

「マーク・リッチとは一体、何者なのか?

巨大な国際石油資本が支配する独占市場をグローバルにだれでも取引できる競争市場(原油のスポット市場)を創設し、『石油市場の民主化』を実現した20世紀最大のコモディティトレーダー!

一方で、アメリカが禁輸国に指定しているイラン、南アフリカ、キューバや、その他発展途上国の独裁国と原油をはじめとする鉱産物の取引を行い、巨万の富を築きながらも、納税を免れたアメリカ史上最大の脱税王であり、最大の悪魔であり、売国奴!

冤罪を訴えるも、『国賊』と決めつけるアメリカ司法省から逃れるために、スイスに移り住む。17年後、熱心なクリントン支持と献金のおかげで、クリントン大統領の在職最終日に特赦を受けるも、メディアからのバッシングはやまず、帰国がかなわず、子供の死に目にも会えなかった！ただ、メディアが流す『マーク・リッチ像』とは異なり、リッチはイスラエルとパレスチナの和平プロセスを支援したり、パレスチナ自治政府のための訓練プログラムを実施したりしている。また、アメリカの禁輸制裁国と取引をして、そこに住む貧しい国民たちを豊かにしたことも確かである。

偉大なトレーダーであり、売国奴であり、脱税王であり、最大の悪魔などとレッテルを貼られた、地球を相手にした謎だらけのマーク・リッチの真実の姿が明らかになる！」

くおー、この紹介文を読んだだけで、もうヤバいですね。マーク・リッチ（1934～2013）の生涯がどのようなものであったのか、凄く気になりますね。

最初に結論を書いておくと、個人的にはこの本は**最高**でした。投資家として、マーク・リッチは目指すべき人生の目標・新たな憧れの存在になりました。ただし、私には「無類の悪党好き」の一面があり、もしかするとそれで評価が少し過大になったかもしれません。これがなぜかというと、**投資家と悪党には共通点が非常に多い**からです。

それでは次回からは、この極上の一冊のベストオブベストの大トロ

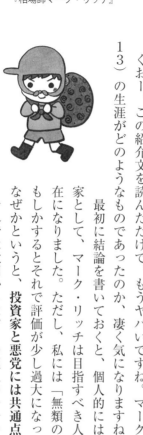

のところを一緒に見ていくことと致しましょう。

2. マイケル・スタインハルトがマブダチ

今回はいきなり最高に面白い「第2章　最大の悪魔」からです。

「『独立』はリッチがよく使う言葉で、わたしが『所有する想像を絶する富は、ご自分にとってどういう意味があるのでしょう？』と尋ねたときも、彼はその言葉を使って答えた。**『富は常に独立を意味する』**」。

リッチのこの言葉は深いな、世の中の真実をグサッと突き刺しているな、と思いました。私たち投資家は稼げば稼ぐほど、様々な意味でより独立して自由な存在になれます。そしてそれが本能的に分かっているからこそ、自分もこうやって日々猛勉強を続けているわけですね♪

「リッチの親友である伝説的なヘッジファンドのパイオニア、マイケル・スタインハルトは、マンハッタンのマディソン・アベニューのオフィスでインタビューに応じたとき、実にうまい言い方をした。スタインハルトはシルバーの口髭を生やしたジャイアントパンダのような男で、とても低い声で穏やかに話す。

『ビジネスで成功することがマークの使命になったんだ』というのがスタインハルトのマーク・リッチ観だ。長い年月のあいだに、成功そのものが目的となり、生きる真の意味となったのだ」

ちなみに1970年代〜90年代初頭にかけて驚異的な成績を収めたリッチの親友のヘッジフ

ァンドマネジャー、マイケル・スタインハルトに関しては、永遠の名著『マーケットの魔術師』（青本）中のインタビュー記事の書評を第1巻221ページに、彼自身の手による自伝『ヘッジファンドの帝王』の書評を第2巻201ページに書いていますので、未読の方は是非この機会にご覧ください。

ちなみに私は、彼の「見ててやるよ」という伝説的な迷言と、スタインハルトの4原則が大好きです（笑）。

そしてこのスタインハルトですが、クリントン大統領の在職最終日にリッチが劇的な特赦を受けたことにも決定的な貢献をしました。それは「クリントンの任期終了間際の特赦を狙うというのはどうかな？」と彼が最初に言い出したからです。

凄腕投資家の発想力、物の見方の異次元さをまざまざと物語っていると思いましたね。

3. 投資家の「最大の力」

今回もいきなり最高に面白い「第2章　最大の悪魔」から。

「最大の力

『彼の最大の力？』と、ウルスラ・サント・ドミンゴはわたしの問いを鸚鵡返しに繰り返した。『彼はスペイン語で言うスーペルドタド、天賦の才がたっぷりある人。彼の最大の力は、目的を達成するまで決してあきらめないということね。やると決めたら、それができるまで、昼も夜も働き続けることができた。仕事のことしか考えていなかったわ。一日に八時間しか働かず、週末は休むというのでは、彼がやってきたことをやるのは無理ね』

どうしてこれほどの成果を勝ち取ることができたのかと、わたしが訪ねたとき、リッチは月並みなトレーダーのジョークで答えた。『それは安く買って高く売ったからさ』。そしてやや改まった口調でこう続けた。『肝心なのは勤勉さ。働いて、働いて、働きまくること。それによき協力者。もちろん多少の運もあった方がいい』」

当たり前のことですが、成功するためには努力することが大切です。投資の世界では「運」も大きく作用するので、努力の量に比例してそのまま自動的に勝てるようなところでは全くないですが、それでもロクに勉強をせずただ結果だけを求めている怠惰な投資家は、数年単位で見れば高確率で淘汰されていなくなります。

私たち投資家にとって、「勤勉で極限まで努力し続けること、幸運を掴み取るためにあらゆる角度から物事を考え続けること」は、絶対に必要な条件なんですね。

4. Sクラスの素敵なジジイ

ここでも「第2章　最大の悪魔」から。

「サンモリッツでのスキー

サンモリッツの街のすぐ上にあるコルヴィリアは、世界屈指のスキー場であるばかりでなく、アルプスで最も魅力的なリゾート地のひとつでもある。リッチがスヴレッタ丘に所有する三階建てのシャレー風ヴィラは、その地域でも最高級・最高値の不動産だ――リッチが手に入れたのは最近のことで、買い取り価格は七〇〇〇万ドルと言われている。

ヴィラには室内プールもあって、リッチは毎朝そこで泳ぐ。彼は七四歳にもかかわらず、どんな滑りでも優雅にこなす名スキーヤーで、冬場はほぼ毎週末そのヴィラで過ごす。いや、スキーだけではない。いまもなおテニスに打ち興じ、週に二回は専属トレーナーとトレーニングに汗を流す。

ヘリコプターで山頂まで飛んでしまうスーパーリッチもいるのだろうが、リッチは一般の人々とともにリフトの列にならぶ」

世界最高クラスの資産を築き上げても、常に勤勉で体のメインテナンスを怠らず、さらには人の目をまっすぐに見て物を話し、約束したことは何があっても必ず守る誠実さを持ち、目立つことは避けていつも謙虚で寡黙なリッチのライフスタイルに私は深い感銘を受けました。

自分も2年半前から家の中にトレーニング専用ルームを作って、最低週に2回はきっちり・みっちり・しっかり筋トレをしています。本書に接し、これからも常に「節制と勤勉」を守り、マーク・リッチのような、**Sクラスの素敵なジジイ**になれるように日々努力していこうと自らに誓いました。

5. 少し泣いてから先へ進む

今回は「第3章　ユダヤ人の運命」から。

「小柄で、訛りがあり、ユダヤ人だった一二年のあいだに一二の学校に通ったことをマーク・リッチは覚えている。難民で一人っ子だった彼は、そのためさらに友だちをつくるのが難しくなった。独りでいることが多くなり、それが習慣になって、ついには孤独癖という個性になった。リッチは以後ずっとアウトサイダー――エスタブリッシュメントに属さず、属したいとも思わない人間――でありつづける。彼はたえず自分の力を証明して見せて、〝何ものにも潰されないぞ〟という態度をとりつづけた」

投資家というのは実に孤独なものです。あらゆる判断を100％自分自身で下さなくてはならず、その生じる結果に対しても当然100％の責任を取らなくてはなりません。ただその分、どこまでも孤高に、自由に戦うことができます。そしてこの**「孤独という自由」を楽しめるくらいでないと投資家には向いていない**とも言えると思います。

「敗北にはどう対処するのかとわたしが聞いたとき、リッチは『少し泣いてから先へ進む』と答えた」

このリッチの、「敗北への対処法の、シンプルで短い言葉」には強く胸を打たれました。投資家も負ければ傷つきます。

敗北したら、泣いて辛い感情を思い切り放出し、リセットした上でまた勇気を持って前に進むしかない。

本当にその通りですね。

6. 関心があったのはビジネスと金儲けだけ

今回は「第4章　アメリカン・ドリーム」から。

「リッチはイスラエルと緊密な関係にあったにもかかわらず、フランコの政策を問題視しなかったようだ。『マークは気にしていなかった』と、当時リッチと仕事をしていたスペインのある友人は言う。

『政治には関心がなかった。関心があったのはビジネスと金儲けだけ。それがマークの強みなんだ』」

私も投資家として、自らのパフォーマンスの向上だけにすべての情熱を注いで戦っていきたいと思います。極力、政治的な発言は避け、余計なフリクションを起こさないように、「一番大切なこと」に集中してこれからも精進していこうと決意しています。

7. 「長期志向」が成功の秘訣

今回は「第8章　アヤトラ・ホメイニとの取引」から。

「一九七九年の春、二〇世紀で最も驚くべきビジネス・パートナーシップのひとつが始動した。イラン革命直後、反ユダヤ・反資本主義・反アメリカのアヤトラ・ホメイニ体制が、ほかならぬユダヤ系アメリカ人ビジネスマンのマーク・リッチと取引することに決めたのである。

リッチがイランと維持したビジネス関係は、実はこれまで知られていたものよりもずっと強くて長い」

「リッチ自身に言わせると、この『長期志向』が成功の秘訣でもいちばん大事なもののひとつなのだという」

「できるだけ高く売りつけようという気はリッチにはなかった。それは彼の鉄則である『長期志向』に反することだった」

この本を読むと、マーク・リッチは「世界最大の極悪人」という世間一般から貼られたレッテルとは全く違って、極めて誠実で、長期視点で物事を考える人間だったんだな、ということがよく分かります。

私も投資家として、できるかぎり誠実に行動し、かつ極力長期視点で銘柄選定をすることを目標としており、その意味でもやっぱりマーク・リッチは憧れの存在だなあ、いつかこんなタフなジジイになりたいなあ、という思いを新たにしました。

8. ただ静かに座り、葉巻をくゆらせ、ひたすら人々を観察する

最終回は「第11章　法を犯したことは一度もない」からです。

「リッチの声はいつにも増して穏やかだった。

服装はいつもと同じーダークスーツ、白いシャツ、赤いネクタイ、そして左手首にキラキラ輝く金のロレックス。二人で会うときはいつもこう。七四歳のリッチは、いまも端正な顔立ちで、若いころはさぞや美男だったにちがいない。

リッチは、鋭い観察眼をもつ、穏やかな口調で話す寡黙な男であり、ほんの少しだけ舌足らずに発音する癖がある。いつも的確で、的を射る。

そのほかにも猫に似たところがある。彼は注意深く間合いをとり、飛びかかる準備を整えて待つ。逃げるのかもしれないし、飛びかかるのかもしれない」

うーん、マーク・リッチはかっこいいですね。それにしても世界一の投資家のウォーレン・バフェットも手首に巻いていることで有名ですが、凄腕投資家の時計のロレックス率は高いですね。ちなみに、場末の未熟な投資家ですが私も「熱狂的なロレックス好き」です（笑）。

「リッチは弁解がましくならないように注意しながら、自分が無実であることを強調した。『合法と違法の境界線を越えたことは一度もない。わたしがやったことはすべて、完全に合法だった。法を犯したことは一度もない。悪いことは何もしていない』」

この本を読んで、私もマーク・リッチは無実だと思いました。彼はそのあまりにも巨大な成功と、後ろ盾のない一匹狼だったことから目を付けられ、出る杭として打たれてしまったんですね。とても無念だっただろうな、と思います。

「こうしたことを話すマーク・リッチは、ほとんどはにかんでいるように見えた。わたしは彼の友人のひとりから聞いたことを思い出していた。リッチは実はたいへん控えめな——内気と言ってもよい——性格で、パーティーなどでも隅に静かに座っているほうが好きなんだ、とその友人は言ったのだ。

ただ静かに座り、葉巻をくゆらせ、ひたすら人々を観察する。マーク・リッチという男は——氷のように冷たい無遠慮なビジネスマンという世間一般のイメージとはちがって——実は控えめを絵に描いたような人物なのである」

私も常に静かにマーケットに向き合い、葉巻は吸いませんがリラックスのためにお酒をチビチビと飲み、市場参加者の行動と心の動きをじっくりと観察しながら過ごしています。

いつの日か、マーク・リッチのような凄い投資家になれるように、これからも日々努力していく所存です。

さてこれでこの本の紹介は終わりです。抜群に面白く、同時に投資家として得るところの多い名著と思います。未読の方は是非。

第5章

相場心理と経済行動学の２冊

第5章 序

この章では、第2巻同様、相場心理に関する名著、そして新たに行動経済学に関する名著を紹介します。株式投資においては、マーケットに対して自らの心を常に良い状態に保って戦うこと、また自らの心の状態をモニタリングしながら行動することが何よりも大切なので、相場心理や行動経済学の知識をもっていて損はありませんね。

最初に紹介するのは、第1巻で紹介した『リスクの心理学』の作者で、「世界最高峰のトレーディングコーチ」である精神科医、アリ・キエフのもう一つの傑作、『トレーダーの心理学』です。

この本は、原題の「Hedge Fund Masters」が示す通り、キエフがコーチングを行ってきた**世界トップレベルの凄腕トレーダーたち**との「濃密な会話集」です。超一流のトレーダーたちが直面している壁や問題点が赤裸々に語られ、それをキエフが冷徹に分析しながらさらに追い込んで激ツメするという、ある意味で「地獄のように恐ろしい」一冊です。私は読んでいて胸が詰まり、思わず目を閉じてしまう、そして呼吸が苦しくなる場面が何度もありました。一度読んでもまたなぜか手を伸ばしてしまう、凄まじく濃密な本ですね。

次に紹介するのは、ダニエル・クロスビーの『行動科学と投資』です。株式投資の世界の分析と理解というのは、「光の速さ」で進化しているわけですが、本書はその最先端の知見を明らかにしてくれています。読めば誰もが、大脳新皮質が喜ぶ「アハ体験」ができますし、また「読んですぐに次の日から使える」即戦力な一冊である点も魅力ですね。

本書の掉尾を飾る2冊が、皆さまの参考になると嬉しいです。

♛トレーダーの心理学

アリ・キエフ［著］、パンローリング・2006年

1. 総論

著者のアリ・キエフ（1934～2009）は、世界一のトレーダーとして知られる**スティーブ・コーエン**（1956～）が率いていた、世界最大級のヘッジファンドSACキャピタル・アドバイザーズ（現在は閉鎖されている）に、2009年に亡くなるまで「永久雇用」されていた「世界ナンバーワンの金融トレーディングコーチ」として名高い精神科医です。

キエフの著作は、第1巻で、殿堂入りの超傑作『リスクの心理学』を紹介していますが、この本もそれに肉薄するレベルの傑作です。ただカジュアルで誰にでも読みやすくて分かりやすい『リスクの心理学』に較べると、内容がやや難解かつ複雑で読むのに骨が折れることからようやくの紹介となりました。

さてこの本の総評を最初にしておくと、初心者の方には「ちょっと何言ってるのかよく分からない」一冊かと思います。ただ、株式市場で一定以上の経験を積み、様々な困難に直面し、投資家としての自分の壁・欠点・能力の限界などを痛感している中・上級者の方には、「**投資家としての限界を広げてくれる、胸にグサグサ刺さる名言と実例に満ちた神本**」である、ということになると思います。

なぜかというと、原題の『Hedge Fund Masters』が示す通りで、この本はキエフがコーチングを行ってきた超一流のヘッジファンドマネジャーたちとの「濃密な会話集」だからです。世界で最も成功している凄腕たちとの臨場感あふれる対話・実際のケーススタディの宝庫であり、とても定価2800円（税別）で本屋さんで表立って売って良いとは思えないほど貴重な「情報の正倉院」だからです。

それでは次回からは、アリ・キエフが繰り広げるディープ過ぎる世界を堪能していきましょう。キエフに与えられた「世界ナンバーワンの投資精神科医」の称号は伊達ではありません。私は読んでいて、心が高揚し、打ち震え、興奮で頬っぺたがリンゴみたいに真っ赤になる場面がたくさんたくさんありました。**胸が震える、最高の、ほんとは誰にも紹介したくなかった私の宝物**です。

全16部の超大作となりました。是非お楽しみください。

2. 腕が良いだけでは偉大なトレーダーにはなれない？

今回はいきなり鮮烈な言葉が躍る「はじめに」を見ていきましょう。

「腕が良くてもけっして偉大なトレーダーにはなれない人がいるのはなぜだろう。筆者はこのことについて一二年間研究を重ねた末に、腕が良いトレーダーでもそのほとんどが**明確なゴールを設定していないから**だという考えに至った。

さらに言えば、彼らのほとんどが心理的な障害を克服するためには特定のスキルが必要だし、不透明で予想のつかないマーケットにおいて勝ち続けるためには戦略がいるという考えを持っていないように見える」

キエフはサラッと書いていますが、この彼の疑問は強烈かつ重要です。私は読んだ瞬間に、「これは間違いなく真実だ」と感じました。

自分はこれまで20年間を日本株市場で戦ってきました。常に首が折れるくらいに無理目の高い資産目標を掲げ、かつブログやツイッターで膨大な情報発信をしながら、同時に多くの他の投資家の戦いを見つめ続けてもきました。そして、「株式投資に関する知識もそして経験も豊富にあるのに、長期成績が意外なほどに振るわず、未だにちっぽけな資産額に留まっている方」がたくさんいることに気付いていました。

そしてそういう方々に共通するのは、「別に勝てなくてもいい」と頻繁に自分に対する言い訳を発言していたり、他の投資家をディスったり皮肉を言ったりすることばかりに集中していて、本人の投資家としての夢や目標が全く見えない人がとても多いということでした。要は、「貴重な精神エネルギーを浪費していて、自らの旗を掲げていない」のです。

ナポレオン・ヒルではないですが、長期的に見ると「思考は現実化する」ものですし、「自らの投資家としてのゴール」を設定し、逆算して今の自分を客観的に見つめたうえで、そこに辿り着くためにはどのような銘柄にどのくらいの資金集中をして戦わなくてはならないのか？という戦略を練り続けることは極めて大切と思いますし、私は以前からずっとそうしています。

3.「ゾーン」で戦うことが必要

ここではこれまたいきなり印象深い「序論」から。

「普通のトレーダーに比べて一流のトレーダーは、より勇敢で、より落ち着いている。そのうえ、意思が強くて自己主張もするし、自信にあふれ、冒険好きで、束縛もされない。また、トップトレーダーは何かが起こる前にそれを思い描き、変化する市況に対応する準備を整えておく能力に優れている。最後に、彼らは**中心の見つけ方、つまり自分のなかで外部情報と内部情報をバランスよく処理するポイントをつかむ能力**にも恵まれている」

最初に書いたとおり、アリ・キエフは、スティーブ・コーエンが率いる、世界最大級のヘッジファンドだったSAC キャピタル・アドバイザーズに2009年に亡くなるまで「永久雇用」

されていた「世界ナンバーワンの金融トレーディングコーチ」の称号を欲しいままにした精神科医です。つまり、**世界トップクラスの凄腕トレーダーたちを誰よりも身近でかつ長年観察し続けてきた男**です。

そういうキエフが端的にまとめた「トップトレーダー像」はとても印象深いですし、自分も必ずそこに辿り着きたいです。

「本書は達人トレーダーたちが身につけている原則を学ぶことでゴールを達成し、自分のなかに眠っている才能を見つけだすことに使ってほしい。本書で学ぶことができる内容をまとめると、次のようになる。

- 感情的になりすぎることも、ならなすぎることもなく、バランスを維持する
- エネルギーと注意を集中して、特定の目標に向かって行動する
- 燃え尽きたり動機をなくしたりしないように、刺激と努力の適切な加減を見つける
- 集中力を高める
- コントロールされるのではなく、自分の直感によって自然に機能するのに任せる

人生でもトレーディングでも、成功するためには勝敗にかかわってくるプレッシャーを取り除く必要がある。実際、そのプレッシャーを乗り越えられるかどうかは、成功するトレーダーと普通のトレーダーを分ける主な要因のひとつになっている。『心を空にする』ことが最高のパフォーマンスを生むことから、本書では勝ち負けに関するすべての考えを捨てる方法を伝授

し、不安を減らす手助けをしたいと思っている」

つまり、マスタートレーダーになるためには、マーク・ダグラスの言う「ゾーン」で戦う必要があるということですね。

それではいよいよ本文へと分け入っていきましょう。

4．アリ・キエフの考えるトップトレーダーの条件

今回は「第1章　マスタリーの定義」から。

「マスタリーとはどういう意味だろう。

これは特定の活動で最高水準まで熟練することと言ってもよいだろう」

今回のキエフ本ではこの「マスタリー」という言葉が頻繁に出てきます。これがまた実にこの本を読みにくくしているのですが、多分彼の好きな言葉なんでしょうね（笑）。

「トレーディングマスタリーは、（中略）自分を信じて不確実性という深淵に踏み出していくことだと思う。

もし次のことができていれば、マスタリーに近づいていると考えてよいだろう。

・高い緊張感を持続できる
・不安をモニターし、コントロールできる
・攻撃性、冒険好き、勇敢、自信がある、制約にとらわれないなどといった性格を気軽に表

現できる
・自分の能力を現実的に見ることができる
・ゴールを達成することに対する恐怖、自己不信、自己喪失などといった障害を克服できる
・邪魔が入ってもそれを退け、ひとつのことに集中できる
・ゴールを設定してそれを順守し、優先順位を設定したうえでトレードを具体的に思い浮かべて展開に応じた作戦を組み立てることができる
・バランス感覚に加えて、素早い認知力と落ち着いた自発性も持ち合わせている
・合理化、穏藪、阻止、責任逃れなどといった防御的姿勢はできるかぎり避ける」

このリストこそが、アリ・キエフの考えるトップトレーダーの条件ということです。彼が長年観察してきた世界最高峰のトレーダー達にはこういった特質が備わっているのです。私は胸を震わせながら、これまでに何度も読み返しました。なぜなら自分も絶対にそこに辿り着きたいからです。

そして現時点では、2番目の「不安をモニターし、コントロールできる」というところがまだ決定的に足りないと個人的には感じています。**日本人は遺伝子的に「世界一不安を感じやすい民族」**と言われますが、自分にもその傾向が強くあります。

あともう一つは、「優先順位を設定したうえでトレードを具体的に思い浮かべて展開に応じた作戦を組み立てることができる」という点も、もっと改善しなくてはならないと思います。

自分はバリュー投資家という出自から、どうしても銘柄の指標的な割安さを「鉄の規律」で最重要視してしまい、機動性や柔軟性に乏しいという欠点があるんですね。

それにしてもアリ・キエフの「トップトレーダーの条件」は凄くハードルが高いです。私はまだまだ勉強しなくてはならないですね（滝汗）。

5．君の脳内のコンピューターが、理性以上の計算をしてくれる

今回も「第1章　マスタリーの定義」から。

「ケーススタディ――マスタートレーダーになるためには」

この本では、世界のトップトレーダーとキエフとの、**魂と魂の削り合いのような鬼気迫るインタビュー**がたくさん登場します。これがまた途轍もなく勉強になるんですね。早速具体的に見ていきましょう。

「アーウィン　間違いを見つけたら雑音を恐れずそれを食い止めなければならないし、これと思ったトレードは、迷っているうちに逃すのではなく、すぐに実行しなければならない。（中略）自分の知識を基にしてトレードすべきだ。大事なのは必要な場所にいることで、必ずしも底で買わなくてもよい。

キエフ　判断を下し、それが間違っていても恐れてはいけない。**行動あるのみ。君の脳の中にはコンピューターが入っていて、理性以上の計算をしてくれる。**（中略）もし間違っていれば、

次の行動に移ればよい。次々と行動を起こしていくんだ。（中略）大きなチャンスを目前にして、分かっているのに反応しない。この感覚を覚えておくとよい。これが不確実性だ。さほど大きなことでなくても、とにかく判断を下してみよう。マスタリーは不透明な状態を自信に置き換えることでもある」

いやあ、どうです、キエフの言葉、深くないですか？　そして読んでいると、そよ風のようにスーッと自然に無理なく自分の心の中に入ってくる感じもします。これがキエフが「世界一のトレーディングコーチ」と絶賛された理由です。

私は特に、「君の脳の中にはコンピューターが入っていて、理性以上の計算をしてくれる」というフレーズが気に入りました。それが**ゾーンで戦う**ということなんですね。続きを見ていきましょう。

「アーウィン　マスタートレーダーは何かが起こると買い始め、買うべきだという確信が続く限り買い続ける。

キエフ　**たいていは考える時間などない**。つまり準備ができているかどうか、作戦を立て、マーケットの動きに反応できる能力があるかという事なのだ」

このキエフの「たいていは考える時間などない」という表現は非常にしっくりときました。自分の経験でも、**ある投資アイデアを思い付いて即断即決で行動に移したからこそ大きな利益になった**ということはよくあります。

最近だと２０２０年の３～４月にポートフォリオの資金の多くを、地方スーパー、ディスカウントストア、ホームセンター、物流関連などの「ウィズ・コロナ銘柄」に移し替えて奏功したのがその一例ですね。

6．「良いアイデア」は生命線と言えるくらいに大切なもの

今回は「第3章　戦略を立てる」からです。

「ケーススタディ――認知的不協和を探す

認知的不協和を経験し、認識し、理解して受け入れると、新しい視点に対してそれまでよりオープンになることができる」

「キエフ　良いアイデアの特徴をいくつか教えて欲しい。

ジョン　それは日々変わっている。アイデアはダイナミックなもので、それが行動に移せるかどうかはマーケット自体やマーケットと世界の動きによって毎日変わっている。だから、トレーダーは自分のアイデアを変化に合わせて取り入れたり見直したりし続けなくてはならない。コンセンサスを得られない型破りのアイデアを探さなければならない。

キエフ　良いアイデアの例を挙げて欲しい。

ゲイブ　マーケットが気付いていないユニークなものや、ほかとは違う何かを見つけることだ。株価に影響を与える行動可能な要素で、マーケットがまだ認識していないことを探すとよい。

キエフ　ほかとは異なる視点という事だね」

「マーティー　マスタリーの能力のひとつは、行動していてもいなくても常に良いアイデアの在庫を持っていることだと思う」

私たちが戦う投資の世界では、**「良いアイデア」は生命線と言えるくらいに大切なもの**です。なぜなら、理に適っていてかつ独創的なアイデアは、それ一つで、数千万円、数億円の利益に繋がることもあるからです。

自分はとにかく、「たくさんのアイデアを試す」ことが一番良いと思っています。いろいろな視点から銘柄を選択し、実際に買ってみる。うまくいったアイデアには資金投入を増やし、うまくいかなかったものは止めて資金を引き出す。この試行錯誤の中から、「使えるアイデア」が抽出されてくると考えています。

そしてこの繰り返しのために、飽きもせずに毎日ブログで「永遠の金太郎飴」ポートフォリオ概況シリーズを書きながらアイデアを試し続けているんですね。

7．企業IRに電話をすることの危険性

今回は「第4章　気を働かせる」から。

「ベリル　企業を訪問すると混乱する。知り合うのは得意だが、これには良い点と悪い点が同じくらいある。**企業に電話すると、自分ではその会社についてよく分かっているつもりになる。**

それで、株価の動きに入れ込みすぎてポジションを手仕舞わなくてはならないのにそれができなくなってしまう。

キエフ　感情が邪魔をするときもある」

この章でキエフは、企業IRに電話をすることの危険性を指摘してくれています。

企業IRへの電話はピーター・リンチも勧めるやり方で、多くの新鮮で極上の、時に**グレーエッジを含んだ情報**が手に入る上に、電話のための前準備で猛勉強せざるを得ないのでそこでもその企業への理解が深まるという「良いこと尽くし」の投資行動なのですが、実は盲点となる意外な欠点もあります。それは、**自分で努力して掴み取ったが故に、その情報に重きを置き過ぎてしまい、自信を持ちすぎて客観性を失って自滅することがある**ということです。

恥ずかしながら、私はこれで過去に大きな損失を何度も出してきました。そして今では、主力として戦っている企業のIRに疑問点を質問するのは、「投資家として当たり前の、ルーティンの最低限の努力に過ぎない」し、「自力で努力して手に入れた情報を決して過大評価しない」ことが大切であると肝に銘じています。

8. 投資家人生最大級のピンチを救ってくれた「鋼鉄の言葉」

今回は「第6章　すべての恐怖の源」からです。

「ときには痛みを伴うこともあるが、**100%の力を注いだ結果の失敗は、成功した時には**

得られない真剣な努力の結果の満足感という新たな世界を開いてくれる。努力をしなかったり負けると分かってあきらめていたりすれば、一時的に敗北の痛みを軽減することはできる。

しかし、**最大限の努力をしなければ、自分を出し切った満足感を得ることはできないし、自分の能力についての感覚をつかむチャンスも無駄にしてしまう。**安全なトレードしかしないトレーダーは、本気で参加することで得られる大きな自信やマスタリーの感覚をつかむことはけっしてない。

現状を受け入れず、１００％の努力を捧げれば、大きな見返りを得られる可能性がある」

このキエフの言葉は心に深く沁みました。

私は株式投資の世界に入って今年２０２０年で20年になりますが、常に、**マーケットタイミングは計らない。どんな状況下でも持っている資産の99％を市場にぶっこんで、極限までのフルインベストメントを貫く、**という非常にシンプルな方針を取ってきました。

これは、「**あらゆる投資対象の中で、株式投資が一番長期リターンが大きいことが歴史的に証明されている**のだから、シンプルにそこに全財産を投じて戦うことが一番理に適っている」と考えているためですが、その当然の副作用として、「下げ相場の暴落は必ず全身で受け止める」ことにもなります。

当然この20年間で、ありとあらゆる「○○ショック」のダメージを喰らい続けてきました。

そして、一つ気付いたことがあります。それは、**ダメージの痛みは全く減らないどころか、**

逆に年々大きくなっているるという厳然たる事実です。

例えば私は2008年のリーマンショックでも手痛いダメージを負いましたが、当時の金融資産は今の十数分の一のレベルだったので、「痛いのは痛いけど、頑張って仕事をすればある程度穴埋めできる」という実感がありました。ただ今年のコロナショックでは受けたダメージの大きさ、金融資産の減少額はMAXで当時の100倍以上に及び、「コツコツ働いてどうにかなるようなレベルでは全くない」巨大な裂傷を負いました。

その「額の大きさ」に思いが及ぶと、失った資金の膨大さに震え、強烈な喪失感と自分がこれまでに築き上げてきた「優待バリュー株帝国」が音を立てて崩壊していく痛みで心が張り裂けそうでした。

そんな苦しい時に最初に思い出したのが、上記のキエフ博士の、**100%の力を注いだ結果の失敗は、成功した時には得られない真剣な努力の結果の満足感という新たな世界を開いてくれる**、という言葉でした。「現状はボロボロだけど、でも自分が持てる力のすべてを注いで戦ってこれなんだから仕方ないよな。ポートフォリオは完全に真っ赤っかだけど、逆に損切りを兼ねて大幅な銘柄入れ替えもできる。ある意味ではこれまでにポートフォリオに溜まった宿便を大掃除するチャンスでもある。キエフ博士の言う通りだ。今の自分には戦後の焼け野原に立っているようなある種の奇妙な爽快感と満足感が確かにある。それに、どんなに痛みが強くても、心がバラバラに壊れそうでも、それでも100%の努力を継続しなくてはならない。そうじゃなきゃ、自分がずっと目指しているSクラスの投資家になんか絶対になれっこない」と気付いて我に返り、腹を括ってプレ・コロナ銘柄からウィズ・コロナ銘柄に資金を大きく移動させて、何とか最悪の修羅場を乗り切ったのでした。

「首の皮一枚で、投資家人生最大級のピンチをとりあえずは凌げた」という確かな感覚を持ちましたし、「うん、自分はこれからもこの世界最弱の日本株市場でちゃんと戦っていける」という深い自信も得ました。

アリ・キエフの言葉には、真の戦場での極限のサバイバルゲームを長年見つめ続けてきたものにしか発せない、「鋼鉄の力」があります。どれだけ感謝しても感謝しきれないですね。

9. 負けトレードは損切りし、勝ちトレードには乗り続ける

今回は「第7章　感情に対処する」から。

「感情は、心地良くても悪くても、必ず一過性のものであり、不安は時間と共に消えていく」

キエフのこの言葉は凄い名言かつ真実と思いました。株式投資の世界で戦っていれば「最悪の感情」に襲われることは頻繁にありますが、確かにどんなに最低の気分であっても1週間、1カ月が経過したら、いつの間にか薄らいでいますね。

「繰り返しになるが、トレーディングに関する判断は感情の状態と関係なく下すことを学ぶことがマスタリーへのカギとなる。感情のまま戦いから退いたり、不当に心をかき乱されて規定

のコースを外れたりするようなことがあってはいけない。

マスタリーとは、**勝ちトレードに乗り続けるときの居心地の悪さを経験し、耐えることでもある**」

キエフは、本書中で何度も何度も繰り返し、**勝ちトレードに乗り続けることの大切さ**を説いています。私も「株式投資で成績を伸ばせるかは、数少ない勝ちトレードでどこまで利を膨ませられるか」が最大かつ唯一のポイントであると認識しています。これは本当に「株式投資の肝」と言える大切な所なんですね。

彼の極上の言葉の続きを見ていきましょう。

「キエフ　**君は、居心地の悪い状態に慣れることを学ぶ必要がある。**（中略）間違いを犯す理由は、楽なほうに行こうとするからで、頭が悪いからではない。**問題は、腹を決めて耐え、不快感を乗り切ることができるかどうか**だ。

ダン　分かっている。負けトレードは損切りして、勝ちトレードには乗り続けなければならない。

キエフ　これは苦しいけれど、練習によって習得できることでもある。途中で居心地が悪くなっても耐えることをとにかく学ばなければならない。ただ、**どうしても我慢できなくなったときは、一部を利食って残りの三分の二を保有し続ければよい。自分の感情に対処してトレードを続けることができるようになるまでは、段階的に進めていけばよい**」

どうです。キエフのこのアドバイス、凄くないですか？　実践的で分かりやすく、とても具体的で柔らかいです。これが「世界ナンバーワンのトレーディングコーチ」の至高の言葉なんですね。私はこれまでに何十回も読み返しました。

そして、キエフの雇い主で、世界ナンバーワンのトレーダーであるスティーブ・コーエンの「迷ったら半分」というコンセプトや、1930年代から40年以上を生き抜いた大投資家、ジェラルド・M・ロープの「ステップシステム」という考え方を、とても理解しやすい言葉で解説してくれているとも思いました。

10. 悲惨な感情にも時間制限がある

今回も「第7章　感情に対処する」を見てみましょう。

「**不安や不快感や強迫観念など、すべての過程について時間を計ることは、非常に価値がある。**時間を知ることで、自分の経験を枠にはめることができるようになる。悲惨な感情にも時間制限があることが分かると、次に悲惨な思いをしたときにリラックスする助けにもなる。

それに、記録を付け始めると悲惨な気持ちの継続時間がだんだんと短くなっていくことにも気付くだろう。この再構成テクニックは、多くの不快な瞬間を平静心で乗り切るのに驚くほどの力を発揮する」

キエフのこの**悲惨な感情にも時間制限がある**という言葉には衝撃を受けました。言われて見るとその通りですし、私はこの言葉を知ってから、自らの感情に以前よりもうまく対処できるようになりました。本当に感謝しています。
それにしても、これは途轍もなく凄い本です。最初にも書きましたが、「投資で壁にぶち当たっている中・上級者」にはマストの一冊と思いますね。

11. 陶酔感に気を付けろ

今回も「第7章　感情に対処する」から。

「陶酔感にひたる
陶酔感は、われわれが経験する最高かつもっともプラスの感情だと思うかもしれないが、それは正しくない。トレーディングで成功すれば、だれもが陶酔感にひたるが、それが災難につながることも多い。（中略）実際、陶酔感は欲望や自信過剰につながっていくことがよくある。（中略）**陶酔感にひたっているトレーダーは、成功と能力を混同して自分の才能を過剰に評価してしまう**ことが多い。

マニーはこれを非常に危険なことだと言っている。（中略）彼がマーケットについて述べた文を紹介しよう。

成功するためには、成熟期間がいる。悪い日については笑い飛ばすことを覚え、良い日を楽しみ、明日もまた戦いを続けなければならない。プロとして優秀な成績を収めたり仕事で成功するためには、自分の戦い方を状況に順応させていかなければならない。もしそれができなければ成功ではなく、自滅することになるだろう。感情をうまく乗りこなすことができる者だけが、一〇年、一五年先まで生き残っていける」

自分は幼少の頃から、お調子者で調子に乗りやすく、つまりは陶酔感に浸りやすい人間なので、このキエフの指摘にはドキッとしました。

そして言われて見ると、私はある銘柄で大勝した後に、気分が大きくなって「よーし、このままの勢いで次もドーンと行くよー」と、過剰な自信&脇の甘い不十分な分析と準備のままで突撃し、せっかくの儲けを吐き出してしまうということがこれまでに頻繁にありました。

「陶酔感には気を付けろ」ということですね。

12．やめることに意味はない

今回は「第9章　リスクをとる覚悟を決める」を見てみましょう。

「マスタリーに達するためにもっとも重要なのは、コミットメントだ。コミットすることで視点を選ぶ意欲が生まれ、その延長線上にある行動をとることができるようになる。

われわれはみんな、自分が考えている以上の能力を持っている。しかし、それを実現させるためには、まず『不可能性の思考』を解除しなければならない。

このような生き方をしていると、体のなかに眠っている莫大な量のエネルギーが解き放たれ、とてつもなく大きな可能性が生まれる。

マスタートレーダーは自分が目指すところを分かったうえで将来に向けてコミットしながら、実際には目の前の課題を処理していく。

コミットしているときは、常に新しいところに着地し、それまでなかったものを目にすることができるため、トレーディングの世界がそれまでとは違って見えてくる。

昨日のことにこだわったり、ずっと先の、手が届かないようなことばかり見つめて力不足の思いだけを残したりするのはよくない。すべきことはただひとつ、今、目の前にあることだけしかない」

キエフのこの視点は非常に参考になります。自分も長期的な高い目標（資産〇〇億円）を持ちつつ、現実的にはまず毎年確実にベンチマークとなる指標（具体的にはＴＯＰＩＸ）を上回るパフォーマンスを上げることを目指しています。

そしてもっというと、ＴＯＰＩＸを下回って成績が推移している場合には、さらに控えめに「負けを認め、敗戦処理であるプランＢの非常事態局面にあることを自覚して、頭を切り替えても う勝つことは目指さずに謙虚に少しでも差を詰める」ことに集中するようにしています。

要は、「視点は遠くを見据えながらも、その一方で常に目の前の現実的な課題に取り組み続ける」ことが大切ということですね。

「コミットするために覚えておきたいこと

・自分でできるように見せようとするのはやめる

・何事も、コントロールしようとしない
・不快感を受け入れる
・やるべきことに集中する
・努力を続けることで、結果はあとからついてくる
・結果や成果や批判は気にしない
・課題に向かって努力を続ける
・常に新しい課題を見つけていく
・今の課題を終わらせてから、次に取り組む
・腹を立てたり頼ったりする姿勢は避ける
・**不安でも活動は続ける。やめることに意味はない**
・**「とにかくやる」、やり続ける**

くぉー、このリストは凄いですね。全部その通りと思います。そして中でも、**やめることに意味はない**というのは名言中の名言と思いました。私はこれからも命続く限り株式投資に取り組んでいきたいと思いますし、書評も極力長く続けていきたいと考えています。

またリストの中では、自分は特に「できるように見せようとするのはやめる」ことに気を付けています。能力が足りない、もう立派な中年なのに未だに夢見がちである、お調子者で脇が甘い、そういう自分の悪い部分も率直にさらけ出して、**いつも素っ裸の○ル○ンで戦う**ように

しています。この世界では、自分を偽ったり大きく見せようとする姿勢は、結果として精神的に非常に高くつきます。本当です。それよりも恐怖やプレッシャーで縮み上がったキャン○マをそのまま見せて戦う方が楽ですし、そして何よりも自分自身が自由で楽しいです。

13．ポートフォリオは定期的に見直し、別の人にも見てもらう

今回は「第10章　マスターになる」を見てみましょう。

「マスタリーに近づくためには、継続して自己診断を行い、戦いのレベルを上げるために自分の行動を調整してマーケットに合わせていかなければならない。

全力でゴールに向かうとき、緊張感がその原動力になって特大の結果を生む。

ポートフォリオは定期的に見直し、別の人にも見てもらうと良い。秘密主義はやめ、『良く見せたい』という欲求に負けないようにしてほしい」

私は年中、主力株概況やポートフォリオ概況を飽きもせずブログで書き続けていますが、これは、**自分のポートフォリオの客観性を担保するため**でもあります。特に主力株概況シリーズは「自分との勝負」であり、文字通り全身全霊を賭けて書いています。

シリーズの向こうには日本中の多くの投資家の方々がいますし、中途半端な銘柄＆おかしな理論構成ではとても通用しません。シリーズが持ちません。

ある意味では、私のポートフォリオは「日本全国の腕利き投資家の方々に厳しく採点され続

ている」状態だからですね。

そしてここだけの話ですが、私は主力株概況シリーズの下書きを書いている時や、書き終わって自分で読み返している時に、「うーん、ちょっとこの銘柄はもうポートフォリオ上位で戦える力がないな。一部売って現時点での最新の戦闘力に見合う所までポジションを減らそう」と判断することもよくあります。

そしてそういう記事は「幻の原稿」として「不良在庫」フォルダ送りにされています。ちなみに今年2020年は新型コロナウイルスが猛威を振るい始める前に書き溜めていた原稿から大量にボツが出ました（滝汗）。

こういうやり方で、私は自分のポートフォリオを定期的に見直しているんですね。

14．柔軟性は、マスタートレーダーが持つ非常に重要な特質

今回も「第10章　マスターになる」から。

「柔軟性を身につける

マスタートレーダーは、常に自己分析を行い、マーケットに合わせて行動を変えていく。また、この戦いにおいて必要なこと、マーケットの違い、そして新しい環境下で戦いを制するために踏むべきステップなどということを意識的に考えている。

つまり、**柔軟性というのは、マスタートレーダーが持つ非常に重要な特質**と言える。

マスタリーとは、チャンスを探すことであり、それが現れたときに生かすことができることでもある。

　マーケットでは、自分の信念とは別に、注目している株に何が起こっているのかを尊重し、自分のアイデアに対する執着に左右されずに行動しなければならない。また、自分よりたくさんの知識を持ったトレーダーや投資家がいるという前提に立って、もし怪しげな動きがあったときはいつでも手仕舞えるよう準備しておく必要もある」

「**うまくいっていないのに、目いっぱいプレーするのだけはやめてほしい。**（中略）ホームランを狙っていくべきときもあれば、守りに徹するべきときもあるということを知っておかなければならない。

　柔軟でいるためには、どの時点においてもトレーディングの状況を見極め、マーケットやテープに適応していかなければならない。これには注意力と思慮深さ、そして衝動的な行動はしないようにする必要がある」

「株式投資の世界では柔軟性が大切」というのは耳にタコができるくらいによく聞かされる話ですが、そのマーケットで求められる柔軟性の具体的な内容について、このキエフの説明以上に分かりやすいものはそうありません。とても印象的でしたね。

　ちなみに私は以前からですが、名著『マーケットの魔術師　株式編』で、スチュアート・ウォールトンが述べていた概念＝**くらげのような投資家**をずっと目指してます。

つまり、自分はくらげで、傘の中の本体には今まで時をかけて作り上げてきた「優待バリュー株投資」という基本の型が入っている。そして、型は入っているんだけれども、その状態でマーケットの海をフワフワ、プカプカと漂い、状況に応じて順張りも逆張りもする。

優待バリュー株がメインだけれども、優待グロース株もチャンスと思えば買う。いいと思った銘柄には大量の資金を一気に投入して全力で勝負するけれども、自分が間違っていたと判断した場合には速やかにそれを認め迅速に撤退する。そういう自在で自由な投資家を目指しているということですね。

ちなみに、「ウィズ・コロナ時代」の２０２０年6月現在は、私はやや順張り重視のスタンスでいます。そちらの方が期待値が高いと考えているんですね。

15. 燃えかすのような銘柄を理由なく保有することは、破綻への処方箋

今回も「第10章　マスターになる」から。

「ポジションを見直す

注目しているトレードが利益率の高い賭けであることを確認する。**もしその銘柄をトレードしている理由がなければ、手仕舞うか、少なくともポジションを小さくする。**

燃えかすのような銘柄を理由もなく保有していることは、破綻への処方箋でしかない」

私は前述のように、主力株概況シリーズの下書きを書いていて、ポジションを大幅に圧縮す

ることがよくあります。書いてみて初めて、いつの間にか劣化していて既に主力で戦うに足るポテンシャルがないことが分かる場合があるのです。

そしてそういったものは当然、ボツ原稿となります。たまにポートフォリオの下位銘柄で妙に力の入った長文の記事を出すことがありますが、こういうのは昔の原稿のブラッシュアップであることが多いんですね（笑）。

それにしても、キエフの「**燃えかすのような銘柄を理由もなく保有していることは、破綻への処方箋**」というのは良い表現です。彼の言葉は説得力があり、常に胸にスーッと染みわたってくるんですね。

さて、皆様のポートフォリオの片隅にも、「目を背けて見ないようにしている」燃えカスのような銘柄が潜んではいないでしょうか。そして貴方の投資成績が上がらない原因は、まさにその銘柄のせいではないでしょうか？

16．自分のセクターをよく知る

最終回も「第10章　マスターになる」からです。

「自分の攻撃性に注意する

今、損を確定したほうが、もっと大きな損失を構築していくよりはよい。

自分のセクターをよく知る

セクターに関する知識が増えれば、賭けを当てる確率も高くなる」

この「自分のセクターをよく知る」という指摘は大切と思いました。私個人のケースですと、「小売業と外食産業」が得意なセクターで、過去の成績を見ても大きな利益のほとんどがここから発生しています。最近だと、特に「地方の食品スーパー」での戦績が良いです。

なので、これからも極力、自分の得意なセクターに特化して戦っていこうと考えています。

「修正はゆっくりと

戦略を修正する必要があるときは、ゆっくりと行う。（中略）忍耐を失ったりあわててスタイルを変えたりすると必ず問題が起こる。

また、トレードするのは自分が処理できる銘柄数に抑えることも重要になる」

これまた実践的で有意義なアドバイスですね。

さてこれでこの本の紹介は終わりです。個人的には最高の一冊で、常に手元に置いて参照しています。自分にとっての「最高の精神安定剤」ですね。未読の方は是非。

行動科学と投資

ダニエル・クロスビー［著］、パンローリング・2020年

1．総論

株式投資に関する最先端のアイデア・パラダイムを提示してくれている革新性があり、そして同時に「読んだら明日からの自分の投資にすぐに役立つ」実践性も併せ持った、素晴らしい一冊です。

本書を一言で言えば、「投資理論がようやくS級の凄腕投資家の現実に追いついた画期的な本」ということになります。

まずはイントロを兼ねて「第1章　社会学」からちょっとだけ。

「ルールの例外

株式市場は、社会的一貫性が論理に勝るというヒューリスティックス（みきまる注：必ず正

しい答えを導けるわけではないが、ある程度のレベルで正解に近い解を得ることができる方法のこと）の例外である。

ヒトはもともと周囲に適合するようにできているが、投資では異端でなければならないのだ。ヒトは元々エゴを守るようにできているが、マーケットで成功したければエゴを破壊しなければならない」

かーっ、いきなりいいですね。

さて私達日本人の多くは社会的規律を正しく守り、礼儀正しく、集団行動に粛々と従い、さらに真面目で勤勉でもあります。でもそんな我々の「知恵と努力の結晶」である日本株市場は、「失われた30年」の中で極度の低迷に喘ぎ、世界中からデッドマーケット（死んだ市場）と嗤われ、軽んじられて、ほとんど無視される存在に成り果てています。

そしてそんな世界最弱市場で戦う私を含めた日の丸投資家のパフォーマンスは当然に優れず、「マーケットで10年以上生き残れる投資家は、10人に1人」と言われるほどの極限状況となっています。

そんな市場環境の中で、私はこの20年間をご機嫌に生き残ってきました。そして私が仲良くさせていただいている投資家の方々の多くも、その使っている投資手法は実に様々ですが、ほぼ継続して勝ち残られています。

自分は投資家観察が趣味の一つでもあるので、「長寿投資家」の秘密が知りたいなと思って長年ウオッチを続けてきました。そして市場の荒波をくぐり抜け続けてきた猛者達には、一つの大きな共通点があることに気付きました。それは、ほぼ全員が、**どこかがおかしい、サイコパス度が高い、うまく言えないけどとにかく普通の人じゃない**ということです。以前にも書きましたが、**投資の世界は、社会不適合者による、真夜中にひっそりと静かに開催される、不思議なオリンピック**なんですね。

つまり、「常識がある、社交性がある、協調性がある、思慮深い」といった、社会生活を円滑に営む上で欠かせず、また一般的には称賛されることも多い、「ヒトとしての特長」は、株式市場では逆に大きくマイナスに作用する、ということなのです。そういう、あべこべで不可思議な世界なんですね。

そして、ダニエル・クロスビーによる本書は、株式市場のそういった不思議さを言語化し、「じゃあ、いったいどうすれば勝てるのか？」を教えてくれる、途轍もない良書です。それでは次回からは、この「2020年代の幕開けを告げる衝撃本」の世界に一緒に飛び立つことと致しましょう。

2．私たちは、その効用と関係なく、根本的にお金が好き

今回は実に素晴らしい出来である「第2章　投資と脳」からです。

「お金や公平さにかかわる感情的な反応を乗り越えるのは難しく、理論が入る余地はほとんど

ないようだ。

標準的な経済モデルは、お金の効用は間接的なもので、買おうとしているものと同じ価値しかないとしているが、神経科学の見解は違う。神経系の実験によって、お金が美しい顔や面白い漫画、スポーツカー、薬物などといった強化因子がもたらすドーパミン作用と似たような報酬を生み出すことを示唆する証拠が得られているのだ。**私たちは、その効用と関係なく、根本的にお金が好き**なようだ。

同様に、古い消費モデルは、投資家が株式市場のリターンを気にするのは目標とする金額までだと想定している。しかし、このような単純なモデルは、現実の世界、つまり投資家がそのリターンで何を満たすことができるかに関係なく、大きなリターン自体を望んでいるという現象を正確に説明していない。私たちは、時にかなり裕福な人が、すでにあり得ないほどの資産をさらに増やすためにウソをついたり、ごまかしたり、盗んだりするという不合理な行動を取ることに驚くことがある。**私たちの脳はお金そのものを重要視するようにできており、どれだけ手に入れてももう満足だとは思わない**ように見える」

いやあ、このクロスビーの「ストライクゾーンど真ん中の剛速球」の指摘は凄まじいですね。私は読んだ瞬間に、全身に爽快なミントの風が吹き抜けるように感じました。まさに真実だと思います。よく投資家の方で、「そんなに、使い切れないくらいに資産を増やしても仕方がない」とか、「もうこれ以上稼ぐ必要はない」とか、「お金よりももっと大切なものがある」とか、真顔で言う方がいらっしゃいますが、私はずっと前からそういった言説を、「ちょっと屈折しているな。真っ直ぐではないな」と個人的には感じてきました。

私達投資家はお金が大好きで、昨日より少しでも余分にお金を儲けたいから、マーケットで日々死力を尽くして戦っているのです。そういう「永久の情熱機関」があるからここにいるんだし、ただそれでいいのです。

少しでも資金力の大きな投資家になれるように、これからもどこまでもまっすぐに自分は戦っていこうと、思いを新たにしました。

3. 動くゴール

今回も「第2章　投資と脳」から。

「仏陀は紀元前五〇〇年ごろに生きたと言われているが、脳について正しく理解していた。**私たちは、お金に関してはけっして満足しない**ということだ。

ギャロップ社は、毎年アメリカで「四人家族がこの地域で生活していくには最低いくら必要か」という調査を行っているが、回答はその人の平均収入に合わせて上がっていくことが分かった。

『十分』というのは、私たちの不完全な脳がうまくとらえることができない**動くゴール**なのである。

生き残るために必要なお金は、今持っているよりも少しだけ多い額になっている」

いやあ、このクロスビーの指摘は切れ味抜群ですし、自らの経験からも間違いのない真実ですね。なぜか語られることはほとんどないですが、**どんなに強く思い込ませようとしても、私たちの「心の真の奥底」はお金に関しては絶対に満足しない**のです。

今回は思い出話と共に、自らの体験を少しだけお話ししましょう。

私はずいぶん遠い昔に資産1億円を達成しました。当時は今のように投資家業界の激しいインフレによって「億り人」がABCビスケットのように大量生産される時代ではありませんでした。

またツイッターで現在広く一般に流布しているような「3000万円以下はそもそも発言権なし。1億以下は投資家見習いでただのチュートリアル。3億以下は三下《さんした》（博打打ちの世界で下っ端を意味する）だ！」みたいな、まるで「リアル北斗の拳の世界観」を現代に蘇らせたような、弱肉強食・焼肉定食な酷い言説が大手を振ってまかり通ることもありませんでした。その数字には確固たる重みと意味がある牧歌的な時代でした。

達成した瞬間が正確にいつかは分からなかったのですが、自分の資産総額を計算していて、億を超えたことに気付いた時は本当に嬉しかったですし、「大人になって、こんなにも深い達成感が得られることなんてあるのか？」という、天に昇っていくような感動を味わいました。

その後、数日間は満足感と余韻に浸っていましたが、ほとぼりが冷めると「待てよ、資産1億円って言っても、まだ手に入る配当と優待だけで生活できるわけでもないし、そもそも毎日の資産総額は荒海に浮かぶ小舟の様に激しく増減するんだから、よく考えると特別な意味のある数字でもない。まずは何よりも安定して億を維持できるようにして、その次は2億円を目標にし、今日から気持ちをリセットしてまたゼロスタートで頑張ろう」と思い直しました。

その後、多くの月日が流れ、アベノミクス下での日本株市場の好調もあり、私の投資家としてのゴールは次々に変更されていきました。

5年前くらいだったでしょうか、当時成績絶好調だった私が「いつまでもこんなところにとどまっていられない。次は○○億円が目標だ！」と言い放った時に、親友で同じく投資家のぷよさんに、「みきまるさん、でもそれって動くゴールみたいなもので、いつまで経ってもキリがないんじゃないの？」と静かに返答されたことがありました。

私はその言葉の深さと鋭さに驚き、同時に際限のない自らの強欲を恥じ、「ぷよさん、ほんとにその通りだね。俺、一体どうしちゃったんだろう」とポツリと言いました。そしてその時の鮮烈な記憶はずっと頭の片隅に残っていました。

でもその後世界ナンバーワンのトレーディングコーチであるアリ・キエフの一連の著作を集中して読み直したときに、「そうか、世界には凄い投資家がまるで星屑みたいにたくさんいる。目標にリミットをかける必要なんてない。だから自分も、もっともっと上を目指していいんだ。迷うことなく、この世界のてっぺんを目指して戦い続ければそれでいいんだ」と思いを新たにして日々市場で格闘してきました。

そして今回、クロスビーによる本書を読んで、「あっ、そうか、いつまで経っても自分が現状の資産額に満足できないのは、それが人間としての、そして投資家としての本能だからなんだ。ゴールは動いて当然だし、それで全然いいんだ」とようやく得心して、心がフワッと軽くなりました。そしてこの本を読んだ次の日から、それまで以上に上機嫌でマーケットで過ごすことができるようになりました（笑）。

いやあ、本当にいい本ですね。

4．自ら「間違っていた」と認めるのはとても難しい

今回は「第4章　エゴ」から見ていきましょう。

「投資で最も見過ごされているフレーズ

私は投資で最も見過ごされているフレーズとして『知らない』を挙げ、僅差の二位を『間違っていた』としたい。投資においてこれらの考え方の有用性は、多くの場合、行動の難しさと比例している。

不確実性を受け入れ、人間の可謬性を認めることは、ヒトにとって非常に困難なことなので、それができれば大いに優位に立てるのである」

私はブログで、自分が間違ったこととその理由を積極的に書くことによって学び続けています。具体的には、「ポートフォリオ含み損ランキング」を定期的に開示して、過去の自らの過ちから貴重な教訓を得るようにしています。

ちなみにこの「ポートフォリオ含み損ランキングシリーズ」は大人気コンテンツで常にアクセスランキング上位にいます。人の失敗を見るのは勉強になりますし、また実に面白いですからね（笑）。

こんなに人気があるわけなので、他のブロガーの方も同じ企画をすればいいのにと思いますが、実際にやっている方はほとんどいません。クロスビーの言う通りで、**自らが間違っていたことを認めるのは、それだけ難しい**ことなんですね。

5. 配当性向の高い高配当株が高成績であったことはほとんどない

今回は「第5章　保守主義」を中心としてお送りします。

「これまであなたがしたことで、最も意味があったことを考えてみてほしい。それを達成するためには、ある程度のリスクや不確実性や努力があったに違いない。どんなリスクにも言えることだが、ここには価値ある教訓がある。**確実性を求めれば、平凡に終わる**ということだ。

安全第一で行くのが最も安全だし、損失を回避することが損失を最も抑えられる。さまざまな心痛を避けるために独身を続けてきたのに孤独を感じている人や、起業したくても自分を信じて賭けることができないために嫌いな仕事を続けている人や、ボランティアを恐れて動けなくなり、退職時に必要な資金が確保できていない投資家を想像してみてほしい。

皮肉なことに、**脅迫的に損失を回避しようとすると、最も恐れていることが起こってしまう**

のである」

株式投資で成功して一定レベルの資産を築き上げ、「よしこれでリタイアできる」と仕事を辞めて専業投資家生活に入られる方がいらっしゃいますが、私の観察だと、兼業投資家時代よりも逆に成績を落としている場合も多いです。

投資に割ける時間的な余裕は兼業時代よりも間違いなく増えているはずなのにどうしてこうなるのかというと、「この金は失えない」という気持ちが強くなって、無意識の内に「リスクを取る力」が弱まってしまうからではないか？　と個人的には考えています。

「おびえた投資家は、明日よりも今日を優先したり、大きな潜在利益よりも平凡な利益を選んだりすることで、行動科学的投資家に驚くほど大きな株のリスクプレミアムを提供しているということだ。このプレミアムを得るためには、普通の投資家の逆、つまり今日よりも明日を優先すればよい」

これも先の指摘に連なるのですが、隠居して「配当金生活」に入られている方の投資パフォーマンスというのは、大まかに言って低調です。それは「配当性向の高い、知名度の高い、でももう全く成長力がなくて業績もじり貧の、老成した大型の高配当株」にポートフォリオが偏りがちになるからですが、歴史的に見て、**配当性向の高い高配当株が高成績であったことはほとんどない**のが残酷な事実なのです。悲しいことに、**不可思議な投資の世界では、高配当であることは有効なファクターではない**のです。

「絶対確実」や「安全」が一切存在しないのが投資の世界の大原則なのに、そこにあるはずのない幻を求めてしまうと、その代償は限りなく大きなものになるんですね。

6. 適切な損切りが何よりも大切

今回は「第7章　感情」から。

「あなたも、たくさんの賢い投資のルールを分かっているが、恐怖や欲望にとらわれているときにはそれらのルールが使われなくなってしまうのである。

このことについては、心理学者でトレードコーチのブレット・スティーンバーガーが、トレーダーの行動研究に基づいてうまく言い表している。『要するに、感情はルールに基づくトレードを破綻させる。多くの場合、感情的になると自分のルールを疑問視するようになるのではなく、単純に忘れてしまうのだ』

どれほど賢い投資家でも、感情的になると自分自身とも自分のルールとも違う行動をとってしまうのである」

つまり私達投資家は、常に自らの感情の状態をモニタリングしながら戦わなくてはならないということです。そうしないと「勝つための投資のルール」を守れないということですね。

私は感情を適切なレベルに保ち続けるためには何よりも、**適切な損切りが大切**と考えて実行しています。

損失には利益の2倍半の精神的ダメージがありますし、クールヘッドを保ち続けるために、これ以上に効果的なやり方はないんですね。

7．投資の世界では、サイコパスが完全に有利

今回も「第7章　感情」から。

「機能的反社会的人間

ほかの部分では適応できる感情が、健全な投資においては障害になるという証拠が次々と見つかっている。

もし感情を抑止するほうが良いのならば、それをなくしてしまえばさらに良いのだろうか。この考えを追求したのが、スタンフォード大学で行われた『投資行動と感情のマイナス面』という研究である。

このなかで、研究者たちは脳の感情処理中枢に障害のある一五人と『神経機能が正常』な一五人をギャンブルで競わせた。すると、**脳に障害がある被験者は、大きく賭けることと失敗しても素早く回復することで、『正常』な被験者を簡単に上回った**」

「『正常』な被験者は全般的に安全にプレーしていたが、低パフォーマンスが続くと（市場では投資の好機）、リスク回避の傾向が特に強くなった。一方、**脳に障害がある被験者は、傷口を癒したり、傷ついたエゴを慰めたりする必要性を感じないため、同じスタイルを維持して勝**

利に邁進したのである。

ここでの教訓は、ロボトミー手術を受けて金持ちになる、ということではないが、**感情は投資にとってとんでもない敵**であるということは間違いない。神経学者のアントイン・ベッチャーラの、『投資家がお金儲けがうまくなるためには機能的反社会的人間のようになるべきだ』という言葉は、まんざら冗談ではないのかもしれない。投資家は、感情を常に追い払っていなければならないのである」

さてこのクロスビーの指摘を読んでいて、私はこれまでに学んできた名著たちの中の印象的なフレーズのいくつかを自然に思い出していました。

例えば、『デイトレード』の中で著者のオリバー・ベレス&グレッグ・カプラは、以下のように述べています。

「トレーダーとして快適さは大敵である。心理的に心地よいものは、ほとんどの場合間違ったものである。逆に、ある特定の戦略やアプローチが心理的に、感情的に受け入れ難いものであれば、それが正しいものである確率は極めて大きい。（中略）つまり、**ある一定の水準に到達したトレーダーは、自然な発想が逆転し、ほとんど非人間的ともいえるようになる**」

つまり、**私たちが投資家として大成するためには、自らの中の非人間的な部分、サイコパス的な長所を意識して伸ばしていかなくてはならない**ということです。ただ世の中の99％を占める「普通の人」にはそれは限りなく困難です。そしてだからこそ、投資はこんなにも難しいんですね。

8. 投資家の自制心は貴重で限られている

今回は「第13章　行動科学的投資はルールに基づいている」からです。

「浮気をするかどうかは個人の倫理観や宗教ではなく、機会があるかないかによって決まる。裕福でルックスが良く、頻繁に旅行する人が道を踏み外す可能性が高いことも研究によって分かっている。

あまり認めたくはないが、**人は自分の状況によって弱くも強くもなるし、善人にも悪魔にもなる**ことは、研究で確認されている。

しかも、意志の力が文脈で決まってしまうだけでなく、**自制心も容量が限られていてすぐに使い切ってしまう**ということが研究によって分かっている」

「ダイエット中の人で最初に提供されたお菓子を断った人ほど、そのあとのアイスクリームの試食で多く食べていた。**私たちの限られた自制心は、ある部分で枯渇すると別の部分で譲歩してしまう**ようだ」

このクロスビーの指摘を読んで分かったのですが、自分は無意識の内にずっと前から気付いていて、日々の投資で既に対応策を取り入れていました。

具体的に言うと、私は「生粋の、生まれついての優待族という出自」から、「どうしても欲しい優待があると、それに心が囚われて脳の認知能力が落ちてひよこみたいにピヨピヨになってしまう」という大きな欠点を抱えています。

そのため以前から、指標的にかなり割高だったり、業績が下降し続けていたりして、「本来ならばバリュー投資家としては投資すべき案件ではない」と考えられる場合でも、ポートフォリオ下位の「優待株いけす」内に投資金額が収まる場合には、極力その銘柄の良い面を見て最大限にポジティブに評価して、「どうしても欲しい優待株は本能の赴くままにすぐにむさぼり買って、いけすに放り込む」ようにしています。

このやり方の長所は、自分の限られた知的能力や注意力をポートフォリオ上位の主力銘柄群に重点的に振り分けられる点です。

私達投資家は、**自らの貴重で稀少な「限られた自制心」を、本当に大切な所で使うことが肝要なんですね。**

9．バリューとモメンタムを組み合わせる手法は新幹線？

最終回は「第16章　行動科学的投資の要素の一例」から。

「再帰性――バリューとモメンタムのダンス

ピーナッツバターとチョコレートのように、**モメンタム投資もバリュー投資もそれぞれ素晴らしいが、合わせるとさらに良くなる。**このことについて、クリフ・アスネスが『株のパラダイム新しい核』のなかでうまくまとめている。『バリュー投資もモメンタム投資も、過去三〇年で学者と実践者の研究によって発見された最強の手法である。（中略）これほど長い間、高いリターンをさまざまなところで上げているスタイルはほかにはないからだ。この二つの手法は、さまざまな市場のさまざまな資産クラスで魅力的なリターンを提供してきた長い歴史があり、発見されてから何十年もそれが続いている。そして重要なのは、この二つの戦略を組み合わせると、さらに高いパフォーマンスを生み出すことなのである』

バリュー投資とモメンタム投資が、単体でも組み合わせでも機能するのは、投資可能な要素の三つの特徴――経験的に実証されており、理論的にも妥当で、行動に根差している――を示しているからである」

「**バリューとモメンタムを組み合わせる手法は、投資の世界で長距離を最短時間で行く新幹線のようなもの**なのである。

金融市場は永遠に本当の価値に向かっているが、けっしてそこに行きつくことはない。そのなかで、執拗にファンダメンタルズに基づく資金運用を順守するやり方は、感情が理論に勝っている長い間に破綻することになる。反対に、市場の逸脱を重視する方法は、市場がほとんどの期間はだいたい正しいことを無視している。

行動科学の知識に基づいた手法は、ファンダメンタルズとトレンドの両方を重視することで、市場の再帰性という現実を受け入れることなのである」

いやあ、このクロスビーの行動科学的投資手法のまとめは素晴らしいですね。２０２０年10月現在で最新かつ最強の投資手法の一つだと思います。

ただこのやり方は、私が以前から提唱している**バリュー→モメンタム戦略**、つまり、バリュー投資家としての視点で厳しく株の買い時を探り、実際の売却に当たってはモメンタム（勢い）がある限りは指標的に既に割高になっていても我慢して乗り続け、株価がついにそのモメンタムを失って下落し始めたことを確認してから静かに去る投資手法とほとんど同じものであるとも感じました。

また過去の偉大な投資家の多くが、無意識の内にこのやり方に辿り着いてもいます。具体的には、**イェルン・ボス**や**村上世彰さん**が当てはまります。

なので、クロスビーの行動科学的投資手法というのは、「投資理論がようやく凄腕投資家の現実に追いついた」ものと言えるかもしれないですね。

さて、これでこの本の紹介は終わりです。最先端の投資理論であり、得るところの多い傑作なので、未読の方は是非。

あとがき——予測不能な状況に備え、投資家が求められるものとは

この本を書いた2020年は株式市場激動の一年となりました。2019年末に中国武漢で確認された謎の新型肺炎が、「新型コロナウイルス」として瞬く間に世界中に広がり、広範囲に及ぶ流行病、パンデミックとなったからです。

マーケットはこの新たな脅威に対してパニックを起こし、日本を含む世界中の市場が暴落しました。ただその後は各国政府が超金融緩和政策を取ったこと、ワクチン開発が進展しているというニュースが出たことも奏功して冷静さを取り戻し、アメリカなどの一部の国では逆に史上最高水準まで上昇したりもしました。

2020年初めの段階で新型コロナが世界中を席巻してマーケットに大きな影響を及ぼすことを予測できた投資家は誰もいませんでしたし、コロナパニックの真っただ中でその後のマーケットの力強い回復を予想する専門家もほとんどいませんでした。つまり、「マーケットの未来を正確に予測することは誰にもできない」のです。それが「市場の真実」なのです。

このように、マーケットはいつだって波乱万丈で予測不能なところなわけですが、それでは我々投資家はその状況で生き抜き、乗り越えるためにどうすればいいのでしょうか？

私は「過去の名著から学び続ける」ことが重要だと考えています。これまでに無数の大投資家たちが、市場の真実を詳細に語ってくれています。「未来は過去と全く同じ形では決して現れないけれども、でも韻は踏む」ものなのです。

具体例を一つ出しましょう。2020年3～4月にマーケットを襲った「新型コロナショック」は凄まじいものでした。そして「いつでもニコニコ、フルインベストメント」が信条の私のポートフォリオも当然に甚大なダメージを受けました。瞬間最大風速では年初来でマイナス40％近いパフォーマンスにまで落ち込んでいたのです。

ただそんな中でも私は、「おそらく、マーケットはいずれ回復するだろうな」とある意味では他人事みたいに気楽に呑気にかまえていました。なぜかと言うと、本書で紹介したケン・フィッシャーの『投資家が大切にしたいたった3つの疑問』で、感染症の歴史にその名を残す、悪名高いスペイン風邪（インフルエンザ）が猛威を振るい続けた時期に株式市場が素晴らしい動きをしたということを読んで知っていたからです。史上最大の流行病が多くの人の命を奪っているさなか、米国株市場の1918年がプラス25％超、1919年が同20％超と、素晴らしいパフォーマンスだったことを知識として持っていたからです（本書97ページ参照）。

そして実際、2020年の世界株式市場も、全体として良好なパフォーマンスを出す結果となりました。「歴史は韻を踏んだ」んですね。

市場の未来を前もって予見することはできません。それは誰にも不可能なのです。でも、過去の名著に学び、投資家としての「引き出し」を増やせれば、どんな荒波も乗り越えて生き抜くことができます。私はそのために、これからも世界中の名著から多くの教えを得続けていきたいと考えています。

それでは私は次の投資本を読み始めることにします。いつかまた皆様と再会できることを楽しみにしながら。

2020年12月

みきまる

■著者紹介

みきまるファンド（みきまる・ふぁんど）

優待株の中から割安で総合戦闘力が高い銘柄を選別して2〜3年の中期の時間軸で戦う「優待バリュー株投資」を実践し、数億円の資産を築いた兼業投資家。優待株投資のパイオニア＆第一人者であり、ブログ「みきまるの優待バリュー株日誌」は、優待族のバイブルとして支持を得ている。著書に『みきまるの【書籍版】株式投資本オールタイムベスト』『みきまるの続【書籍版】株式投資本オールタイムベスト』（パンローリング）、『楽しみながらがっちり儲かる 優待バリュー株投資入門』（日経ＢＰ）など。

◇「みきまるの優待バリュー株日誌」 https://plaza.rakuten.co.jp/mikimaru71/

◇「みきまるファンド」 https://twitter.com/mikimarufund/

みきまるくん

まっすぐシンプルに、優待バリュー株投資に邁進する、永遠の３歳児

2021年２月３日　初版第１刷発行

現代の錬金術師シリーズ ⑯1

みきまるの「名著」に学ぶ株式投資
―― 26冊早わかり熱血ガイド

著　者　みきまるファンド
発行者　後藤康徳
発行所　パンローリング株式会社
〒160-0023　東京都新宿区西新宿 7-9-18　6階
TEL 03-5386-7391　FAX 03-5386-7393
http://www.panrolling.com/
E-mail　info@panrolling.com
装　丁　パンローリング装丁室
組　版　パンローリング制作室
印刷・製本　株式会社シナノ

ISBN978-4-7759-9176-3

著者関連書

みきまるの【書籍版】株式投資本オールタイムベスト

独学で学びたい読者のための35冊

みきまるファンド【著】

定価 本体1,600円+税　ISBN:9784775991688

「億」への道は「損切り」から始まった！

海外の投資の名著から、さまざまな投資法を学ぶとともに、読者が独自の手法を確立するための一助となり、その近道のやり方を教えてくれる一冊です。

書評掲載作品　『バリュー投資アイデアマニュアル』『新 賢明なる投資家』『株式投資で普通でない利益を得る』『バフェットからの手紙』『ウォール街のモメンタムウォーカー』『マーケットの魔術師』シリーズ　など

みきまるの続【書籍版】株式投資本オールタイムベスト

独学でもっと学びたい読者のための30冊

みきまるファンド【著】

定価 本体1,600円+税　ISBN:9784775991725

マーケットについてさらに学ぼう！

著者が優待バリュー株投資という手法に至り、資産を築くことに役立ったという、数多くの投資本の読書経験をたどる第２弾。新たに日本人投資家による章が加わりました。

書評掲載作品　『投資で一番大切な20の教え』『ピーター・リンチの株で勝つ』『オニールの空売り練習帖』『株式売買スクール』『ゾーン 最終章』『賭けの考え方』『伝説のファンドマネージャーが教える株の公式』　など